I0151989

THAILÄNDISCH

WORTSCHATZ

DEUTSCH THAILÄNDISCH

Die nützlichsten Wörter
Zur Erweiterung Ihres Wortschatzes und
Verbesserung der Sprachfertigkeit

7000 Wörter

Wortschatz Deutsch-Thailändisch für das Selbststudium - 7000 Wörter

Von Andrey Taranov

T&P Books Vokabelbücher sind dafür vorgesehen, beim Lernen einer Fremdsprache zu helfen, Wörter zu memorieren und zu wiederholen. Das Wörterbuch ist nach Themen aufgeteilt und deckt alle wichtigen Bereiche des täglichen Lebens, Berufs, Wissenschaft, Kultur etc. ab.

Durch das Benutzen der themenbezogenen T&P Books ergeben sich folgende Vorteile für den Lernprozess:

- Sachgemäß geordnete Informationen bestimmen den späteren Erfolg auf den darauffolgenden Stufen der Memorisierung
- Die Verfügbarkeit von Wörtern, die sich aus der gleichen Wurzel ableiten lassen, erlaubt die Memorisierung von Worteinheiten (mehr als bei einzeln stehenden Wörtern)
- Kleine Worteinheiten unterstützen den Aufbauprozess von assoziativen Verbindungen für die Festigung des Wortschatzes
- Die Kenntnis der Sprache kann aufgrund der Anzahl der gelernten Wörter eingeschätzt werden

T&P Books Publishing
www.tpbooks.com

ISBN: 978-1-78767-249-9

Dieses Buch ist auch im E-Book Format erhältlich.
Besuchen Sie uns auch auf www.tpbooks.com oder auf einer der bedeutenden Buchhandlungen online.

WORTSCHATZ DEUTSCH-THAILÄNDISCH
für das Selbststudium

Die Vokabelbücher von T&P Books sind dafür vorgesehen, Ihnen beim Lernen einer Fremdsprache zu helfen, Wörter zu memorieren und zu wiederholen. Der Wortschatz enthält über 7000 häufig gebrauchte, thematisch geordnete Wörter.

- Der Wortschatz enthält die am häufigsten benutzten Wörter
- Eignet sich als Ergänzung zu jedem Sprachkurs
- Erfüllt die Bedürfnisse von Anfängern und fortgeschrittenen Lernenden von Fremdsprachen
- Praktisch für den täglichen Gebrauch, zur Wiederholung und um sich selbst zu testen
- Ermöglicht es, Ihren Wortschatz einzuschätzen

Besondere Merkmale des Wortschatzes:

- Wörter sind entsprechend ihrer Bedeutung und nicht alphabetisch organisiert
- Wörter werden in drei Spalten präsentiert, um das Wiederholen und den Selbstüberprüfungsprozess zu erleichtern
- Wortgruppen werden in kleinere Einheiten aufgespalten, um den Lernprozess zu fördern
- Der Wortschatz bietet eine praktische und einfache Lautschrift jedes Wortes der Fremdsprache

Der Wortschatz hat 198 Themen, einschließlich:

Grundbegriffe, Zahlen, Farben, Monate, Jahreszeiten, Maßeinheiten, Kleidung und Accessoires, Essen und Ernährung, Restaurant, Familienangehörige, Verwandte, Charaktereigenschaften, Empfindungen, Gefühle, Krankheiten, Großstadt, Kleinstadt, Sehenswürdigkeiten, Einkaufen, Geld, Haus, Zuhause, Büro, Import & Export, Marketing, Arbeitssuche, Sport, Ausbildung, Computer, Internet, Werkzeug, Natur, Länder, Nationalitäten und vieles mehr...

INHALT

LEITFADEN FÜR DIE AUSSPRACHE

T&P phonetisches Alphabet	Thailändisch Beispiel	Deutsch Beispiel

Vokale

[a]	ห้า [hâː] – hâa	schwarz
[e]	เป็นลม [pen lom] – bpen lom	Pferde
[i]	วินัย [wíʔ naj] – wí–nai	ihr, finden
[o]	โกน [koːn] – gohn	orange
[u]	ขุ่นเคือง [kʰùn kʰɯːaŋ] – khùn kheuang	kurz
[aa]	ราคา [raː kʰaː] – raa–khaa	Zahlwort
[oo]	ภูมิใจ [pʰuːm tɕaj] – phoom jai	Zufall
[ee]	บัญชี [ban tɕʰiː] – ban–chee	Wieviel
[eu]	เดือน [dɯːan] – deuan	Ungerundeter geschlossener Hinterzungenvokal
[er]	เงิน [ŋɤn] – ngern	Ungerundeter halbgeschlossener Hinterzungenvokal
[ae]	แปล [plɛː] – bplae	verschütten
[ay]	เลข [lêːk] – lâyk	Wildleder
[ai]	ไปป์ [paj] – bpai	Reihe
[oi]	โพย [pʰoːj] – phoi	Werkzeug
[ya]	สัญญา [sǎn jaː] – sǎn–yaa	Jacke
[oie]	อบเชย [ʔòp tɕʰɤːj] – òp–choie	Kombination [əːi]
[ieo]	หน้าเชียว [nâː siːaw] – nâa sieow	Kia Motors

Silbenanfang

[b]	บาง [baːŋ] – baang	Brille
[d]	สีแดง [sǐː dɛːŋ] – sěe daeng	Detektiv
[f]	มันฝรั่ง [man fà ràŋ] – man fà–ràng	fünf
[h]	เฮลสิงกิ [heːn siŋ kìʔ] – hayn–sing–gi	brauchbar
[y]	ยี่สิบ [jîː sìp] – yêe sip	Jacke
[g]	กรง [kroŋ] – grorng	gelb
[kh]	เลขา [leː kʰǎː] – lay–khǎa	Flughafen
[l]	เล็ก [lék] – lék	Juli
[m]	เมลอน [meː lɔːn] – may–lorn	Mitte
[n]	หนัง [nǎŋ] – nǎng	nicht
[ng]	เงือก [ŋɯːak] – ngêuak	Känguru
[bp]	เป็น [pen] – bpen	Polizei
[ph]	เผา [pʰǎw] – phǎo	Abhang
[r]	เบอร์รี่ [bɤː rîː] – ber–rêe	richtig
[s]	ซอน [sôn] – sôrn	sein

T&P phonetisches Alphabet	Thailändisch Beispiel	Deutsch Beispiel
[dt]	ดนตรี [don tri:] – don–dtree	still
[j]	ปั้นจั่น [pân tçàn] – bpân jàn	ähnlich wie tch oder tj in Brötchen oder tja

Silbenende

[k]	แม่เหล็ก [mɛ: lèk] – mâe lèk	Kalender
[m]	เพิ่ม [pʰɤ:m] – phêrm	Mitte
[n]	เนียน [ni:an] – nian	nicht
[ng]	เป็นห่วง [pen hù:aŋ] – bpen hùang	Känguru
[p]	ไม่ขยับ [mâj kʰà ja p] – mâi khà–yàp	Polizei
[t]	ลูกเป็ด [lù:k pèt] – lôok bpèt	still

Anmerkungen

Mittel Ton - [ā] การคูณ [gaan khon]
Tief Ton - [à] แจกจ่าย [jàek jàai]
Fallend Ton - [â] มุ่ม [dtâem]
Hoch Ton - [á] แซ็กโซโฟน [sáek-soh-fohn]
Steigend Ton - [ǎ] เนินเขา [nern khǎo]

ABKÜRZUNGEN
die im Vokabular verwendet werden

Deutsch. Abkürzungen

Adj	-	Adjektiv
Adv	-	Adverb
Amtsspr.	-	Amtssprache
f	-	Femininum
f, n	-	Femininum, Neutrum
Fem.	-	Femininum
m	-	Maskulinum
m, f	-	Maskulinum, Femininum
m, n	-	Maskulinum, Neutrum
Mask.	-	Maskulinum
n	-	Neutrum
pl	-	Plural
Sg.	-	Singular
ugs.	-	umgangssprachlich
unzähl.	-	unzählbar
usw.	-	und so weiter
v mod	-	Modalverb
vi	-	intransitives Verb
vi, vt	-	intransitives, transitives Verb
vt	-	transitives Verb
zähl.	-	zählbar
z.B.	-	zum Beispiel

GRUNDBEGRIFFE

Grundbegriffe. Teil 1

1. Pronomen

du	คุณ	khun
er	เขา	khǎo
sie	เธอ	ther
es	มัน	man

wir	เรา	rao
ihr	คุณทั้งหลาย	khun tháng lǎai
Sie (Sg.)	คุณ	khun
Sie (pl)	คุณทั้งหลาย	khun tháng lǎai
sie (Mask.)	เขา	khǎo
sie (Fem.)	เธอ	ther

2. Grüße. Begrüßungen. Verabschiedungen

Hallo! (ugs.)	สวัสดี!	sà-wàt-dee
Hallo! (Amtsspr.)	สวัสดี ครับ/ค่ะ!	sà-wàt-dee khráp/khâ
Guten Morgen!	อรุณสวัสดี!	a-run sà-wàt
Guten Tag!	สวัสดีตอนบ่าย	sà-wàt-dee dtorn-bàai
Guten Abend!	สวัสดีตอนค่ำ	sà-wàt-dee dtorn-khâm

grüßen (vi, vt)	ทักทาย	thák thaai
Hallo! (ugs.)	สวัสดี!	sà-wàt-dee
Gruß (m)	คำทักทาย	kham thák thaai
begrüßen (vt)	ทักทาย	thák thaai
Wie geht es Ihnen?	คุณสบายดีไหม?	khun sà-baai dee mǎi
Wie geht's dir?	สบายดีไหม?	sà-baai dee mǎi
Was gibt es Neues?	มีอะไรใหม?	mee à-rai mài

Auf Wiedersehen!	ลาก่อน!	laa gòrn
Wiedersehen! Tschüs!	บาย!	baai
Bis bald!	พบกันใหม่	phóp gan mài
Lebe wohl!	ลาก่อน!	laa gòrn
Leben Sie wohl!	สวัสดี!	sà-wàt-dee
sich verabschieden	บอกลา	bòrk laa
Tschüs!	ลาก่อน!	laa gòrn

Danke!	ขอบคุณ!	khòrp khun
Dankeschön!	ขอบคุณมาก!	khòrp khun mâak
Bitte (Antwort)	ยินดีช่วย	yin dee chûay
Keine Ursache.	ไม่เป็นไร	mâi bpen rai
Nichts zu danken.	ไม่เป็นไร	mâi bpen rai

Entschuldige!	ขอโทษที!	khŏr thôht thee
Entschuldigung!	ขอโทษ ครับ/ค่ะ!	khŏr thôht khráp / khâ
entschuldigen (vt)	ให้อภัย	hâi a-phai
sich entschuldigen	ขอโทษ	khŏr thôht
Verzeihung!	ขอโทษ	khŏr thôht
Es tut mir leid!	ขอโทษ!	khŏr thôht
verzeihen (vt)	อภัย	a-phai
Das macht nichts!	ไม่เป็นไร!	mâi bpen rai
bitte (Die Rechnung, ~!)	โปรด	bpròht
Nicht vergessen!	อย่าลืม!	yàa leum
Natürlich!	แน่นอน!	nâe norn
Natürlich nicht!	ไม่ใช่แน่!	mâi châi nâe
Gut! Okay!	โอเค!	oh-khay
Es ist genug!	พอแล้ว	phor láew

3. Grundzahlen. Teil 1

null	ศูนย์	sŏon
eins	หนึ่ง	nèung
zwei	สอง	sŏrng
drei	สาม	săam
vier	สี่	sèe
fünf	ห้า	hâa
sechs	หก	hòk
sieben	เจ็ด	jèt
acht	แปด	bpàet
neun	เก้า	gâo
zehn	สิบ	sìp
elf	สิบเอ็ด	sìp èt
zwölf	สิบสอง	sìp sŏrng
dreizehn	สิบสาม	sìp săam
vierzehn	สิบสี่	sìp sèe
fünfzehn	สิบห้า	sìp hâa
sechzehn	สิบหก	sìp hòk
siebzehn	สิบเจ็ด	sìp jèt
achtzehn	สิบแปด	sìp bpàet
neunzehn	สิบเก้า	sìp gâo
zwanzig	ยี่สิบ	yêe sìp
einundzwanzig	ยี่สิบเอ็ด	yêe sìp èt
zweiundzwanzig	ยี่สิบสอง	yêe sìp sŏrng
dreiundzwanzig	ยี่สิบสาม	yêe sìp săam
dreißig	สามสิบ	săam sìp
einunddreißig	สามสิบเอ็ด	săam-sìp-èt
zweiunddreißig	สามสิบสอง	săam-sìp-sŏrng
dreiunddreißig	สามสิบสาม	săam-sìp-săam
vierzig	สี่สิบ	sèe sìp
einundvierzig	สี่สิบเอ็ด	sèe-sìp-èt

| zweiundvierzig | สี่สิบสอง | sèe-sìp-sŏrng |
| dreiundvierzig | สี่สิบสาม | sèe-sìp-săam |

fünfzig	ห้าสิบ	hâa sìp
einundfünfzig	ห้าสิบเอ็ด	hâa-sìp-èt
zweiundfünfzig	ห้าสิบสอง	hâa-sìp-sŏrng
dreiundfünfzig	ห้าสิบสาม	hâa-sìp-săam

sechzig	หกสิบ	hòk sìp
einundsechzig	หกสิบเอ็ด	hòk-sìp-èt
zweiundsechzig	หกสิบสอง	hòk-sìp-sŏrng
dreiundsechzig	หกสิบสาม	hòk-sìp-săam

siebzig	เจ็ดสิบ	jèt sìp
einundsiebzig	เจ็ดสิบเอ็ด	jèt-sìp-èt
zweiundsiebzig	เจ็ดสิบสอง	jèt-sìp-sŏrng
dreiundsiebzig	เจ็ดสิบสาม	jèt-sìp-săam

achtzig	แปดสิบ	bpàet sìp
einundachtzig	แปดสิบเอ็ด	bpàet-sìp-èt
zweiundachtzig	แปดสิบสอง	bpàet-sìp-sŏrng
dreiundachtzig	แปดสิบสาม	bpàet-sìp-săam

neunzig	เก้าสิบ	gâo sìp
einundneunzig	เก้าสิบเอ็ด	gâo-sìp-èt
zweiundneunzig	เก้าสิบสอง	gâo-sìp-sŏrng
dreiundneunzig	เก้าสิบสาม	gâo-sìp-săam

4. Grundzahlen. Teil 2

einhundert	หนึ่งร้อย	nèung rói
zweihundert	สองร้อย	sŏrng rói
dreihundert	สามร้อย	săam rói
vierhundert	สี่ร้อย	sèe rói
fünfhundert	ห้าร้อย	hâa rói
sechshundert	หกร้อย	hòk rói
siebenhundert	เจ็ดร้อย	jèt rói
achthundert	แปดร้อย	bpàet rói
neunhundert	เก้าร้อย	gâo rói

eintausend	หนึ่งพัน	nèung phan
zweitausend	สองพัน	sŏrng phan
dreitausend	สามพัน	săam phan
zehntausend	หนึ่งหมื่น	nèung mèun
hunderttausend	หนึ่งแสน	nèung săen
Million (f)	ล้าน	láan
Milliarde (f)	พันล้าน	phan láan

5. Zahlen. Brüche

| Bruch (m) | เศษส่วน | sàyt sùan |
| Hälfte (f) | หนึ่งสวนสอง | nèung sùan sŏrng |

Drittel (n)	หนึ่งส่วนสาม	nèung sùan săam
Viertel (n)	หนึ่งสวนสี่	nèung sùan sèe
Achtel (m, n)	หนึ่งส่วนแปด	nèung sùan bpàet
Zehntel (n)	หนึ่งสวนสิบ	nèung sùan sìp
zwei Drittel	สองส่วนสาม	sŏrng sùan săam
drei Viertel	สามสวนสี่	săam sùan sèe

6. Zahlen. Grundrechenarten

Subtraktion (f)	การลบ	gaan lóp
subtrahieren (vt)	ลบ	lóp
Division (f)	การหาร	gaan hăan
dividieren (vt)	หาร	hăan
Addition (f)	การบวก	gaan bùak
addieren (vt)	บวก	bùak
hinzufügen (vt)	เพิ่ม	phêrm
Multiplikation (f)	การคูณ	gaan khon
multiplizieren (vt)	คูณ	khoon

7. Zahlen. Verschiedenes

Ziffer (f)	ตัวเลข	dtua lâyk
Zahl (f)	เลข	lâyk
Zahlwort (n)	ตัวเลข	dtua lâyk
Minus (n)	เครื่องหมายลบ	khrêuang măai lóp
Plus (n)	เครื่องหมายบวก	khrêuang măai bùak
Formel (f)	สูตร	sòot
Berechnung (f)	การนับ	gaan náp
zählen (vt)	นับ	náp
berechnen (vt)	นับ	náp
vergleichen (vt)	เปรียบเทียบ	bprìap thîap
Wie viel?	เท่าไหร่?	thâo rài
Wie viele?	กี่...?	gèe...?
Summe (f)	ผลรวม	phŏn ruam
Ergebnis (n)	ผลลัพธ์	phŏn láp
Rest (m)	ที่เหลือ	thêe lĕua
einige (~ Tage)	สองสาม	sŏrng săam
wenig (Adv)	นิดหนอย	nít nòi
einige, ein paar	นอย	nói
Übrige (n)	ที่เหลือ	thêe lĕua
anderthalb	หนึ่งครึ่ง	nèung khrêung
Dutzend (n)	โหล	lŏh
entzwei (Adv)	เป็นสองส่วน	bpen sŏrng sùan
zu gleichen Teilen	เทาเทียมกัน	thâo thiam gan

Hälfte (f)	ครึ่ง	khrêung
Mal (n)	ครั้ง	khráng

8. Die wichtigsten Verben. Teil 1

abbiegen (nach links ~)	เลี้ยว	líeow
abschicken (vt)	ส่ง	sòng
ändern (vt)	เปลี่ยน	bplìan
andeuten (vt)	บอกใบ้	bòrk bâi
Angst haben	กลัว	glua

ankommen (vi)	มา	maa
antworten (vi)	ตอบ	dtòrp
arbeiten (vi)	ทำงาน	tham ngaan
auf … zählen	พึ่งพา	phêung phaa
aufbewahren (vt)	รักษา	rák-săa

aufschreiben (vt)	จด	jòt
ausgehen (vi)	ออกไป	òrk bpai
aussprechen (vt)	ออกเสียง	òrk sĭang
bedauern (vt)	เสียใจ	sĭa jai
bedeuten (vt)	หมาย	măai
beenden (vt)	จบ	jòp

befehlen (Milit.)	สั่งการ	sàng gaan
befreien (Stadt usw.)	ปลดปล่อย	bplòt bplòi
beginnen (vt)	เริ่ม	rêrm
bemerken (vt)	สังเกต	săng-gàyt
beobachten (vt)	สังเกตการณ์	săng-gàyt gaan

berühren (vt)	แตะต้อง	dtàe dtôrng
besitzen (vt)	เป็นเจ้าของ	bpen jâo khŏrng
besprechen (vt)	หารือ	hăa-reu
bestehen auf	ยืนยัน	yeun yan
bestellen (im Restaurant)	สั่ง	sàng

bestrafen (vt)	ลงโทษ	long thôht
beten (vi)	ภาวนา	phaa-wá-naa
bitten (vt)	ขอ	khŏr
brechen (vt)	แตก	dtàek
denken (vi, vt)	คิด	khít

drohen (vi)	ขู่	khòo
Durst haben	กระหายน้ำ	grà-hăai náam
einladen (vt)	เชิญ	chern
einstellen (vt)	หยุด	yùt
einwenden (vt)	ค้าน	kháan
empfehlen (vt)	แนะนำ	náe nam

erklären (vt)	อธิบาย	à-thí-baai
erlauben (vt)	อนุญาต	a-nú-yâat
ermorden (vt)	ฆ่า	khâa
erwähnen (vt)	กล่าวถึง	glàao thĕung
existieren (vi)	มีอยู่	mee yòo

9. Die wichtigsten Verben. Teil 2

fallen (vi)	ตก	dtòk
fallen lassen	ทิ้งให้ตก	thíng hâi dtòk
fangen (vt)	จับ	jàp
finden (vt)	พบ	phóp
fliegen (vi)	บิน	bin
folgen (Folge mir!)	ไปตาม...	bpai dtaam...
fortsetzen (vt)	ทำต่อไป	tham dtòr bpai
fragen (vt)	ถาม	thǎam
frühstücken (vi)	ทานอาหารเช้า	thaan aa-hǎan cháo
geben (vt)	ให้	hâi
gefallen (vi)	ชอบ	chôrp
gehen (zu Fuß gehen)	ไป	bpai
gehören (vi)	เป็นของของ...	bpen khǒrng khǒrng...
graben (vt)	ขุด	khùt
haben (vt)	มี	mee
helfen (vi)	ช่วย	chûay
herabsteigen (vi)	ลง	long
hereinkommen (vi)	เข้า	khâo
hoffen (vi)	หวัง	wǎng
hören (vt)	ได้ยิน	dâai yin
hungrig sein	หิว	hǐw
informieren (vt)	แจ้ง	jâeng
jagen (vi)	ลา	lâa
kennen (vt)	รู้จัก	róo jàk
klagen (vi)	บ่น	bòn
können (v mod)	สามารถ	sǎa-mâat
kontrollieren (vt)	ควบคุม	khûap khum
kosten (vt)	ราคา	raa-khaa
kränken (vt)	ดูถูก	doo thòok
lächeln (vi)	ยิ้ม	yím
lachen (vi)	หัวเราะ	hǔa rór
laufen (vi)	วิ่ง	wîng
leiten (Betrieb usw.)	บริหาร	bor-rí-hǎan
lernen (vt)	เรียน	rian
lesen (vi, vt)	อ่าน	àan
lieben (vt)	รัก	rák
machen (vt)	ทำ	tham
mieten (Haus usw.)	เช่า	châo
nehmen (vt)	เอา	ao
noch einmal sagen	ซ้ำ	sám
nötig sein	ต้องการ	dtôrng gaan
öffnen (vt)	เปิด	bpèrt

10. Die wichtigsten Verben. Teil 3

planen (vt)	วางแผน	waang phǎen
prahlen (vi)	โอ้อวด	ôh ùat
raten (vt)	แนะนำ	náe nam
rechnen (vt)	นับ	náp
reservieren (vt)	จอง	jorng

retten (vt)	กู้	gôo
richtig raten (vt)	คาดเดา	khâat dao
rufen (um Hilfe ~)	เรียก	rîak
sagen (vt)	บอก	bòrk
schaffen (Etwas Neues zu ~)	สร้าง	sâang

schelten (vt)	ดุด่า	dù dàa
schießen (vi)	ยิง	ying
schmücken (vt)	ประดับ	bprà-dàp
schreiben (vi, vt)	เขียน	khǐan
schreien (vi)	ตะโกน	dtà-gohn

schweigen (vi)	นิ่งเงียบ	nîng ngîap
schwimmen (vi)	ว่ายน้ำ	wâai náam
schwimmen gehen	ไปว่ายน้ำ	bpai wâai náam
sehen (vi, vt)	เห็น	hěn

sein (vi)	เป็น	bpen
sich beeilen	รีบ	rêep
sich entschuldigen	ขอโทษ	khǒr thôht

sich interessieren	สนใจใน	sǒn jai nai
sich irren	ทำผิด	tham phìt
sich setzen	นั่ง	nâng
sich weigern	ปฏิเสธ	bpà-dtì-sàyt
spielen (vi, vt)	เล่น	lên

sprechen (vi)	พูด	phôot
staunen (vi)	ประหลาดใจ	bprà-làat jai
stehlen (vt)	ขโมย	khà-moi
stoppen (vt)	หยุด	yùt
suchen (vt)	หา	hǎa

11. Die wichtigsten Verben. Teil 4

täuschen (vt)	หลอก	lòrk
teilnehmen (vi)	มีส่วนร่วม	mee sùan rûam
übersetzen (Buch usw.)	แปล	bplae
unterschätzen (vt)	ดูถูก	doo thòok
unterschreiben (vt)	ลงนาม	long naam

vereinigen (vt)	สมาน	sà-mǎan
vergessen (vt)	ลืม	leum
vergleichen (vt)	เปรียบเทียบ	bprìap thîap
verkaufen (vt)	ขาย	khǎai

verlangen (vt)	เรียกร้อง	rîak rórng
versäumen (vt)	พลาด	phlâat
versprechen (vt)	สัญญา	săn-yaa
verstecken (vt)	ซ่อน	sôrn
verstehen (vt)	เข้าใจ	khâo jai
versuchen (vt)	พยายาม	phá-yaa-yaam

verteidigen (vt)	ปกป้อง	bpòk bpôrng
vertrauen (vi)	เชื่อ	chêua
verwechseln (vt)	สับสน	sàp sŏn
verzeihen (vi, vt)	ให้อภัย	hâi a-phai
verzeihen (vt)	ให้อภัย	hâi a-phai
voraussehen (vt)	คาดหวัง	khâat wăng

vorschlagen (vt)	เสนอ	sà-nĕr
vorziehen (vt)	ชอบ	chôrp
wählen (vt)	เลือก	lêuak
warnen (vt)	เตือน	dteuan
warten (vi)	รอ	ror
weinen (vi)	ร้องไห้	rórng hâi

wissen (vt)	รู้	róo
Witz machen	ล้อเล่น	lór lên
wollen (vt)	ต้องการ	dtôrng gaan
zahlen (vt)	จ่าย	jàai
zeigen (jemandem etwas)	แสดง	sà-daeng

zu Abend essen	ทานอาหารเย็น	thaan aa-hăan yen
zu Mittag essen	ทานอาหารเที่ยง	thaan aa-hăan thîang
zubereiten (vt)	ทำอาหาร	tham aa-hăan
zustimmen (vi)	เห็นด้วย	hĕn dûay
zweifeln (vi)	สงสัย	sŏng-săi

12. Farben

Farbe (f)	สี	sĕe
Schattierung (f)	สีอ่อน	sĕe òrn
Farbton (m)	สีสัน	sĕe săn
Regenbogen (m)	สายรุ้ง	săai rúng

weiß	สีขาว	sĕe khăao
schwarz	สีดำ	sĕe dam
grau	สีเทา	sĕe thao

grün	สีเขียว	sĕe khĭeow
gelb	สีเหลือง	sĕe lĕuang
rot	สีแดง	sĕe daeng

blau	สีน้ำเงิน	sĕe nám ngern
hellblau	สีฟ้า	sĕe fáa
rosa	สีชมพู	sĕe chom-poo
orange	สีส้ม	sĕe sôm
violett	สีม่วง	sĕe mûang
braun	สีน้ำตาล	sĕe nám dtaan

| golden | สีทอง | sěe thorng |
| silbrig | สีเงิน | sěe ngern |

beige	สีน้ำตาลอ่อน	sěe nám dtaan òrn
cremefarben	สีครีม	sěe khreem
türkis	สีเขียวแกม	sěe khǐeow gaem
	น้ำเงิน	náam ngern
kirschrot	สีแดงเชอร์รี่	sěe daeng cher-rêe
lila	สีม่วงอ่อน	sěe mûang-òrn
himbeerrot	สีแดงเข้ม	sěe daeng khâym

hell	อ่อน	òrn
dunkel	แก่	gàe
grell	สด	sòt

Farb- (z.B. -stifte)	สี	sěe
Farb- (z.B. -film)	สี	sěe
schwarz-weiß	ขาวดำ	khǎao-dam
einfarbig	สีเดียว	sěe dieow
bunt	หลากสี	làak sěe

13. Fragen

Wer?	ใคร?	khrai
Was?	อะไร?	a-rai
Wo?	ที่ไหน?	thêe nǎi
Wohin?	ที่ไหน?	thêe nǎi
Woher?	จากที่ไหน?	jàak thêe nǎi
Wann?	เมื่อไหร่?	mêua rài
Wozu?	ทำไม?	tham-mai
Warum?	ทำไม?	tham-mai

Wofür?	เพื่ออะไร?	phêua a-rai
Wie?	อย่างไร?	yàang rai
Welcher?	อะไร?	a-rai

Wem?	สำหรับใคร?	sǎm-ràp khrai
Über wen?	เกี่ยวกับใคร?	gìeow gàp khrai
Wovon? (~ sprichst du?)	เกี่ยวกับอะไร?	gìeow gàp a-rai
Mit wem?	กับใคร?	gàp khrai

Wie viele?	กี่...?	gèe…?
Wie viel?	เท่าไหร่?	thâo rài
Wessen?	ของใคร?	khǒrng khrai

14. Funktionswörter. Adverbien. Teil 1

Wo?	ที่ไหน?	thêe nǎi
hier	ที่นี่	thêe nêe
dort	ที่นั่น	thêe nân
irgendwo	ที่ใดที่หนึ่ง	thêe dai thêe nèung
nirgends	ไม่มีที่ไหน	mâi mee thêe nǎi

an (bei)	ข้าง	khâang
am Fenster	ข้างหน้าต่าง	khâang nâa dtàang

Wohin?	ที่ไหน?	thêe nǎi
hierher	ที่นี่	thêe nêe
dahin	ที่นั่น	thêe nân
von hier	จากที่นี่	jàak thêe nêe
von da	จากที่นั่น	jàak thêe nân

nah (Adv)	ใกล้	glâi
weit, fern (Adv)	ไกล	glai

in der Nähe von ...	ใกล้	glâi
in der Nähe	ใกล้ๆ	glâi glâi
unweit (~ unseres Hotels)	ไม่ไกล	mâi glai

link (Adj)	ซ้าย	sáai
links (Adv)	ข้างซ้าย	khâang sáai
nach links	ซ้าย	sáai

recht (Adj)	ขวา	khwǎa
rechts (Adv)	ข้างขวา	khâang kwǎa
nach rechts	ขวา	khwǎa

vorne (Adv)	ข้างหน้า	khâang nâa
Vorder-	หน้า	nâa
vorwärts	หน้า	nâa

hinten (Adv)	ข้างหลัง	khâang lǎng
von hinten	จากข้างหลัง	jàak khâang lǎng
rückwärts (Adv)	หลัง	lǎng

Mitte (f)	กลาง	glaang
in der Mitte	ตรงกลาง	dtrorng glaang

seitlich (Adv)	ข้าง	khâang
überall (Adv)	ทุกที่	thúk thêe
ringsherum (Adv)	รอบ	rôrp

von innen (Adv)	จากข้างใน	jàak khâang nai
irgendwohin (Adv)	ที่ไหน	thêe nǎi
geradeaus (Adv)	ตรงไป	dtrorng bpai
zurück (Adv)	กลับ	glàp

irgendwoher (Adv)	จากที่ใด	jàak thêe dai
von irgendwo (Adv)	จากที่ใด	jàak thêe dai

erstens	ข้อที่หนึ่ง	khôr thêe nèung
zweitens	ข้อที่สอง	khôr thêe sǒrng
drittens	ขอที่สาม	khôr thêe sǎam

plötzlich (Adv)	ในทันที	nai than thee
zuerst (Adv)	ตอนแรก	dtorn-râek
zum ersten Mal	เป็นครั้งแรก	bpen khráng râek
lange vor...	นานุกอน	naan gòrn
von Anfang an	ใหม	mài

für immer	ให้จบสิ้น	hâi jòp sîn
nie (Adv)	ไม่เคย	mâi khoie
wieder (Adv)	อีกครั้งหนึ่ง	èek khráng nèung
jetzt (Adv)	ตอนนี้	dtorn-née
oft (Adv)	บ่อย	bòi
damals (Adv)	เวลานั้น	way-laa nán
dringend (Adv)	อย่างเร่งด่วน	yàang râyng dùan
gewöhnlich (Adv)	มักจะ	mák jà

übrigens, ...	อนึ่ง	à-nèung
möglicherweise (Adv)	เป็นไปได้	bpen bpai dâai
wahrscheinlich (Adv)	อาจจะ	àat jà
vielleicht (Adv)	อาจจะ	àat jà
außerdem ...	นอกจากนั้น...	nôrk jàak nán...
deshalb ...	นั่นเป็นเหตุผลที่...	nân bpen hàyt phŏn thêe...
trotz ...	แม้ว่า...	máe wâa...
dank ...	เนื่องจาก...	nêuang jàak...

was (~ ist denn?)	อะไร	a-rai
das (~ ist alles)	ที่	thêe
etwas	อะไร	a-rai
irgendwas	อะไรก็ตาม	a-rai gôr dtaam
nichts	ไม่มีอะไร	mâi mee a-rai

wer (~ ist ~?)	ใคร	khrai
jemand	บางคน	baang khon
irgendwer	บางคน	baang khon

niemand	ไม่มีใคร	mâi mee khrai
nirgends	ไม่ไปไหน	mâi bpai năi
niemandes (~ Eigentum)	ไม่เป็นของ ของใคร	mâi bpen khŏrng khŏrng khrai
jemandes	ของคนหนึ่ง	khŏrng khon nèung

so (derart)	มาก	mâak
auch	ด้วย	dûay
ebenfalls	ด้วย	dûay

15. Funktionswörter. Adverbien. Teil 2

Warum?	ทำไม?	tham-mai
aus irgendeinem Grund	เพราะเหตุผลอะไร	phrór hàyt phŏn à-rai
weil ...	เพราะว่า...	phrór wâa
zu irgendeinem Zweck	ด้วยจุดประสงค์อะไร	dûay jùt bprà-sŏng a-rai

und	และ	láe
oder	หรือ	rĕu
aber	แต่	dtàe
für (präp)	สำหรับ	săm-ràp

zu (~ viele)	เกินไป	gern bpai
nur (~ einmal)	เท่านั้น	thâo nán
genau (Adv)	ตรง	dtrorng
etwa	ประมาณ	bprà-maan

ungefähr (Adv)	ประมาณ	bprà-maan
ungefähr (Adj)	ประมาณ	bprà-maan
fast	เกือบ	gèuap
Übrige (n)	ที่เหลือ	thêe lĕua

der andere	อีก	èek
andere	อื่น	èun
jeder (~ Mann)	ทุก	thúk
beliebig (Adj)	ใดๆ	dai dai
viel (zähl.)	หลาย	lăai
viel (unzähl.)	มาก	mâak
viele Menschen	หลายคน	lăai khon
alle (wir ~)	ทุกๆ	thúk thúk

im Austausch gegen ...	ที่จะเปลี่ยนเป็น	thêe jà bplìan bpen
dafür (Adv)	แทน	thaen
mit der Hand (Hand-)	ใช้มือ	chái meu
schwerlich (Adv)	แทบจะไม่	thâep jà mâi

wahrscheinlich (Adv)	อาจจะ	àat jà
absichtlich (Adv)	โดยเจตนา	doi jàyt-dtà-naa
zufällig (Adv)	บังเอิญ	bang-ern

sehr (Adv)	มาก	mâak
zum Beispiel	ยกตัวอย่าง	yók dtua yàang
zwischen	ระหว่าง	rá-wàang
unter (Wir sind ~ Mördern)	ทามกลาง	tâam-glaang
so viele (~ Ideen)	มากมาย	mâak maai
besonders (Adv)	โดยเฉพาะ	doi chà-phór

Grundbegriffe. Teil 2

16. Gegenteile

reich (Adj)	รวย	ruay
arm (Adj)	จน	jon
krank (Adj)	เจ็บป่วย	jèp bpùay
gesund (Adj)	สบายดี	sà-baai dee
groß (Adj)	ใหญ่	yài
klein (Adj)	เล็ก	lék
schnell (Adv)	อย่างเร็ว	yàang reo
langsam (Adv)	อย่างช้า	yàang cháa
schnell (Adj)	เร็ว	reo
langsam (Adj)	ช้า	cháa
froh (Adj)	ยินดี	yin dee
traurig (Adj)	เสียใจ	sĭa jai
zusammen	ด้วยกัน	dûay gan
getrennt (Adv)	ตางหาก	dtàang hàak
laut (~ lesen)	ออกเสียง	òrk sĭang
still (~ lesen)	อย่างเงียบๆ	yàang ngîap ngîap
hoch (Adj)	สูง	sŏong
niedrig (Adj)	ต่ำ	dtàm
tief (Adj)	ลึก	léuk
flach (Adj)	ตื้น	dtêun
ja	ใช่	châi
nein	ไม่ใช่	mâi châi
fern (Adj)	ไกล	glai
nah (Adj)	ใกล	glâi
weit (Adv)	ไกล	glai
nebenan (Adv)	ใกล้ๆ	glâi glâi
lang (Adj)	ยาว	yaao
kurz (Adj)	สั้น	sân
gut (gütig)	ใจดี	jai dee
böse (der ~ Geist)	เลวร้าย	leo ráai

| verheiratet (Ehemann) | แต่งงานแล้ว | dtàeng ngaan láew |
| ledig (Adj) | เป็นโสด | bpen sòht |

| verbieten (vt) | ห้าม | hâam |
| erlauben (vt) | อนุญาต | a-nú-yâat |

| Ende (n) | จบ | jòp |
| Anfang (m) | จุดเริ่มต้น | jùt rêrm-dtôn |

| link (Adj) | ซ้าย | sáai |
| recht (Adj) | ขวา | khwăa |

| der erste | แรก | râek |
| der letzte | สุดท้าย | sùt tháai |

| Verbrechen (n) | อาชญากรรม | àat-yaa-gam |
| Bestrafung (f) | การลงโทษ | gaan long thôht |

| befehlen (vt) | สั่ง | sàng |
| gehorchen (vi) | เชื่อฟัง | chêua fang |

| gerade (Adj) | ตรง | dtrorng |
| krumm (Adj) | โค้ง | khóhng |

| Paradies (n) | สวรรค์ | sà-wăn |
| Hölle (f) | นรก | ná-rók |

| geboren sein | เกิด | gèrt |
| sterben (vi) | ตาย | dtaai |

| stark (Adj) | แข็งแรง | khăeng raeng |
| schwach (Adj) | อ่อนแอ | òrn ae |

| alt | แก่ | gàe |
| jung (Adj) | หนุ่ม | nùm |

| alt (Adj) | เก่าแก่ | gào gàe |
| neu (Adj) | ใหม่ | mài |

| hart (Adj) | แข็ง | khăeng |
| weich (Adj) | อ่อน | òrn |

| warm (Adj) | อุ่น | ùn |
| kalt (Adj) | หนาว | năao |

| dick (Adj) | อ้วน | ûan |
| mager (Adj) | ผอม | phŏrm |

| eng (Adj) | แคบ | khâep |
| breit (Adj) | กว้าง | gwâang |

| gut (Adj) | ดี | dee |
| schlecht (Adj) | ไม่ดี | mâi dee |

| tapfer (Adj) | กล้าหาญ | glâa hăan |
| feige (Adj) | ขี้ขลาด | khêe khlàat |

17. Wochentage

Montag (m)	วันจันทร์	wan jan
Dienstag (m)	วันอังคาร	wan ang-khaan
Mittwoch (m)	วันพุธ	wan phút
Donnerstag (m)	วันพฤหัสบดี	wan phá-réu-hàt-sà-bor-dee
Freitag (m)	วันศุกร์	wan sùk
Samstag (m)	วันเสาร์	wan săo
Sonntag (m)	วันอาทิตย์	wan aa-thít
heute	วันนี้	wan née
morgen	พรุ่งนี้	phrûng-née
übermorgen	วันมะรืนนี้	wan má-reun née
gestern	เมื่อวานนี้	mêua waan née
vorgestern	เมื่อวานซืนนี้	mêua waan-seun née
Tag (m)	วัน	wan
Arbeitstag (m)	วันทำงาน	wan tham ngaan
Feiertag (m)	วันนักขัตฤกษ์	wan nák-khàt-rêrk
freier Tag (m)	วันหยุด	wan yùt
Wochenende (n)	วันสุดสัปดาห์	wan sùt sàp-daa
den ganzen Tag	ทั้งวัน	tháng wan
am nächsten Tag	วันรุ่งขึ้น	wan rûng khêun
zwei Tage vorher	สองวันก่อน	sŏrng wan gòrn
am Vortag	วันก่อนหน้านี้	wan gòrn nâa née
täglich (Adj)	รายวัน	raai wan
täglich (Adv)	ทุกวัน	thúk wan
Woche (f)	สัปดาห์	sàp-daa
letzte Woche	สัปดาห์ก่อน	sàp-daa gòrn
nächste Woche	สัปดาห์หน้า	sàp-daa nâa
wöchentlich (Adj)	รายสัปดาห์	raai sàp-daa
wöchentlich (Adv)	ทุกสัปดาห์	thúk sàp-daa
zweimal pro Woche	สัปดาห์ละสองครั้ง	sàp-daa lá sŏrng khráng
jeden Dienstag	ทุกวันอังคาร	túk wan ang-khaan

18. Stunden. Tag und Nacht

Morgen (m)	เช้า	cháo
morgens	ตอนเช้า	dtorn cháo
Mittag (m)	เที่ยงวัน	thîang wan
nachmittags	ตอนบาย	dtorn bàai
Abend (m)	เย็น	yen
abends	ตอนเย็น	dtorn yen
Nacht (f)	คืน	kheun
nachts	กลางคืน	glaang kheun
Mitternacht (f)	เที่ยงคืน	thîang kheun
Sekunde (f)	วินาที	wí-naa-thee
Minute (f)	นาที	naa-thee
Stunde (f)	ชั่วโมง	chûa mohng

eine halbe Stunde	ครึ่งชั่วโมง	khrêung chûa mohng
Viertelstunde (f)	สิบห้านาที	sìp hâa naa-thee
fünfzehn Minuten	สิบห้านาที	sìp hâa naa-thee
Tag und Nacht	24 ชั่วโมง	yêe sìp sèe · chûa mohng
Sonnenaufgang (m)	พระอาทิตย์ขึ้น	phrá aa-thít khêun
Morgendämmerung (f)	ใกล้รุ่ง	glâi rûng
früher Morgen (m)	เช้า	cháo
Sonnenuntergang (m)	พระอาทิตย์ตก	phrá aa-thít dtòk
früh am Morgen	ตอนเช้า	dtorn cháo
heute Morgen	เช้านี้	cháo née
morgen früh	พรุ่งนี้เช้า	phrûng-née cháo
heute Mittag	บ่ายนี้	bàai née
nachmittags	ตอนบ่าย	dtorn bàai
morgen Nachmittag	พรุ่งนี้บ่าย	phrûng-née bàai
heute Abend	คืนนี้	kheun née
morgen Abend	คืนพรุ่งนี้	kheun phrûng-née
Punkt drei Uhr	3 โมงตรง	sǎam mohng dtrorng
gegen vier Uhr	ประมาณ 4 โมง	bprà-maan sèe mohng
um zwölf Uhr	ภายใน 12 โมง	phaai nai sìp sǒng mohng
in zwanzig Minuten	อีก 20 นาที	èek yêe sìp naa-thee
in einer Stunde	อีกหนึ่งชั่วโมง	èek nèung chûa mohng
rechtzeitig (Adv)	ทันเวลา	than way-laa
Viertel vor …	อีกสิบห้านาที	èek sìp hâa naa-thee
innerhalb einer Stunde	ภายในหนึ่งชั่วโมง	phaai nai nèung chûa mohng
alle fünfzehn Minuten	ทุก 15 นาที	thúk sìp hâa naa-thee
Tag und Nacht	ทั้งวัน	tháng wan

19. Monate. Jahreszeiten

Januar (m)	มกราคม	mók-gà-raa khom
Februar (m)	กุมภาพันธ์	gum-phaa phan
März (m)	มีนาคม	mee-naa khom
April (m)	เมษายน	may-sǎa-yon
Mai (m)	พฤษภาคม	phréut-sà-phaa khom
Juni (m)	มิถุนายน	mí-thù-naa-yon
Juli (m)	กรกฎาคม	gà-rá-gà-daa-khom
August (m)	สิงหาคม	sǐng hǎa khom
September (m)	กันยายน	gan-yaa-yon
Oktober (m)	ตุลาคม	dtù-laa khom
November (m)	พฤศจิกายน	phréut-sà-jì-gaa-yon
Dezember (m)	ธันวาคม	than-waa khom
Frühling (m)	ฤดูใบไม้ผลิ	réu-doo bai máai phlì
im Frühling	ฤดูใบไม้ผลิ	réu-doo bai máai phlì
Frühlings-	ฤดูใบไม้ผลิ	réu-doo bai máai phlì
Sommer (m)	ฤดูร้อน	réu-doo rórn

im Sommer	ฤดูร้อน	réu-doo rórn
Sommer-	ฤดูรอน	réu-doo rórn
Herbst (m)	ฤดูใบไม้ร่วง	réu-doo bai máai rûang
im Herbst	ฤดูใบไม้ร่วง	réu-doo bai máai rûang
Herbst-	ฤดูใบไม้ร่วง	réu-doo bai máai rûang
Winter (m)	ฤดูหนาว	réu-doo nǎao
im Winter	ฤดูหนาว	réu-doo nǎao
Winter-	ฤดูหนาว	réu-doo nǎao
Monat (m)	เดือน	deuan
in diesem Monat	เดือนนี้	deuan née
nächsten Monat	เดือนหน้า	deuan nâa
letzten Monat	เดือนที่แล้ว	deuan thêe láew
vor einem Monat	หนึ่งเดือนก่อนหน้านี้	nèung deuan gòrn nâa née
über eine Monat	อีกหนึ่งเดือน	èek nèung deuan
in zwei Monaten	อีกสองเดือน	èek sǒrng deuan
den ganzen Monat	ตลอดทั้งเดือน	dtà-lòrt tháng deuan
monatlich (Adj)	รายเดือน	raai deuan
monatlich (Adv)	ทุกเดือน	thúk deuan
jeden Monat	ทุกเดือน	thúk deuan
zweimal pro Monat	เดือนละสองครั้ง	deuan lá sǒrng kráng
Jahr (n)	ปี	bpee
dieses Jahr	ปีนี้	bpee née
nächstes Jahr	ปีหน้า	bpee nâa
voriges Jahr	ปีที่แล้ว	bpee thêe láew
vor einem Jahr	หนึ่งปีก่อน	nèung bpee gòrn
in einem Jahr	อีกหนึ่งปี	èek nèung bpee
in zwei Jahren	อีกสองปี	èek sǒng bpee
das ganze Jahr	ตลอดทั้งปี	dtà-lòrt tháng bpee
jedes Jahr	ทุกปี	thúk bpee
jährlich (Adj)	รายปี	raai bpee
jährlich (Adv)	ทุกปี	thúk bpee
viermal pro Jahr	ปีละสี่ครั้ง	bpee lá sèe khráng
Datum (heutige ~)	วันที่	wan thêe
Datum (Geburts-)	วันเดือนปี	wan deuan bpee
Kalender (m)	ปฏิทิน	bpà-dtì-thin
ein halbes Jahr	ครึ่งปี	khrêung bpee
Halbjahr (n)	หกเดือน	hòk deuan
Saison (f)	ฤดูกาล	réu-doo gaan
Jahrhundert (n)	ศตวรรษ	sà-dtà-wát

20. Zeit. Verschiedenes

Zeit (f)	เวลา	way-laa
Augenblick (m)	ครู่หนึ่ง	khrôo nèung

Moment (m)	คู่เดียว	khrôo dieow
augenblicklich (Adj)	เพียงคู่เดียว	phiang khrôo dieow
Zeitspanne (f)	ช่วงเวลา	chûang way-laa
Leben (n)	ชีวิต	chee-wít
Ewigkeit (f)	ตลอดกาล	dtà-lòrt gaan

Epoche (f)	สมัย	sà-măi
Ära (f)	ยุค	yúk
Zyklus (m)	วัฏจักร	wát-dtà-jàk
Periode (f)	ช่วง	chûang
Frist (äußerste ~)	ระยะเวลา	rá-yá way-laa

Zukunft (f)	อนาคต	a-naa-khót
zukünftig (Adj)	อนาคตู	a-naa-khót
nächstes Mal	ครั้งหน้า	khráng nâa
Vergangenheit (f)	อดีต	a-dèet
vorig (Adj)	ที่ผ่านมา	thêe phàan maa
letztes Mal	ครั้งที่แล้ว	khráng thêe láew
später (Adv)	ภายหลัง	phaai lăng
danach	หลังจาก	lăng jàak
zur Zeit	เวลานี้	way-laa née
jetzt	ตอนนี้	dtorn-née
sofort	ทันที	than thee
bald	อีกไม่นาน	èek mâi naan
im Voraus	ล่วงหน้า	lûang nâa

lange her	นานมาแล้ว	naan maa láew
vor kurzem	เมื่อเร็ว ๆ นี้	mêua reo reo née
Schicksal (n)	ชะตากรรม	chá-dtaa gam
Erinnerungen (pl)	ความทรงจำ	khwaam song jam
Archiv (n)	จดหมายเหตุ	jòt măai hàyt
während ...	ระหว่าง...	rá-wàang...
lange (Adv)	นาน	naan
nicht lange (Adv)	ไม่นาน	mâi naan
früh (~ am Morgen)	ล่วงหน้า	lûang nâa
spät (Adv)	ช้า	cháa

für immer	ตลอดกาล	dtà-lòrt gaan
beginnen (vt)	เริ่ม	rêrm
verschieben (vt)	เลื่อน	lêuan

gleichzeitig	ในเวลาเดียวกัน	nai way-laa dieow gan
ständig (Adv)	อย่างถาวร	yàang thăa-won
konstant (Adj)	ต่อเนื่อง	dtòr nêuang
zeitweilig (Adj)	ชั่วคราว	chûa khraao

manchmal	บางครั้ง	baang khráng
selten (Adv)	ไม่บ่อย	mâi bòi
oft	บ่อย	bòi

21. Linien und Formen

| Quadrat (n) | สี่เหลี่ยมจัตุรัส | sèe lìam jàt-dtù-ràt |
| quadratisch | สี่เหลี่ยมจัตุรัส | sèe lìam jàt-dtù-ràt |

Kreis (m)	วงกลม	wong glom
rund	กลม	glom
Dreieck (n)	รูปสามเหลี่ยม	rôop săam lìam
dreieckig	สามเหลี่ยม	săam lìam

Oval (n)	รูปกลมรี	rôop glom ree
oval	กลมรี	glom ree
Rechteck (n)	สี่เหลี่ยมมุมฉาก	sèe lìam mum chàak
rechteckig	สี่เหลี่ยมมุมฉาก	sèe lìam mum chàak

Pyramide (f)	พีระมิด	phee-rá-mít
Rhombus (m)	รูปสี่เหลี่ยม	rôop sèe lìam
	ขนมเปียกปูน	khà-nŏm bpìak bpoon
Trapez (n)	รูปสี่เหลี่ยมคางหมู	rôop sèe lìam khaang mŏo
Würfel (m)	ลูกบาศก์	lôok bàat
Prisma (n)	ปริซึม	bprì seum

Kreis (m)	เส้นรอบวง	sên rôrp wong
Sphäre (f)	ทรงกลม	song glom
Kugel (f)	ลูกกลม	lôok glom
Durchmesser (m)	เส้นผ่านศูนย์กลาง	sên phàan sŏon-glaang
Radius (m)	เส้นรัศมี	sên rát-sà-mĕe
Umfang (m)	เส้นรอบวง	sên rôrp wong
Zentrum (n)	กลาง	glaang

waagerecht (Adj)	แนวนอน	naew norn
senkrecht (Adj)	แนวตั้ง	naew dtâng
Parallele (f)	เส้นขนาน	sên khà-năan
parallel (Adj)	ขนาน	khà-năan

Linie (f)	เส้น	sên
Strich (m)	เส้น	sên
Gerade (f)	เส้นตรง	sên dtrorng
Kurve (f)	เส้นโค้ง	sên khóhng
dünn (schmal)	บาง	baang
Kontur (f)	เส้นขอบ	sâyn khòrp

Schnittpunkt (m)	เส้นตัด	sên dtàt
rechter Winkel (m)	มุมฉาก	mum chàak
Segment (n)	เซกเมนต์	sâyk-mayn
Sektor (m)	เซกเตอร์	sâyk-dtêr
Seite (f)	ขาง	khâang
Winkel (m)	มุม	mum

22. Maßeinheiten

Gewicht (n)	น้ำหนัก	nám nàk
Länge (f)	ความยาว	khwaam yaao
Breite (f)	ความกว้าง	khwaam gwâang
Höhe (f)	ความสูง	khwaam sŏong
Tiefe (f)	ความลึก	khwaam léuk
Volumen (n)	ปริมาณ	bpà-rí-maan
Fläche (f)	บริเวณ	bor-rí-wayn
Gramm (n)	กรัม	gram

Milligramm (n)	มิลลิกรัม	min-lí gram
Kilo (n)	กิโลกรัม	gì-loh gram
Tonne (f)	ตัน	dtan
Pfund (n)	ปอนด์	bporn
Unze (f)	ออนซ์	orn

Meter (m)	เมตร	máyt
Millimeter (m)	มิลลิเมตร	min-lí mâyt
Zentimeter (m)	เซ็นติเมตร	sen dtì mâyt
Kilometer (m)	กิโลเมตร	gì-loh máyt
Meile (f)	ไมล์	mai

Zoll (m)	นิ้ว	níw
Fuß (m)	ฟุต	fút
Yard (n)	หลา	lǎa

| Quadratmeter (m) | ตารางเมตร | dtaa-raang máyt |
| Hektar (n) | เฮกตาร์ | hêek dtaa |

Liter (m)	ลิตร	lít
Grad (m)	องศา	ong-sǎa
Volt (n)	โวลต์	wohn
Ampere (n)	แอมแปร์	aem-bpae
Pferdestärke (f)	แรงม้า	raeng máa

Anzahl (f)	จำนวน	jam-nuan
etwas ...	นิดหน่อย	nít nói
Hälfte (f)	ครึ่ง	khrêung
Dutzend (n)	โหล	lǒh
Stück (n)	ส่วน	sùan

| Größe (f) | ขนาด | khà-nàat |
| Maßstab (m) | มาตราส่วน | mâat-dtraa sùan |

minimal (Adj)	น้อยที่สุด	nói thêe sùt
der kleinste	เล็กที่สุด	lék thêe sùt
mittler, mittel-	กลาง	glaang
maximal (Adj)	สูงสุด	sǒong sùt
der größte	ใหญ่ที่สุด	yài têe sùt

23. Behälter

Glas (Einmachglas)	ขวดโหล	khùat lǒh
Dose (z.B. Bierdose)	กระป๋อง	grà-bpǒrng
Eimer (m)	ถัง	thǎng
Fass (n), Tonne (f)	ถัง	thǎng

Waschschüssel (n)	กะทะ	gà-thá
Tank (m)	ถังเก็บน้ำ	thǎng gèp nám
Flachmann (m)	กระติกน้ำ	grà-dtìk nám
Kanister (m)	ภาชนะ	phaa-chá-ná
Zisterne (f)	ถังบรรจุ	thǎng ban-jù
Kaffeebecher (m)	แก้ว	gâew
Tasse (f)	ถ้วย	thûay

Untertasse (f)	จานรอง	jaan rorng
Wasserglas (n)	แก้ว	gâew
Weinglas (n)	แก้วไวน์	gâew wai
Kochtopf (m)	หม้อ	môr

| Flasche (f) | ขวด | khùat |
| Flaschenhals (m) | ปาก | bpàak |

Karaffe (f)	คนโท	khon-thoh
Tonkrug (m)	เหยือก	yèuak
Gefäß (n)	ภาชนะ	phaa-chá-ná
Tontopf (m)	หม้อ	môr
Vase (f)	แจกัน	jae-gan

Flakon (n)	กระติก	grà-dtìk
Fläschchen (n)	ขวดเล็ก	khùat lék
Tube (z.B. Zahnpasta)	หลอด	lòrt

Sack (~ Kartoffeln)	ถุง	thŭng
Tüte (z.B. Plastiktüte)	ถุง	thŭng
Schachtel (f)	ซอง	sorng
(z.B. Zigaretten~)		

Karton (z.B. Schuhkarton)	กล่อง	glòrng
Kiste (z.B. Bananenkiste)	ลัง	lang
Korb (m)	ตะกร้า	dtà-grâa

24. Werkstoffe

Stoff (z.B. Baustoffe)	วัสดุ	wát-sà-dù
Holz (n)	ไม้	máai
hölzern	ไม้	máai

| Glas (n) | แก้ว | gâew |
| gläsern, Glas- | แกว | gâew |

| Stein (m) | หิน | hĭn |
| steinern | หิน | hĭn |

| Kunststoff (m) | พลาสติก | pláat-dtìk |
| Kunststoff- | พลาสติก | pláat-dtìk |

| Gummi (n) | ยาง | yaang |
| Gummi- | ยาง | yaang |

| Stoff (m) | ผ้า | phâa |
| aus Stoff | ผา | phâa |

| Papier (n) | กระดาษ | grà-dàat |
| Papier- | กระดาษ | grà-dàat |

Pappe (f)	กระดาษแข็ง	grà-dàat khăeng
Pappen-	กระดาษแข็ง	grà-dàat khăeng
Polyäthylen (n)	โพลีเอทิลีน	phoh-lee-ay-thí-leen

33

Zellophan (n)	เซลโลเฟน	sayn loh-fayn
Linoleum (n)	เสื่อน้ำมัน	sèua náam man
Furnier (n)	ไม้อัด	máai àt

Porzellan (n)	เครื่องเคลือบดินเผา	khrêuang khlêuap din phǎo
aus Porzellan	เครื่องเคลือบดินเผา	khrêuang khlêuap din phǎo
Ton (m)	ดินเหนียว	din nǐeow
Ton-	ดินเหนียว	din nǐeow
Keramik (f)	เซรามิก	say-raa mík
keramisch	เซรามิก	say-raa mík

25. Metalle

Metall (n)	โลหะ	loh-hà
metallisch, Metall-	โลหะ	loh-hà
Legierung (f)	โลหะสัมฤทธิ์	loh-hà sǎm-rít

Gold (n)	ทอง	thorng
golden	ทอง	thorng
Silber (n)	เงิน	ngern
silbern, Silber-	เงิน	ngern

Eisen (n)	เหล็ก	lèk
eisern, Eisen-	เหล็ก	lèk
Stahl (m)	เหล็กกล้า	lèk glâa
stählern	เหล็กกล้า	lèk glâa
Kupfer (n)	ทองแดง	thorng daeng
kupfern, Kupfer-	ทองแดง	thorng daeng

Aluminium (n)	อะลูมิเนียม	a-loo-mí-niam
Aluminium-	อะลูมิเนียม	a-loo-mí-niam
Bronze (f)	ทองบรอนซ์	thorng-bron
bronzen	ทองบรอนซ์	thorng-bron

Messing (n)	ทองเหลือง	thorng lěuang
Nickel (n)	นิกเกิล	ník-gêrn
Platin (n)	ทองคำขาว	thorng kham khǎao
Quecksilber (n)	ปรอท	bpa -ròrt
Zinn (n)	ดีบุก	dee-bùk
Blei (n)	ตะกั่ว	dtà-gùa
Zink (n)	สังกะสี	sǎng-gà-sěe

DER MENSCH

Der Mensch. Körper

26. Menschen. Grundbegriffe

Mensch (m)	มนุษย์	má-nút
Mann (m)	ผู้ชาย	phôo chaai
Frau (f)	ผู้หญิง	phôo yĭng
Kind (n)	เด็ก, ลูก	dèk, lôok
Mädchen (n)	เด็กผู้หญิง	dèk phôo yĭng
Junge (m)	เด็กผู้ชาย	dèk phôo chaai
Teenager (m)	วัยรุ่น	wai rûn
Greis (m)	ชายชรา	chaai chá-raa
alte Frau (f)	หญิงชรา	yĭng chá-raa

27. Anatomie des Menschen

Organismus (m)	ร่างกาย	râang gaai
Herz (n)	หัวใจ	hŭa jai
Blut (n)	เลือด	lêuat
Arterie (f)	เส้นเลือดแดง	sâyn lêuat daeng
Vene (f)	เส้นเลือดดำ	sâyn lêuat dam
Gehirn (n)	สมอง	sà-mŏrng
Nerv (m)	เส้นประสาท	sên bprà-sàat
Nerven (pl)	เส้นประสาท	sên bprà-sàat
Wirbel (m)	กระดูกสันหลัง	grà-dòok săn-lăng
Wirbelsäule (f)	สันหลัง	săn lăng
Magen (m)	กระเพาะอาหาร	grà phór aa-hăan
Gedärm (n)	ลำไส้	lam sâi
Darm (z.B. Dickdarm)	ลำไส้	lam sâi
Leber (f)	ตับ	dtàp
Niere (f)	ไต	dtai
Knochen (m)	กระดูก	grà-dòok
Skelett (n)	โครงกระดูก	khrohng grà-dòok
Rippe (f)	ซี่โครง	sêe khrohng
Schädel (m)	กะโหลก	gà-lòhk
Muskel (m)	กล้ามเนื้อ	glâam néua
Bizeps (m)	กล้ามเนื้อไบเซ็ปส์	glâam néua bai-sép
Trizeps (m)	กล้ามเนื้อไทรเซปส์	gglâam néua thrai-sâyp
Sehne (f)	เส้นเอ็น	sâyn en
Gelenk (n)	ข้อต่อ	khôr dtòr

Lungen (pl)	ปอด	bpòrt
Geschlechtsorgane (pl)	อวัยวะเพศ	a-wai-wá phâyt
Haut (f)	ผิวหนัง	phĭw năng

28. Kopf

Kopf (m)	หัว	hŭa
Gesicht (n)	หน้า	nâa
Nase (f)	จมูก	jà-mòok
Mund (m)	ปาก	bpàak

Auge (n)	ตา	dtaa
Augen (pl)	ตา	dtaa
Pupille (f)	รูม่านตา	roo mâan dtaa
Augenbraue (f)	คิ้ว	khíw
Wimper (f)	ขนตา	khŏn dtaa
Augenlid (n)	เปลือกตา	bplèuak dtaa

Zunge (f)	ลิ้น	lín
Zahn (m)	ฟัน	fan
Lippen (pl)	ริมฝีปาก	rim fĕe bpàak
Backenknochen (pl)	โหนกแก้ม	nòhk gâem
Zahnfleisch (n)	เหงือก	ngèuak
Gaumen (m)	เพดานปาก	phay-daan bpàak

Nasenlöcher (pl)	รูจมูก	roo jà-mòok
Kinn (n)	คาง	khaang
Kiefer (m)	ขากรรไกร	khăa gan-grai
Wange (f)	แก้ม	gâem

Stirn (f)	หน้าผาก	nâa phàak
Schläfe (f)	ขมับ	khà-màp
Ohr (n)	หู	hŏo
Nacken (m)	หลังศีรษะ	lăng sĕe-sà
Hals (m)	คอ	khor
Kehle (f)	ลำคอ	lam khor

Haare (pl)	ผม	phŏm
Frisur (f)	ทรงผม	song phŏm
Haarschnitt (m)	ทรงผม	song phŏm
Perücke (f)	ผมปลอม	phŏm bplorm

Schnurrbart (m)	หนวด	nùat
Bart (m)	เครา	krao
haben (einen Bart ~)	ลองไว้	lorng wái
Zopf (m)	ผมเปีย	phŏm bpia
Backenbart (m)	จอน	jorn

rothaarig	ผมแดง	phŏm daeng
grau	ผมหงอก	phŏm ngòrk
kahl	หัวล้าน	hŭa láan
Glatze (f)	หัวล้าน	hŭa láan
Pferdeschwanz (m)	ผมทรงหางม้า	phŏm song hăang máa
Pony (Ponyfrisur)	ผมม้า	phŏm máa

29. Menschlicher Körper

Hand (f)	มือ	meu
Arm (m)	แขน	khăen

Finger (m)	นิ้ว	níw
Zehe (f)	นิ้วเท้า	níw tháo
Daumen (m)	นิ้วโป้ง	níw bpôhng
kleiner Finger (m)	นิ้วก้อย	níw gôi
Nagel (m)	เล็บ	lép

Faust (f)	กำปั้น	gam bpân
Handfläche (f)	ฝ่ามือ	fàa meu
Handgelenk (n)	ข้อมือ	khôr meu
Unterarm (m)	แขนช่วงล่าง	khăen chûang lâang
Ellbogen (m)	ข้อศอก	khôr sòrk
Schulter (f)	ไหล่	lài

Bein (n)	ขา	khăa
Fuß (m)	เท้า	tháo
Knie (n)	หัวเข่า	hŭa khào
Wade (f)	น่อง	nôrng
Hüfte (f)	สะโพก	sà-phôhk
Ferse (f)	ส้นเท้า	sôn tháo

Körper (m)	ร่างกาย	râang gaai
Bauch (m)	ท้อง	thórng
Brust (f)	อก	òk
Busen (m)	หน้าอก	nâa òk
Seite (f), Flanke (f)	ข้าง	khâang
Rücken (m)	หลัง	lăng
Kreuz (n)	หลังส่วนล่าง	lăng sùan lâang
Taille (f)	เอว	eo

Nabel (m)	สะดือ	sà-deu
Gesäßbacken (pl)	ก้น	gôn
Hinterteil (n)	ก้น	gôn

Leberfleck (m)	ไฝเสน่ห์	făi sà-này
Muttermal (n)	ปาน	bpaan
Tätowierung (f)	รอยสัก	roi sàk
Narbe (f)	แผลเป็น	phlăe bpen

Kleidung & Accessoires

30. Oberbekleidung. Mäntel

Kleidung (f)	เสื้อผ้า	sêua phâa
Oberkleidung (f)	เสื้อนอก	sêua nôk
Winterkleidung (f)	เสื้อกันหนาว	sêua gan năao
Mantel (m)	เสื้อโค้ท	sêua khóht
Pelzmantel (m)	เสื้อโค้ทขนสัตว์	sêua khóht khŏn sàt
Pelzjacke (f)	แจคเก็ตขนสัตว์	jáek-gèt khŏn sàt
Daunenjacke (f)	แจ็คเก็ตกันหนาว	jàek-gèt gan năao
Jacke (z.B. Lederjacke)	แจ๊คเก็ต	jáek-gèt
Regenmantel (m)	เสื้อกันฝน	sêua gan fŏn
wasserdicht	ซึ่งกันน้ำได้	sêung gan náam dâai

31. Herren- & Damenbekleidung

Hemd (n)	เสื้อ	sêua
Hose (f)	กางเกง	gaang-gayng
Jeans (pl)	กางเกงยีนส์	gaang-gayng yeen
Jackett (n)	แจ็คเก็ตสูท	jàek-gèt sòot
Anzug (m)	ชุดสูท	chút sòot
Damenkleid (n)	ชุดเดรส	chút draet
Rock (m)	กระโปรง	grà bprohng
Bluse (f)	เสื้อ	sêua
Strickjacke (f)	แจ๊คเก็ตถัก	jáek-gèt thàk
Jacke (Damen Kostüm)	แจคเก็ต	jáek-gèt
T-Shirt (n)	เสื้อยืด	sêua yêut
Shorts (pl)	กางเกงขาสั้น	gaang-gayng khăa sân
Sportanzug (m)	ชุดวอร์ม	chút wom
Bademantel (m)	เสื้อคลุมอาบน้ำ	sêua khlum àap náam
Schlafanzug (m)	ชุดนอน	chút norn
Sweater (m)	เสื้อไหมพรม	sêua măi phrom
Pullover (m)	เสื้อกันหนาวแบบสวม	sêua gan năao bàep sŭam
Weste (f)	เสื้อกั๊ก	sêua gák
Frack (m)	เสื้อเทลโค้ต	sêua thayn-khóht
Smoking (m)	ชุดทักซิโด	chút thák sí dôh
Uniform (f)	เครื่องแบบ	khrêuang bàep
Arbeitskleidung (f)	ชุดทำงาน	chút tam ngaan
Overall (m)	ชุดเอี๊ยม	chút íam
Kittel (z.B. Arztkittel)	เสื้อคลุม	sêua khlum

32. Kleidung. Unterwäsche

Unterwäsche (f)	ชุดชั้นใน	chút chán nai
Herrenslip (m)	กางเกงในชาย	gaang-gayng nai chaai
Damenslip (m)	กางเกงในสตรี	gaang-gayng nai sàt-dtree
Unterhemd (n)	เสื้อชั้นใน	sêua chán nai
Socken (pl)	ถุงเท้า	thǔng tháo
Nachthemd (n)	ชุดนอนสตรี	chút norn sàt-dtree
Büstenhalter (m)	ยกทรง	yók song
Kniestrümpfe (pl)	ถุงเท้ายาว	thǔng tháo yaao
Strumpfhose (f)	ถุงน่องเต็มตัว	thǔng nôrng dtem dtua
Strümpfe (pl)	ถุงน่อง	thǔng nôrng
Badeanzug (m)	ชุดว่ายน้ำ	chút wâai náam

33. Kopfbekleidung

Mütze (f)	หมวก	mùak
Filzhut (m)	หมวก	mùak
Baseballkappe (f)	หมวกเบสบอล	mùak bàyt-bon
Schiebermütze (f)	หมวกติงลี่	mùak dting lêe
Baskenmütze (f)	หมวกเบเร่ต์	mùak bay-rây
Kapuze (f)	ฮูด	hóot
Panamahut (m)	หมวกปานามา	mùak bpaa-naa-maa
Strickmütze (f)	หมวกไหมพรม	mùak mǎi phrom
Kopftuch (n)	ผ้าโพกศีรษะ	phâa phôhk sěe-sà
Damenhut (m)	หมวกสตรี	mùak sàt-dtree
Schutzhelm (m)	หมวกนิรภัย	mùak ní-rá-phai
Feldmütze (f)	หมวกหนีบ	mùak nèep
Helm (z.B. Motorradhelm)	หมวกกันน็อค	mùak ní-rá-phai
Melone (f)	หมวกกลมทรงสูง	mùak glom song sǒong
Zylinder (m)	หมวกทรงสูง	mùak song sǒong

34. Schuhwerk

Schuhe (pl)	รองเท้า	rorng tháo
Stiefeletten (pl)	รองเท้า	rorng tháo
Halbschuhe (pl)	รองเท้า	rorng tháo
Stiefel (pl)	รองเท้าบูท	rorng tháo bòot
Hausschuhe (pl)	รองเท้าแตะในบ้าน	rorng tháo dtàe nai bâan
Tennisschuhe (pl)	รองเท้ากีฬา	rorng tháo gee-laa
Leinenschuhe (pl)	รองเท้าผ้าใบ	rorng tháo phâa bai
Sandalen (pl)	รองเท้าแตะ	rorng tháo dtàe
Schuster (m)	คนซ่อมรองเท้า	khon sôrm rorng tháo
Absatz (m)	สนรองเท้า	sôn rorng tháo

Paar (n)	ดู่	khôo
Schnürsenkel (m)	เชือกรองเท้า	chêuak rorng tháo
schnüren (vt)	ผูกเชือกรองเท้า	phòok chêuak rorng tháo
Schuhlöffel (m)	ที่ชอนรองเท้า	thêe chón rorng tháo
Schuhcreme (f)	ยาขัดรองเท้า	yaa khàt rorng tháo

35. Textilien. Stoffe

Baumwolle (f)	ฝ้าย	fâai
Baumwolle-	ฝ้าย	fâai
Leinen (m)	แฟลกซ์	fláek
Leinen-	แฟลกซ์	fláek
Seide (f)	ไหม	mǎi
Seiden-	ไหม	mǎi
Wolle (f)	ขนสัตว์	khǒn sàt
Woll-	ขนสัตว์	khǒn sàt
Samt (m)	กำมะหยี่	gam-má-yèe
Wildleder (n)	หนังกลับ	nǎng glàp
Cord (m)	ผ้าลูกฟูก	phâa lôok fôok
Nylon (n)	ไนลอน	nai-lorn
Nylon-	ไนลอน	nai-lorn
Polyester (m)	โพลีเอสเตอร์	poh-lee-àyt-dtêr
Polyester-	โพลีเอสเตอร์	poh-lee-àyt-dtêr
Leder (n)	หนัง	nǎng
Leder-	หนัง	nǎng
Pelz (m)	ขนสัตว์	khǒn sàt
Pelz-	ขนสัตว์	khǒn sàt

36. Persönliche Accessoires

Handschuhe (pl)	ถุงมือ	thǔng meu
Fausthandschuhe (pl)	ถุงมือ	thǔng meu
Schal (Kaschmir-)	ผ้าพันคอ	phâa phan khor
Brille (f)	แว่นตา	wâen dtaa
Brillengestell (n)	กรอบแว่น	gròrp wâen
Regenschirm (m)	ร่ม	rôm
Spazierstock (m)	ไม้เท้า	máai tháo
Haarbürste (f)	แปรงหวีผม	bpraeng wěe phǒm
Fächer (m)	พัด	phát
Krawatte (f)	เนคไท	nâyk-thai
Fliege (f)	โบว์หูกระต่าย	boh hǒo grà-dtàai
Hosenträger (pl)	สายเอี๊ยม	sǎai íam
Taschentuch (n)	ผ้าเช็ดหน้า	phâa chét-nâa
Kamm (m)	หวี	wěe
Haarspange (f)	ที่หนีบผม	têe nèep phǒm

Haarnadel (f)	กิ๊บ	gíp
Schnalle (f)	หัวเข็มขัด	hŭa khĕm khàt

Gürtel (m)	เข็มขัด	khĕm khàt
Umhängegurt (m)	สายกระเป๋า	săai grà-bpăo

Tasche (f)	กระเป๋า	grà-bpăo
Handtasche (f)	กระเป๋าถือ	grà-bpăo thĕu
Rucksack (m)	กระเป๋าสะพายหลัง	grà-bpăo sà-phaai lăng

37. Kleidung. Verschiedenes

Mode (f)	แฟชั่น	fae-chân
modisch	คานิยม	khâa ní-yom
Modedesigner (m)	นักออกแบบแฟชั่น	nák òrk bàep fae-chân

Kragen (m)	คอปกเสื้อ	khor bpòk sêua
Tasche (f)	กระเป๋า	grà-bpăo
Taschen-	กระเป๋า	grà-bpăo
Ärmel (m)	แขนเสื้อ	khăen sêua
Aufhänger (m)	ที่แขวนเสื้อ	thêe khwăen sêua
Hosenschlitz (m)	ซิปกางเกง	síp gaang-gayng

Reißverschluss (m)	ซิป	síp
Verschluss (m)	ซิป	síp
Knopf (m)	กระดุม	grà dum
Knopfloch (n)	รูกระดุม	roo grà dum
abgehen (Knopf usw.)	หลุดออก	lùt òrk

nähen (vi, vt)	เย็บ	yép
sticken (vt)	ปัก	bpàk
Stickerei (f)	ลายปัก	laai bpàk
Nadel (f)	เข็มเย็บผ้า	khĕm yép phâa
Faden (m)	เส้นด้าย	sây-dâai
Naht (f)	รอยเย็บ	roi yép

sich beschmutzen	สกปรก	sòk-gà-bpròk
Fleck (m)	รอยเปื้อน	roi bpêuan
sich knittern	พับเป็นรอยยน	pháp bpen roi yôn
zerreißen (vt)	ฉีก	chèek
Motte (f)	แมลงกินผ้า	má-laeng gin phâa

38. Kosmetikartikel. Kosmetik

Zahnpasta (f)	ยาสีฟัน	yaa sĕe fan
Zahnbürste (f)	แปรงสีฟัน	bpraeng sĕe fan
Zähne putzen	แปรงฟัน	bpraeng fan

Rasierer (m)	มีดโกน	mêet gohn
Rasiercreme (f)	ครีมโกนหนวด	khreem gohn nùat
sich rasieren	โกน	gohn
Seife (f)	สบู่	sà-bòo

Shampoo (n)	แชมพู	chaem-phoo
Schere (f)	กรรไกร	gan-grai
Nagelfeile (f)	ตะไบเล็บ	dtà-bai lép
Nagelzange (f)	กรรไกรตัดเล็บ	gan-grai dtàt lép
Pinzette (f)	แหนบ	nàep

Kosmetik (f)	เครื่องสำอาง	khrêuang sǎm-aang
Gesichtsmaske (f)	มาสก์หน้า	mâak nâa
Maniküre (f)	การแต่งเล็บ	gaan dtàeng lép
Maniküre machen	แต่งเล็บ	dtàeng lép
Pediküre (f)	การแต่งเล็บเท้า	gaan dtàeng lép táo

Kosmetiktasche (f)	กระเป๋าเครื่องสำอาง	grà-bpǎo khrêuang sǎm-aang
Puder (m)	แป้งฝุ่น	bpâeng-fùn
Puderdose (f)	ตลับแป้ง	dtà-làp bpâeng
Rouge (n)	แป้งทาแก้ม	bpâeng thaa gâem

Parfüm (n)	น้ำหอม	nám hǒrm
Duftwasser (n)	น้ำหอมออนๆ	náam hǒrm òn òn
Lotion (f)	โลชั่น	loh-chân
Kölnischwasser (n)	โคโลญจ์	khoh-lohn

Lidschatten (m)	อายแชโดว์	aai-chae-doh
Kajalstift (m)	อายไลเนอร์	aai lai-ner
Wimperntusche (f)	มาสคารา	mâat-khaa-râa

Lippenstift (m)	ลิปสติก	líp-sà-dtìk
Nagellack (m)	น้ำยาทาเล็บ	nám yaa-thaa lép
Haarlack (m)	สเปรย์ฉีดผม	sà-bpray chèet phǒm
Deodorant (n)	ยาดับกลิ่น	yaa dàp glìn

Creme (f)	ครีม	khreem
Gesichtscreme (f)	ครีมทาหน้า	khreem thaa nâa
Handcreme (f)	ครีมทามือ	khreem thaa meu
Anti-Falten-Creme (f)	ครีมลดริ้วรอย	khreem lót ríw roi
Tagescreme (f)	ครีมกลางวัน	khreem klaang wan
Nachtcreme (f)	ครีมกลางคืน	khreem klaang kheun
Tages-	กลางวัน	glaang wan
Nacht-	กลางคืน	glaang kheun

Tampon (m)	ผ้าอนามัยแบบสอด	phâa a-naa-mai bàep sòrt
Toilettenpapier (n)	กระดาษชำระ	grà-dàat cham-rá
Föhn (m)	เครื่องเป่าผม	khrêuang bpào phǒm

39. Schmuck

Schmuck (m)	เครื่องเพชรพลอย	khrêuang phét phloi
Edel- (stein)	เพชรพลอย	phét phloi
Repunze (f)	ตราฮอลมาร์ค	dtraa hon-mâak

Ring (m)	แหวน	wǎen
Ehering (m)	แหวนแต่งงาน	wǎen dtàeng ngaan
Armband (n)	กำไลข้อมือ	gam-lai khôr meu
Ohrringe (pl)	ตุ้มหู	dtûm hǒo

Kette (f)	สร้อยคอ	sôi khor
Krone (f)	มงกุฎ	mong-gùt
Halskette (f)	สร้อยคอลูกปัด	sôi khor lôok bpàt

Brillant (m)	เพชร	phét
Smaragd (m)	มรกต	mor-rá-gòt
Rubin (m)	พลอยสีทับทิม	phloi sĕe tháp-thim
Saphir (m)	ไพลิน	phai-lin
Perle (f)	ไข่มุก	khài múk
Bernstein (m)	อำพัน	am phan

40. Armbanduhren Uhren

Armbanduhr (f)	นาฬิกา	naa-lí-gaa
Zifferblatt (n)	หน้าปัด	nâa bpàt
Zeiger (m)	เข็ม	khĕm
Metallarmband (n)	สายนาฬิกาข้อมือ	săai naa-lí-gaa khôr meu
Uhrenarmband (n)	สายรัดข้อมือ	săai rát khôr meu

Batterie (f)	แบตเตอรี่	bàet-dter-rêe
verbraucht sein	หมด	mòt
die Batterie wechseln	เปลี่ยนแบตเตอรี่	bplìan bàet-dter-rêe
vorgehen (vi)	เดินเร็วเกินไป	dern reo gern bpai
nachgehen (vi)	เดินช้า	dern cháa

Wanduhr (f)	นาฬิกาแขวนผนัง	naa-lí-gaa khwăen phà-năng
Sanduhr (f)	นาฬิกาทราย	naa-lí-gaa saai
Sonnenuhr (f)	นาฬิกาแดด	naa-lí-gaa dàet
Wecker (m)	นาฬิกาปลุก	naa-lí-gaa bplùk
Uhrmacher (m)	ช่างซ่อมนาฬิกา	châang sôrm naa-lí-gaa
reparieren (vt)	ซ่อม	sôrm

Essen. Ernährung

41. Essen

Fleisch (n)	เนื้อ	néua
Hühnerfleisch (n)	ไก่	gài
Küken (n)	เนื้อลูกไก่	néua lôok gài
Ente (f)	เป็ด	bpèt
Gans (f)	ห่าน	hàan
Wild (n)	สัตว์ที่ล่า	sàt thêe lâa
Pute (f)	ไก่งวง	gài nguang

Schweinefleisch (n)	เนื้อหมู	néua mŏo
Kalbfleisch (n)	เนื้อลูกวัว	néua lôok wua
Hammelfleisch (n)	เนื้อแกะ	néua gàe
Rindfleisch (n)	เนื้อวัว	néua wua
Kaninchenfleisch (n)	เนื้อกระต่าย	néua grà-dtàai

Wurst (f)	ไส้กรอก	sâi gròrk
Würstchen (n)	ไส้กรอกเวียนนา	sâi gròrk wian-naa
Schinkenspeck (m)	หมูเบคอน	mŏo bay-khorn
Schinken (m)	แฮม	haem
Räucherschinken (m)	แฮมแกมมอน	haem gaem-morn

Pastete (f)	ปาเต	bpaa dtay
Leber (f)	ตับ	dtàp
Hackfleisch (n)	เนื้อสับ	néua sàp
Zunge (f)	ลิ้น	lín

Ei (n)	ไข่	khài
Eier (pl)	ไข่	khài
Eiweiß (n)	ไข่ขาว	khài khăo
Eigelb (n)	ไขแดง	khài daeng

Fisch (m)	ปลา	bplaa
Meeresfrüchte (pl)	อาหารทะเล	aa hăan thá-lay
Krebstiere (pl)	สัตว์พวกกุ้งกั้งปู	sàt phûak gûng gâng bpoo
Kaviar (m)	ไขปลา	khài-bplaa

Krabbe (f)	ปู	bpoo
Garnele (f)	กุ้ง	gûng
Auster (f)	หอยนางรม	hŏi naang rom
Languste (f)	กุ้งมังกร	gûng mang-gon
Krake (m)	ปลาหมึก	bplaa mèuk
Kalmar (m)	ปลาหมึกกล้วย	bplaa mèuk-glûay

Störfleisch (n)	ปลาสเตอร์เจี๋ยน	bpláa sà-dtôr jian
Lachs (m)	ปลาแซลมอน	bplaa saen-morn
Heilbutt (m)	ปลาตาเดียว	bplaa dtaa-dieow
Dorsch (m)	ปลาค็อด	bplaa khót

Makrele (f)	ปลาแม็คเคอเร็ล	bplaa máek-kay-a-rĕn
Tunfisch (m)	ปลาทูน่า	bplaa thoo-nâa
Aal (m)	ปลาไหล	bplaa lăi

Forelle (f)	ปลาเทราท์	bplaa thrau
Sardine (f)	ปลาซาร์ดีน	bplaa saa-deen
Hecht (m)	ปลาไพค์	bplaa phai
Hering (m)	ปลาเฮอร์ริง	bplaa her-ring

Brot (n)	ขนมปัง	khà-nŏm bpang
Käse (m)	เนยแข็ง	noie khăeng
Zucker (m)	น้ำตาล	nám dtaan
Salz (n)	เกลือ	gleua

Reis (m)	ข้าว	khâao
Teigwaren (pl)	พาสต้า	phâat-dtâa
Nudeln (pl)	กวยเตี๋ยว	gŭay-dtĭeow

Butter (f)	เนย	noie
Pflanzenöl (n)	น้ำมันพืช	nám man phêut
Sonnenblumenöl (n)	น้ำมันดอกทานตะวัน	nám man dòrk thaan dtà-wan
Margarine (f)	เนยเทียม	noie thiam

| Oliven (pl) | มะกอก | má-gòrk |
| Olivenöl (n) | น้ำมันมะกอก | nám man má-gòrk |

Milch (f)	นม	nom
Kondensmilch (f)	นมขน	nom khôn
Joghurt (m)	โยเกิร์ต	yoh-gèrt
saure Sahne (f)	ซาวร์ครีม	saao khreem
Sahne (f)	ครีม	khreem

Mayonnaise (f)	มาย็องเนส	maa-yorng-nâyt
Buttercreme (f)	สวนผสมของเนย	sùan phà-sŏm khŏrng
	และน้ำตาล	noie láe nám dtaan

Grütze (f)	เมล็ดธัญพืช	má-lét than-yá-phêut
Mehl (n)	แป้ง	bpâeng
Konserven (pl)	อาหารกระป๋อง	aa-hăan grà-bpŏrng

Maisflocken (pl)	คอร์นเฟลค	khorn-flâyk
Honig (m)	น้ำผึ้ง	nám phêung
Marmelade (f)	แยม	yaem
Kaugummi (m, n)	หมากฝรั่ง	màak fà-ràng

42. Getränke

Wasser (n)	น้ำ	nám
Trinkwasser (n)	น้ำดื่ม	nám dèum
Mineralwasser (n)	น้ำแร่	nám râe

still	ไม่มีฟอง	mâi mee forng
mit Kohlensäure	น้ำอัดลม	nám àt lom
mit Gas	มีฟอง	mee forng

45

| Eis (n) | น้ำแข็ง | nám khǎeng |
| mit Eis | ใส่น้ำแข็ง | sài nám khǎeng |

alkoholfrei (Adj)	ไม่มีแอลกอฮอล์	mâi mee aen-gor-hor
alkoholfreies Getränk (n)	เครื่องดื่มที่ไม่มีแอลกอฮอล์	krêuang dèum têe mâi mee aen-gor-hor
Erfrischungsgetränk (n)	เครื่องดื่มให้ความสดชื่น	khrêuang dèum hâi khwaam sòt chêun
Limonade (f)	น้ำเลมอนเนด	nám lay-morn-nâyt

Spirituosen (pl)	เหล้า	lǎu
Wein (m)	ไวน์	wai
Weißwein (m)	ไวน์ขาว	wai khǎao
Rotwein (m)	ไวน์แดง	wai daeng

Likör (m)	สุรา	sù-raa
Champagner (m)	แชมเปญ	chaem-bpayn
Wermut (m)	เหล้าองุ่นขาวซึ่งมีกลิ่นหอม	lâo a-ngùn khǎao sêung mee glìn hǒrm

Whisky (m)	เหล้าวิสกี้	lǎu wít-sa -gêe
Wodka (m)	เหล้าวอดก้า	lǎu wórt-gâa
Gin (m)	เหล้ายิน	lǎu yin
Kognak (m)	เหล้าคอนยัก	lǎu khorn yák
Rum (m)	เหลารัม	lǎu ram

Kaffee (m)	กาแฟ	gaa-fae
schwarzer Kaffee (m)	กาแฟดำ	gaa-fae dam
Milchkaffee (m)	กาแฟใส่นม	gaa-fae sài nom
Cappuccino (m)	กาแฟคาปูชิโน	gaa-fae khaa bpoo chí noh
Pulverkaffee (m)	กาแฟสำเร็จรูป	gaa-fae sǎm-rèt rôop

Milch (f)	นม	nom
Cocktail (m)	ค็อกเทล	khók-tayn
Milchcocktail (m)	มิลค์เชค	min-châyk

Saft (m)	น้ำผลไม้	nám phǒn-lá-máai
Tomatensaft (m)	น้ำมะเขือเทศ	nám má-khěua thâyt
Orangensaft (m)	น้ำส้ม	nám sôm
frisch gepresster Saft (m)	น้ำผลไม้คั้นสด	nám phǒn-lá-máai khán sòt

Bier (n)	เบียร์	bia
Helles (n)	เบียร์ไลท์	bia lai
Dunkelbier (n)	เบียร์ดาร์ค	bia dàak

Tee (m)	ชา	chaa
schwarzer Tee (m)	ชาดำ	chaa dam
grüner Tee (m)	ชาเขียว	chaa khǐeow

43. Gemüse

Gemüse (n)	ผัก	phàk
grünes Gemüse (pl)	ผักใบเขียว	phàk bai khǐeow
Tomate (f)	มะเขือเทศ	má-khěua thâyt

Gurke (f)	แตงกวา	dtaeng-gwaa
Karotte (f)	แครอท	khae-rót
Kartoffel (f)	มันฝรั่ง	man fà-ràng
Zwiebel (f)	หัวหอม	hŭa hŏrm
Knoblauch (m)	กระเทียม	grà-thiam

Kohl (m)	กะหล่ำปลี	gà-làm bplee
Blumenkohl (m)	ดอกกะหล่ำ	dòrk gà-làm
Rosenkohl (m)	กะหล่ำดาว	gà-làm-daao
Brokkoli (m)	บร็อคโคลี่	bròrk-khoh-lêe

Rote Bete (f)	บีทรูท	bee-trôot
Aubergine (f)	มะเขือยาว	má-khĕua-yaao
Zucchini (f)	แตงซูคินี	dtaeng soo-khí-nee
Kürbis (m)	ฟักทอง	fák-thorng
Rübe (f)	หัวผักกาด	hŭa-phàk-gàat

Petersilie (f)	ผักชีฝรั่ง	phàk chee fà-ràng
Dill (m)	ผักชีลาว	phàk-chee-laao
Kopf Salat (m)	ผักกาดหอม	phàk gàat hŏrm
Sellerie (m)	คึนช่าย	khêun-châai
Spargel (m)	หน่อไม้ฝรั่ง	nòr máai fà-ràng
Spinat (m)	ผักขม	phàk khŏm

Erbse (f)	ถั่วลันเตา	thùa-lan-dtao
Bohnen (pl)	ถั่ว	thùa
Mais (m)	ข้าวโพด	khâao-phôht
weiße Bohne (f)	ถั่วรูปไต	thùa rôop dtai

Paprika (m)	พริกหยวก	phrík-yùak
Radieschen (n)	หัวไชเท้า	hŭa chai tháo
Artischocke (f)	อาร์ติโชค	aa dtì chôhk

44. Obst. Nüsse

Frucht (f)	ผลไม้	phŏn-lá-máai
Apfel (m)	แอปเปิ้ล	àep-bpêrn
Birne (f)	แพร์	phae
Zitrone (f)	มะนาว	má-naao
Apfelsine (f)	ส้ม	sôm
Erdbeere (f)	สตรอว์เบอร์รี่	sà-dtror-ber-rêe

Mandarine (f)	ส้มแมนดาริน	sôm maen daa rin
Pflaume (f)	พลัม	phlam
Pfirsich (m)	ลูกทอ	lôok thór
Aprikose (f)	แอปริคอท	ae-bprì-khôrt
Himbeere (f)	ราสเบอร์รี่	râat-ber-rêe
Ananas (f)	สับปะรด	sàp-bpà-rót

Banane (f)	กล้วย	glûay
Wassermelone (f)	แตงโม	dtaeng moh
Weintrauben (pl)	องุ่น	a-ngùn
Sauerkirsche (f)	เชอรี่	cher-rêe
Süßkirsche (f)	เชอรี่ป่า	cher-rêe bpàa

Melone (f)	เมลอน	may-lorn
Grapefruit (f)	ส้มโอ	sôm oh
Avocado (f)	อะโวคาโด	a-who-khaa-doh
Papaya (f)	มะละกอ	má-lá-gor
Mango (f)	มะม่วง	má-mûang
Granatapfel (m)	ทับทิม	tháp-thim

rote Johannisbeere (f)	เรดเคอร์แรนท์	râyt-khêr-raen
schwarze Johannisbeere (f)	แบล็คเคอูร์แรนท์	blàek khêr-raen
Stachelbeere (f)	กูสเบอร์รี่	gòot-ber-rêe
Heidelbeere (f)	บิลเบอร์รี่	bil-ber-rêe
Brombeere (f)	แบล็คเบอร์รี่	blàek ber-rêe

Rosinen (pl)	ลูกเกด	lôok gàyt
Feige (f)	มะเดื่อฝรั่ง	má dèua fà-ràng
Dattel (f)	ลูกอินทผลัม	lôok in-thá-plăm

Erdnuss (f)	ถั่วลิสง	thùa-lí-sŏng
Mandel (f)	อัลมอนด์	an-morn
Walnuss (f)	วอลนัต	wor-lá-nát
Haselnuss (f)	เฮเซลนัท	hay sayn nát
Kokosnuss (f)	มะพร้าว	má-phráao
Pistazien (pl)	ถั่วพิสตาชิโอ	thùa phít dtaa chí oh

45. Brot. Süßigkeiten

Konditorwaren (pl)	ขนม	khà-nŏm
Brot (n)	ขนมปัง	khà-nŏm bpang
Keks (m, n)	คุกกี้	khúk-gêe

Schokolade (f)	ช็อกโกแลต	chók-goh-láet
Schokoladen-	ช็อกโกแลต	chók-goh-láet
Bonbon (m, n)	ลูกกวาด	lôok gwàat
Kuchen (m)	ขนมเค้ก	khà-nŏm kháyk
Torte (f)	ขนมเค้ก	khà-nŏm kháyk

| Kuchen (Apfel-) | ขนมพาย | khà-nŏm phaai |
| Füllung (f) | ไส้ในขนม | sâi nai khà-nŏm |

Konfitüre (f)	แยม	yaem
Marmelade (f)	แยมผิวส้ม	yaem phĭw sôm
Waffeln (pl)	วาฟเฟิล	waaf-fern
Eis (n)	ไอศกรีม	ai-sà-greem
Pudding (m)	พุดดิ้ง	phút-dîng

46. Gerichte

Gericht (n)	มื้ออาหาร	méu aa-hăan
Küche (f)	อาหาร	aa-hăan
Rezept (n)	ตำราอาหาร	dtam-raa aa-hăan
Portion (f)	สวน	sùan
Salat (m)	สลัด	sà-làt

Suppe (f)	ซุป	súp
Brühe (f), Bouillon (f)	ซุปน้ำใส	súp nám-sǎi
belegtes Brot (n)	แซนด์วิช	saen-wít
Spiegelei (n)	ไข่ทอด	khài thôrt

Hamburger (m)	แฮมเบอร์เกอร์	haem-ber-gêr
Beefsteak (n)	สเต็กเนื้อ	sà-dtèk néua

Beilage (f)	เครื่องเคียง	khrêuang khiang
Spaghetti (pl)	สปาเก็ตตี้	sà-bpaa-gèt-dtêe
Kartoffelpüree (n)	มันฝรั่งบด	man fà-ràng bòt
Pizza (f)	พิซซา	phít-sâa
Brei (m)	ข้าวต้ม	khâao-dtôm
Omelett (n)	ไข่เจียว	khài jieow

gekocht	ต้ม	dtôm
geräuchert	รมควัน	rom khwan
gebraten	ทอด	thôrt
getrocknet	ตากแห้ง	dtàak hâeng
tiefgekühlt	แช่แข็ง	châe khǎeng
mariniert	ดอง	dorng

süß	หวาน	wǎan
salzig	เค็ม	khem
kalt	เย็น	yen
heiß	ร้อน	rórn
bitter	ขม	khǒm
lecker	อร่อย	à-ròi

kochen (vt)	ต้ม	dtôm
zubereiten (vt)	ทำอาหาร	tham aa-hǎan
braten (vt)	ทอด	thôrt
aufwärmen (vt)	อุ่น	ùn

salzen (vt)	ใส่เกลือ	sài gleua
pfeffern (vt)	ใส่พริกไทย	sài phrík thai
reiben (vt)	ขูด	khòot
Schale (f)	เปลือก	bplèuak
schälen (vt)	ปอกเปลือก	bpòrk bplêuak

47. Gewürze

Salz (n)	เกลือ	gleua
salzig (Adj)	เค็ม	khem
salzen (vt)	ใส่เกลือ	sài gleua

schwarzer Pfeffer (m)	พริกไทย	phrík thai
roter Pfeffer (m)	พริกแดง	phrík daeng
Senf (m)	มัสตาร์ด	mát-dtàat
Meerrettich (m)	ฮอสแรดิช	hórt rae dìt

Gewürz (n)	เครื่องปรุงรส	khrêuang bprung rót
Gewürz (n)	เครื่องเทศ	khrêuang thâyt
Soße (f)	ซอส	sós

Essig (m)	น้ำส้มสายชู	nám sôm săai choo
Anis (m)	เทียนสัตตบุษย์	thian-sàt-dtà-bùt
Basilikum (n)	ใบโหระพา	bai hŏh rá phaa
Nelke (f)	กานพลู	gaan-phloo
Ingwer (m)	ขิง	khĭng
Koriander (m)	ผักชีลา	pàk-chee-laa
Zimt (m)	อบเชย	òp-choie

Sesam (m)	งา	ngaa
Lorbeerblatt (n)	ใบกระวาน	bai grà-waan
Paprika (m)	พริกป่น	phrík bpòn
Kümmel (m)	เทียนตากบ	thian dtaa gòp
Safran (m)	หญ้าฝรั่น	yâa fà-ràn

48. Mahlzeiten

Essen (n)	อาหาร	aa-hăan
essen (vi, vt)	กิน	gin

Frühstück (n)	อาหารเช้า	aa-hăan cháo
frühstücken (vi)	ทานอาหารเช้า	thaan aa-hăan cháo
Mittagessen (n)	ขาวเที่ยง	khâao thîang
zu Mittag essen	ทานอาหารเที่ยง	thaan aa-hăan thîang
Abendessen (n)	อาหารเย็น	aa-hăan yen
zu Abend essen	ทานอาหารเย็น	thaan aa-hăan yen

Appetit (m)	ความอยากอาหาร	kwaam yàak aa hăan
Guten Appetit!	กินให้อรอย!	gin hâi a-ròi

öffnen (vt)	เปิด	bpèrt
verschütten (vt)	ทำหก	tham hòk
verschüttet werden	ทำหกออกมา	tham hòk òrk maa
kochen (vi)	ตูม	dtôm
kochen (Wasser ~)	ตูม	dtôm
gekocht (Adj)	ตมุ	dtôm
kühlen (vt)	แชเย็น	châe yen
abkühlen (vi)	แชเย็น	châe yen

Geschmack (m)	รสชาติ	rót châat
Beigeschmack (m)	รส	rót

auf Diät sein	ลดน้ำหนัก	lót nám nàk
Diät (f)	อาหารพิเศษ	aa-hăan phí-sàyt
Vitamin (n)	วิตามิน	wí-dtaa-min
Kalorie (f)	แคลอรี่	khae-lor-rêe
Vegetarier (m)	คนกินเจ	khon gin jay
vegetarisch (Adj)	มังสวิรัติ	mang-sà-wí-rát

Fett (n)	ไขมัน	khăi man
Protein (n)	โปรตีน	bproh-dteen
Kohlenhydrat (n)	คาร์โบไฮเดรต	kaa boh hai dràyt
Scheibchen (n)	แผน	phàen
Stück (ein ~ Kuchen)	ชิ้น	chín
Krümel (m)	เศษ	sàyt

49. Gedeck

Löffel (m)	ช้อน	chórn
Messer (n)	มีด	mêet
Gabel (f)	ส้อม	sôrm
Tasse (eine ~ Tee)	แก้ว	gâew
Teller (m)	จาน	jaan
Untertasse (f)	จานรอง	jaan rorng
Serviette (f)	ผ้าเช็ดปาก	phâa chét bpàak
Zahnstocher (m)	ไม้จิ้มฟัน	máai jîm fan

50. Restaurant

Restaurant (n)	ร้านอาหาร	ráan aa-hăan
Kaffeehaus (n)	ร้านกาแฟ	ráan gaa-fae
Bar (f)	ร้านเหล้า	ráan lâo
Teesalon (m)	รานน้ำชา	ráan nám chaa
Kellner (m)	คนเสิร์ฟชาย	khon sèrf chaai
Kellnerin (f)	คนเสิร์ฟหญิง	khon sèrf yǐng
Barmixer (m)	บาร์เทนเดอร์	baa-thayn-dêr
Speisekarte (f)	เมนู	may-noo
Weinkarte (f)	รายการไวน์	raai gaan wai
einen Tisch reservieren	จองโต๊ะ	jorng dtó
Gericht (n)	มื้ออาหาร	méu aa-hăan
bestellen (vt)	สั่ง	sàng
eine Bestellung aufgeben	สั่งอาหาร	sàng aa-hăan
Aperitif (m)	เครื่องดื่มเหล้า กอนอาหาร	khrêuang dèum lâo gòrn aa-hăan
Vorspeise (f)	ของกินเล่น	khŏrng gin lâyn
Nachtisch (m)	ของหวาน	khŏrng wăan
Rechnung (f)	คิดเงิน	khít ngern
Rechnung bezahlen	จ่ายค่าอาหาร	jàai khâa aa hăan
das Wechselgeld geben	ให้เงินทอน	hâi ngern thorn
Trinkgeld (n)	เงินทิป	ngern thíp

Familie, Verwandte und Freunde

51. Persönliche Informationen. Formulare

Vorname (m)	ชื่อ	chêu
Name (m)	นามสกุล	naam sà-gun
Geburtsdatum (n)	วันเกิด	wan gèrt
Geburtsort (m)	สถานที่เกิด	sà-thǎan thêe gèrt
Nationalität (f)	สัญชาติ	sǎn-châat
Wohnort (m)	ที่อยู่อาศัย	thêe yòo aa-sǎi
Land (n)	ประเทศ	bprà-thâyt
Beruf (m)	อาชีพ	aa-chêep
Geschlecht (n)	เพศ	phâyt
Größe (f)	ความสูง	khwaam sǒong
Gewicht (n)	น้ำหนัก	nám nàk

52. Familienmitglieder. Verwandte

Mutter (f)	มารดา	maan-daa
Vater (m)	บิดา	bì-daa
Sohn (m)	ลูกชาย	lôok chaai
Tochter (f)	ลูกสาว	lôok sǎao
jüngste Tochter (f)	ลูกสาวคนเล็ก	lôok sǎao khon lék
jüngste Sohn (m)	ลูกชายคนเล็ก	lôok chaai khon lék
ältere Tochter (f)	ลูกสาวคนโต	lôok sǎao khon dtoh
älterer Sohn (m)	ลูกชายคนโต	lôok chaai khon dtoh
älterer Bruder (m)	พี่ชาย	phêe chaai
jüngerer Bruder (m)	น้องชาย	nórng chaai
ältere Schwester (f)	พี่สาว	phêe sǎao
jüngere Schwester (f)	น้องสาว	nórng sǎao
Cousin (m)	ลูกพี่ลูกน้อง	lôok phêe lôok nórng
Cousine (f)	ลูกพี่ลูกน้อง	lôok phêe lôok nórng
Mama (f)	แม่	mâe
Papa (m)	พ่อ	phôr
Eltern (pl)	พ่อแม่	phôr mâe
Kind (n)	เด็ก, ลูก	dèk, lôok
Kinder (pl)	เด็กๆ	dèk dèk
Großmutter (f)	ย่า, ยาย	yâa, yaai
Großvater (m)	ปู่, ตา	bpòo, dtaa
Enkel (m)	หลานชาย	lǎan chaai
Enkelin (f)	หลานสาว	lǎan sǎao

Enkelkinder (pl)	หลานๆ	lăan
Onkel (m)	ลุง	lung
Tante (f)	ป้า	bpâa
Neffe (m)	หลานชาย	lăan chaai
Nichte (f)	หลานสาว	lăan săao

Schwiegermutter (f)	แม่ยาย	mâe yaai
Schwiegervater (m)	พ่อสามี	phôr săa-mee
Schwiegersohn (m)	ลูกเขย	lôok khŏie
Stiefmutter (f)	แม่เลี้ยง	mâe líang
Stiefvater (m)	พ่อเลี้ยง	phôr líang

Säugling (m)	ทารก	thaa-rók
Kleinkind (n)	เด็กเล็ก	dèk lék
Kleine (m)	เด็ก	dèk

Frau (f)	ภรรยา	phan-rá-yaa
Mann (m)	สามี	săa-mee
Ehemann (m)	สามี	săa-mee
Gemahlin (f)	ภรรยา	phan-rá-yaa

verheiratet (Ehemann)	แต่งงานแล้ว	dtàeng ngaan láew
verheiratet (Ehefrau)	แต่งงานแล้ว	dtàeng ngaan láew
ledig	เป็นโสด	bpen sòht
Junggeselle (m)	ชายโสด	chaai sòht
geschieden (Adj)	หย่าแล้ว	yàa láew
Witwe (f)	แม่หม้าย	mâe mâai
Witwer (m)	พ่อหม้าย	phôr mâai

Verwandte (m)	ญาติ	yâat
naher Verwandter (m)	ญาติใกล้ชิด	yâat glâi chít
entfernter Verwandter (m)	ญาติห่างๆ	yâat hàang hàang
Verwandte (pl)	ญาติๆ	yâat

Waisenjunge (m)	เด็กชายกำพร้า	dèk chaai gam phráa
Waisenmädchen (f)	เด็กหญิงกำพรา	dèk yĭng gam phráa
Vormund (m)	ผู้ปกครอง	phôo bpòk khrorng
adoptieren (einen Jungen)	บุญธรรม	bun tham
adoptieren (ein Mädchen)	บุญธรรม	bun tham

53. Freunde. Arbeitskollegen

Freund (m)	เพื่อน	phêuan
Freundin (f)	เพื่อน	phêuan
Freundschaft (f)	มิตรภาพ	mít-dtrà-phâap
befreundet sein	เป็นเพื่อน	bpen phêuan

Freund (m)	เพื่อนสนิท	phêuan sà-nìt
Freundin (f)	เพื่อนสนิท	phêuan sà-nìt
Partner (m)	หุ้นส่วน	hûn sùan

Chef (m)	หัวหน้า	hŭa-nâa
Vorgesetzte (m)	ผู้บังคับบัญชา	phôo bang-kháp ban-chaa
Besitzer (m)	เจ้าของ	jâo khŏrng

| Untergeordnete (m) | ลูกน้อง | lôok nórng |
| Kollege (m), Kollegin (f) | เพื่อนร่วมงาน | phêuan rûam ngaan |

Bekannte (m)	ผู้คุ้นเคย	phôo khún khoie
Reisegefährte (m)	เพื่อนร่วมทาง	pêuan rûam thaang
Mitschüler (m)	เพื่อนรุ่น	phêuan rûn

Nachbar (m)	เพื่อนบ้านผู้ชาย	phêuan bâan pôo chaai
Nachbarin (f)	เพื่อนบ้านผู้หญิง	phêuan bâan phôo yïng
Nachbarn (pl)	เพื่อนบ้าน	phêuan bâan

54. Mann. Frau

Frau (f)	ผู้หญิง	phôo yïng
Mädchen (n)	หญิงสาว	yïng sǎao
Braut (f)	เจ้าสาว	jâo sǎao

schöne	สวย	sǔay
große	สูง	sǒong
schlanke	ผอม	phǒrm
kleine (~ Frau)	เตี้ย	dtîa

| Blondine (f) | ผมสีทอง | phǒm sëe thorng |
| Brünette (f) | ผมสีคล้ำ | phǒm sëe khlám |

Damen-	สตรี	sàt-dtree
Jungfrau (f)	บริสุทธิ์	bor-rí-sùt
schwangere	ตั้งครรภ์	dtâng khan

Mann (m)	ผู้ชาย	phôo chaai
Blonde (m)	ผมสีทอง	phǒm sëe thorng
Brünette (m)	ผมสีคล้ำ	phǒm sëe khlám
hoch	สูง	sǒong
klein	เตี้ย	dtîa

grob	หยาบคาย	yàap kaai
untersetzt	แข็งแรง	khǎeng raeng
robust	กำยำ	gam-yam
stark	แข็งแรง	khǎeng raeng
Kraft (f)	ความแข็งแรง	khwaam khǎeng raeng

dick	ท้วม	thúam
dunkelhäutig	ผิวดำ	phïw dam
schlank	ผอม	phǒrm
elegant	สง่า	sà-ngàa

55. Alter

Alter (n)	อายุ	aa-yú
Jugend (f)	วัยเยาว์	wai yao
jung	หนุ่ม	nùm
jünger (~ als Sie)	อายุน้อยกว่า	aa-yú nói gwàa

älter (~ als ich)	อายุสูงกว่า	aa-yú sŏong gwàa
Junge (m)	ชายหนุ่ม	chaai nùm
Teenager (m)	วัยรุ่น	wai rûn
Bursche (m)	คนหนุ่ม	khon nùm
Greis (m)	ชายชรา	chaai chá-raa
alte Frau (f)	หญิงชรา	yĭng chá-raa
Erwachsene (m)	ผู้ใหญ่	phôo yài
in mittleren Jahren	วัยกลาง	wai glaang
älterer (Adj)	วัยชรา	wai chá-raa
alt (Adj)	แก่	gàe
Ruhestand (m)	การเกษียณอายุ	gaan gà-sĭan aa-yú
in Rente gehen	เกษียณ	gà-sĭan
Rentner (m)	ผู้เกษียณอายุ	phôo gà-sĭan aa-yú

56. Kinder

Kind (n)	เด็ก, ลูก	dèk, lôok
Kinder (pl)	เด็กๆ	dèk dèk
Zwillinge (pl)	แฝด	fàet
Wiege (f)	เปล	bplay
Rassel (f)	ของเล่นกุ๊งกิ๊ง	khŏrng lên gúng-gîng
Windel (f)	ผ้าอ้อม	phâa ôrm
Schnuller (m)	จุกนม	jùk-nom
Kinderwagen (m)	รถเข็นเด็ก	rót khĕn dèk
Kindergarten (m)	โรงเรียนอนุบาล	rohng rian a-nú-baan
Kinderfrau (f)	คนเฝ้าเด็ก	khon fâo dèk
Kindheit (f)	วัยเด็ก	wai dèk
Puppe (f)	ตุ๊กตา	dtúk-dtaa
Spielzeug (n)	ของเล่น	khŏrng lên
Baukasten (m)	ชุดของเล่นก่อสร้าง	chút khŏrng lên gòr sâang
wohlerzogen	มีกิริยา	mee gì-rí-yaa
	มารยาทดี	maa-rá-yâat dee
ungezogen	ไม่มีมารยาท	mâi mee maa-rá-yâat
verwöhnt	เสียคน	sĭa khon
unartig sein	ซน	son
unartig	ซน	son
Unart (f)	ความเกเร	kwaam gay-ray
Schelm (m)	เด็กเกเร	dèk gay-ray
gehorsam	ที่เชื่อฟัง	thêe chêua fang
ungehorsam	ที่ไม่เชื่อฟัง	thêe mâi chêua fang
fügsam	ที่เชื่อฟังผู้ใหญ่	thée chêua fang phôo yài
klug	ฉลาด	chà-làat
Wunderkind (n)	เด็กมีพรสวรรค์	dèk mee phon sà-wăn

57. Ehepaare. Familienleben

küssen (vt)	จูบ	jòop
sich küssen	จูบ	jòop
Familie (f)	ครอบครัว	khrôrp khrua
Familien-	ครอบครัว	khrôrp khrua
Paar (n)	ผัวเมีย	phǔa mia
Ehe (f)	การแต่งงาน	gaan dtàeng ngaan
Heim (n)	บ้าน	bâan
Dynastie (f)	วงศ์ตระกูล	wong dtrà-goon

Rendezvous (n)	การออกเดท	gaan òrk dàyt
Kuss (m)	การจูบ	gaan jòop

Liebe (f)	ความรัก	khwaam rák
lieben (vt)	รัก	rák
geliebt	ที่รัก	thêe rák

Zärtlichkeit (f)	ความละเมียดละไม	khwaam lá-mîat lá-mai
zärtlich	ละเมียดละไม	lá-mîat lá-mai
Treue (f)	ความซื่อ	khwaam sêu
treu (Adj)	ซื่อ	sêu
Fürsorge (f)	การดูแล	gaan doo lae
sorgsam	ชอบดูแล	chôrp doo lae

Frischvermählte (pl)	คู่แต่งงานใหม่	khôo dtàeng ngaan mài
Flitterwochen (pl)	ฮันนีมูน	han-nee-moon
heiraten (einen Mann ~)	แต่งงาน	dtàeng ngaan
heiraten (ein Frau ~)	แต่งงาน	dtàeng ngaan

Hochzeit (f)	การสมรส	gaan sǒm rót
goldene Hochzeit (f)	การสมรส	gaan sǒm rót
	ครบรอบ50ปี	khróp rôrp hâa-sìp bpee
Jahrestag (m)	วันครบรอบ	wan khróp rôrp

Geliebte (m)	คู่รัก	khôo rák
Geliebte (f)	เมียน้อย	mia nói

Ehebruch (m)	การคบชู้	gaan khóp chóo
Ehebruch begehen	คบชู้	khóp chóo
eifersüchtig	หึงหวง	hěung hǔang
eifersüchtig sein	หึง	hěung
Scheidung (f)	การหย่าร้าง	gaan yàa ráang
sich scheiden lassen	หย่า	yàa

streiten (vi)	ทะเลาะ	thá-lór
sich versöhnen	ประนีประนอม	bprà-nee-bprà-nom

zusammen (Adv)	ด้วยกัน	dûay gan
Sex (m)	เพศสัมพันธ์	phâyt sǎm-phan

Glück (n)	ความสุข	khwaam sùk
glücklich	มีความสุข	mee khwaam sùk
Unglück (n)	เหตุร้าย	hàyt ráai
unglücklich	ไม่มีความสุข	mâi mee khwaam sùk

Charakter. Empfindungen. Gefühle

58. Empfindungen. Gefühle

Gefühl (n)	ความรู้สึก	khwaam róo sèuk
Gefühle (pl)	ความรู้สึก	khwaam róo sèuk
fühlen (vt)	รู้สึก	róo sèuk
Hunger (m)	ความหิว	khwaam hǐw
hungrig sein	หิว	hǐw
Durst (m)	ความกระหาย	khwaam grà-hǎai
Durst haben	กระหาย	grà-hǎai
Schläfrigkeit (f)	ความง่วง	khwaam ngûang
schlafen wollen	ง่วง	ngûang
Müdigkeit (f)	ความเหนื่อย	khwaam nèuay
müde	เหนื่อย	nèuay
müde werden	เหนื่อย	nèuay
Laune (f)	อารมณ์	aa-rom
Langeweile (f)	ความเบื่อ	khwaam bèua
sich langweilen	เบื่อ	bèua
Zurückgezogenheit (n)	ความเหงา	khwaam ngǎo
sich zurückziehen	ปลีกวิเวก	bplèek wí-wâyk
beunruhigen (vt)	ทำให้...เป็นห่วง	tham hâi...bpen hùang
sorgen (vi)	กังวล	gang-won
Besorgnis (f)	ความเป็นห่วง	khwaam bpen hùang
Angst (~ um …)	ความวิตกกังวล	khwaam wí-dtòk gang-won
besorgt (Adj)	เป็นห่วงใหญ่	bpen hùang yài
nervös sein	กระวนกระวาย	grà won grà waai
in Panik verfallen (vi)	ตื่นตระหนก	dtèun dtrà-nòk
Hoffnung (f)	ความหวัง	khwaam wǎng
hoffen (vi)	หวัง	wǎng
Sicherheit (f)	ความแน่ใจ	khwaam nâe jai
sicher	แน่ใจ	nâe jai
Unsicherheit (f)	ความไม่มั่นใจ	khwaam mâi mân jai
unsicher	ไม่มั่นใจ	mâi mân jai
betrunken	เมา	mao
nüchtern	ไม่เมา	mâi mao
schwach	อ่อนแอ	òrn ae
glücklich	มีความสุข	mee khwaam sùk
erschrecken (vt)	ทำให้...กลัว	tham hâi...glua
Wut (f)	ความโกรธเคือง	khwaam gròht kheuang
Rage (f)	ความเดือดดาล	khwaam dèuat daan
Depression (f)	ความหดหู่	khwaam hòt-hòo
Unbehagen (n)	อึดอัด	èut àt

Komfort (m)	สบาย	sà-baai
bedauern (vt)	เสียดาย	sĭa daai
Bedauern (n)	ความเสียดาย	khwaam sĭa daai
Missgeschick (n)	โชคราย	chôhk ráai
Kummer (m)	ความเศรา	khwaam sâo

Scham (f)	ความละอายใจ	khwaam lá-aai jai
Freude (f)	ความปีติ	khwaam bpì-dtì
Begeisterung (f)	ความกระตือรือรน	khwaam grà-dteu-reu-rón
Enthusiast (m)	คนที่กระตือรือรน	khon thêe grà-dteu-reu-rón
Begeisterung zeigen	แสดงความ	sà-daeng khwaam
	กระตือรือรน	grà-dteu-reu-rón

59. Charakter. Persönlichkeit

Charakter (m)	นิสัย	ní-sǎi
Charakterfehler (m)	ขอเสีย	khôr sĭa
Verstand (m)	สติ	sà-dtì
Vernunft (f)	สติ	sà-dtì

Gewissen (n)	มโนธรรม	má-noh tham
Gewohnheit (f)	นิสัย	ní-sǎi
Fähigkeit (f)	ความสามารถ	khwaam sǎa-mâat
können (v mod)	สามารถ	sǎa-mâat

geduldig	อดทน	òt thon
ungeduldig	ใจรอนใจเร็ว	jai rórn jai reo
neugierig	อยากรูอยากฏเห็น	yàak róo yàak hěn
Neugier (f)	ความอยากรูอยากเห็น	khwaam yàak róo yàak hěn

Bescheidenheit (f)	ความถอมตน	khwaam thòrm dton
bescheiden	ถอมตน	thòrm dton
unbescheiden	หยาบโลน	yàap lohn

Faulheit (f)	ความขี้เกียจ	khwaam khêe gìat
faul	ขี้เกียจ	khêe gìat
Faulenzer (m)	คนขี้เกียจ	khon khêe gìat

Listigkeit (f)	ความเจาเลห	khwaam jâo lây
listig	เจาเลห	jâo lây
Misstrauen (n)	ความหวาดระแวง	khwaam wàat rá-waeng
misstrauisch	เคลือบแคลง	khlêuap-khlaeng

Freigebigkeit (f)	ความเอื้อเฟื้อ	khwaam êua féua
freigebig	มีน้ำใจ	mee nám jai
talentiert	มีพรสวรรค์	mee phon sà-wǎn
Talent (n)	พรสวรรค์	phon sà-wǎn

tapfer	กลาหาญ	glâa hǎan
Tapferkeit (f)	ความกลาหาญ	khwaam glâa hǎan
ehrlich	ซื่อสัตย	sêu sàt
Ehrlichkeit (f)	ความซื่อสัตย	khwaam sêu sàt
vorsichtig	ระมัดระวัง	rá mát rá-wang
tapfer	กลา	glâa

ernst	เอาจริงเอาจัง	ao jing ao jang
streng	เขมงวด	khêm ngûat

entschlossen	เด็ดเดี่ยว	dèt dìeow
unentschlossen	ไม่เด็ดขาด	mâi dèt khàat
schüchtern	อาย	aai
Schüchternheit (f)	ความขวยอาย	khwaam khǔay aai

Vertrauen (n)	ความไว้ใจ	khwaam wái jai
vertrauen (vi)	ไว้เนื้อเชื่อใจ	wái néua chêua jai
vertrauensvoll	เชื่อใจ	chêua jai

aufrichtig (Adv)	อย่างจริงใจ	yàang jing jai
aufrichtig (Adj)	จริงใจ	jing jai
Aufrichtigkeit (f)	ความจริงใจ	khwaam jing jai
offen	เปิดเผย	bpèrt phǒie

still (Adj)	ใจเย็น	jai yen
freimütig	จริงใจ	jing jai
naiv	หลงเชื่อ	lǒng chêua
zerstreut	ใจลอย	jai loi
drollig, komisch	ตลก	dtà-lòk

Gier (f)	ความโลภ	khwaam lôhp
habgierig	โลภ	lôhp
geizig	ขี้เหนียว	khêe nǐeow
böse	เลว	leo
hartnäckig	ดื้อ	dêu
unangenehm	ไม่น่าพึงพอใจ	mâi nâa pheung phor jai

Egoist (m)	คนที่เห็นแก่ตัว	khon thêe hěn gàe dtua
egoistisch	เห็นแก่ตัว	hěn gàe dtua
Feigling (m)	คนขี้ขลาด	khon khêe khlàat
feige	ขี้ขลาด	khêe khlàat

60. Schlaf. Träume

schlafen (vi)	นอน	norn
Schlaf (m)	ความนอน	khwaam norn
Traum (m)	ความฝัน	khwaam fǎn
träumen (im Schlaf)	ฝัน	fǎn
verschlafen	งวง	ngûang

Bett (n)	เตียง	dtiang
Matratze (f)	ฟูกนอน	fôok norn
Decke (f)	ผาหม	phâa hòm
Kissen (n)	หมอน	mǒrn
Laken (n)	ผาปูที่นอน	phâa bpoo thêe norn

Schlaflosigkeit (f)	อาการนอนไม่หลับ	aa-gaan norn mâi làp
schlaflos	นอนไม่หลับ	norn mâi làp
Schlafmittel (n)	ยานอนหลับ	yaa-norn-làp
Schlafmittel nehmen	กินยานอนหลับ	gin yaa-norn-làp
schlafen wollen	งวง	ngûang

gähnen (vi)	หาว	hǎao
schlafen gehen	ไปนอน	bpai norn
das Bett machen	ปูที่นอน	bpoo thêe norn
einschlafen (vi)	หลับ	làp

Alptraum (m)	ฝันร้าย	fǎn ráai
Schnarchen (n)	การกรน	gaan-kron
schnarchen (vi)	กรน	gron

Wecker (m)	นาฬิกาปลุก	naa-lí-gaa bplùk
aufwecken (vt)	ปลุก	bplùk
erwachen (vi)	ตื่น	dtèun
aufstehen (vi)	ลุกขึ้น	lúk khêun
sich waschen	ล้างหน้าล้างตา	láang nâa láang dtaa

61. Humor. Lachen. Freude

Humor (m)	อารมณ์ขัน	aa-rom khǎn
Sinn (m) für Humor	อารมณ์	aa-rom
sich amüsieren	เริงรื่น	rerng rêun
froh (Adj)	เริงรื่น	rerng rêun
Fröhlichkeit (f)	ความรื่นเริง	khwaam rêun-rerng

Lächeln (n)	รอยยิ้ม	roi yím
lächeln (vi)	ยิ้ม	yím
auflachen (vi)	เริ่มหัวเราะ	rêrm hǔa rór
lachen (vi)	หัวเราะ	hǔa rór
Lachen (n)	การหัวเราะ	gaan hǔa rór

Anekdote, Witz (m)	เรื่องขำขัน	rêuang khǎm khǎn
lächerlich	ตลก	dtà-lòk
komisch	ขบขัน	khòp khǎn

Witz machen	ล้อเล่น	lór lên
Spaß (m)	ตลก	dtà-lòk
Freude (f)	ความสุขสันต์	khwaam sùk-sǎn
sich freuen	โมทนา	moh-thá-naa
froh (Adj)	ยินดี	yin dee

62. Diskussion, Unterhaltung. Teil 1

| Kommunikation (f) | การสื่อสาร | gaan sèu sǎan |
| kommunizieren (vi) | สื่อสาร | sèu sǎan |

Konversation (f)	การสนทนา	gaan sǒn-thá-naa
Dialog (m)	บทสนทนา	bòt sǒn-thá-naa
Diskussion (f)	การหารือ	gaan hǎa-reu
Streitgespräch (n)	การโต้แยง	gaan dtôh yáeng
streiten (vi)	โต้แยง	dtôh yáeng

| Gesprächspartner (m) | คู่สนทนา | khôo sǒn-tá-naa |
| Thema (n) | หัวข้อ | hǔa khôr |

Gesichtspunkt (m)	แง่คิด	ngâe khít
Meinung (f)	ความคิดเห็น	khwaam khít hěn
Rede (f)	สุนทรพจน์	sŭn tha ra phót

Besprechung (f)	การหารือ	gaan hăa-reu
besprechen (vt)	หารือ	hăa-reu
Gespräch (n)	การสนทนา	gaan sŏn-thá-naa
Gespräche führen	คุยกัน	khui gan
Treffen (n)	การพบกัน	gaan phóp gan
sich treffen	พบ	phóp

Sprichwort (n)	สุภาษิต	sù-phaa-sìt
Redensart (f)	คำกลาว	kham glàao
Rätsel (n)	ปริศนา	bprìt-sà-năa
ein Rätsel aufgeben	ถามปริศนา	thăam bprìt-sà-năa
Parole (f)	รหัสผาน	rá-hàt phàan
Geheimnis (n)	ความลับ	khwaam láp

Eid (m), Schwur (m)	คำสาบาน	kham săa-baan
schwören (vi, vt)	สาบาน	săa baan
Versprechen (n)	คำสัญญา	kham săn-yaa
versprechen (vt)	สัญญา	săn-yaa

Rat (m)	คำแนะนำ	kham náe nam
raten (vt)	แนะนำ	náe nam
einen Rat befolgen	ทำตามคำแนะนำ	tham dtaam kham náe nam
gehorchen (jemandem ~)	เชื่อฟัง	chêua fang

Neuigkeit (f)	ข่าว	khàao
Sensation (f)	ข่าวดัง	khàao dang
Informationen (pl)	ข้อมูล	khôr moon
Schlussfolgerung (f)	ข้อสรุป	khôr sà-rùp
Stimme (f)	เสียง	sĭang
Kompliment (n)	คำชมเชย	kham chom choie
freundlich	ใจดี	jai dee

Wort (n)	คำ	kham
Phrase (f)	วลี	wá-lee
Antwort (f)	คำตอบ	kham dtòrp

| Wahrheit (f) | ความจริง | khwaam jing |
| Lüge (f) | การโกหก | gaan goh-hòk |

Gedanke (m)	ความคิด	khwaam khít
Idee (f)	ความคิด	khwaam khít
Phantasie (f)	จินตนาการ	jin-dtà-naa gaan

63. Diskussion, Unterhaltung. Teil 2

angesehen (Adj)	ที่นับถือ	thêe náp thěu
respektieren (vt)	นับถือ	náp thěu
Respekt (m)	ความนับถือ	khwaam náp thěu
Sehr geehrter ...	ทาน	thâan
bekannt machen	แนะนำ	náe nam

kennenlernen (vt)	รู้จัก	róo jàk
Absicht (f)	ความตั้งใจ	khwaam dtâng jai
beabsichtigen (vt)	ตั้งใจ	dtâng jai
Wunsch (m)	การขอพร	gaan khŏr phon
wünschen (vt)	ขอ	khŏr

Staunen (n)	ความประหลาดใจ	khwaam bprà-làat jai
erstaunen (vt)	ทำให้...ประหลาดใจ	tham hâi...bprà-làat jai
staunen (vi)	ประหลาดใจ	bprà-làat jai

geben (vt)	ให้	hâi
nehmen (vt)	รับ	ráp
herausgeben (vt)	ให้คืน	hâi kheun
zurückgeben (vt)	เอาคืน	ao kheun

sich entschuldigen	ขอโทษ	khŏr thôht
Entschuldigung (f)	คำขอโทษ	kham khŏr thôht
verzeihen (vt)	ให้อภัย	hâi a-phai

sprechen (vi)	คุยกัน	khui gan
hören (vt), zuhören (vi)	ฟัง	fang
sich anhören	ฟังจนจบ	fang jon jòp
verstehen (vt)	เข้าใจ	khâo jai

zeigen (vt)	แสดง	sà-daeng
ansehen (vt)	ดู	doo
rufen (vt)	เรียก	rîak
belästigen (vt)	รบกวน	róp guan
stören (vt)	รบกวน	róp guan
übergeben (vt)	ส่ง	sòng

Bitte (f)	ข้อร้องขอ	khŏr rórng khŏr
bitten (vt)	ร้องขอ	rórng khŏr
Verlangen (n)	ขอเรียกร้อง	khŏr rîak rórng
verlangen (vt)	เรียกร้อง	rîak rórng

necken (vt)	แซว	saew
spotten (vi)	ล้อเลียน	lór lian
Spott (m)	ข้อล้อเลียน	khŏr lór lian
Spitzname (m)	ชื่อเล่น	chêu lên

Andeutung (f)	การพูดเป็นนัย	gaan phôot bpen nai
andeuten (vt)	พูดเป็นนัย	phôot bpen nai
meinen (vt)	หมายความว่า	măai khwaam wâa

Beschreibung (f)	คำพรรณนา	kham phan-ná-naa
beschreiben (vt)	พรรณนา	phan-ná-naa
Lob (n)	คำชม	kham chom
loben (vt)	ชม	chom

Enttäuschung (f)	ความผิดหวัง	khwaam phìt wăng
enttäuschen (vt)	ทำให้...ผิดหวัง	tham hâi...phìt wăng
enttäuscht sein	ผิดหวัง	phìt wăng

Vermutung (f)	ข้อสมมุติ	khŏr sŏm mút
vermuten (vt)	สมมุติ	sŏm mút

| Warnung (f) | คำเตือน | kham dteuan |
| warnen (vt) | เตือน | dteuan |

64. Diskussion, Unterhaltung. Teil 3

| überreden (vt) | เกลี้ยกล่อม | glîak-glôm |
| beruhigen (vt) | ทำให้...สงบ | tham hâi...sà-ngòp |

Schweigen (n)	ความเงียบ	khwaam ngîap
schweigen (vi)	เงียบ	ngîap
flüstern (vt)	กระซิบ	grà síp
Flüstern (n)	เสียงกระซิบ	sĭang grà síp

offen (Adv)	พูดตรงๆ	phôot dtrorng dtrorng
meiner Meinung nach ...	ในสายตาของ	nai săai dtaa-kŏrng
	ผม/ฉัน...	phŏm/chăn...

Detail (n)	รายละเอียด	raai lá-ìat
ausführlich (Adj)	โดยละเอียด	doi lá-ìat
ausführlich (Adv)	อย่างละเอียด	yàang lá-ìat

| Tipp (m) | คำบอกใบ้ | kham bòrk bâi |
| einen Tipp geben | บอกใบ้ | bòrk bâi |

Blick (m)	การมอง	gaan morng
anblicken (vt)	มอง	morng
starr (z.B. -en Blick)	จอง	jôrng
blinzeln (mit den Augen)	กระพริบตา	grà phríp dtaa
zwinkern (mit den Augen)	ขยิบตา	khà-yìp dtaa
nicken (vi)	พยักหน้า	phá-yák nâa

Seufzer (m)	การถอนหายใจ	gaan thŏrn hăai jai
aufseufzen (vi)	ถอนหายใจ	thŏrn hăai-jai
zusammenzucken (vi)	สั่น	sàn
Geste (f)	อิริยาบถ	i-rí-yaa-bòt
berühren (vt)	สัมผัส	săm-phàt
ergreifen (vt)	จับ	jàp
klopfen (vt)	แตะ	dtàe

Vorsicht!	ระวัง!	rá-wang
Wirklich?	จริงหรือ?	jing rĕu
Sind Sie sicher?	คุณแน่ใจหรือ?	khun nâe jai rĕu
Viel Glück!	ขอให้โชคดี!	khŏr hâi chôhk dee
Klar!	ฉันเขาใจ!	chăn khâo jai
Schade!	น่าเสียดาย!	nâa sĭa-daai

65. Zustimmung. Ablehnung

Einverständnis (n)	การยินยอม	gaan yin yorm
zustimmen (vi)	ยินยอม	yin yorm
Billigung (f)	คำอนุมัติ	kham a-nú-mát
billigen (vt)	อนุมัติ	a-nú-mát

Absage (f)	คำปฏิเสธ	kham bpà-dtì-sàyt
sich weigern	ปฏิเสธ	bpà-dtì-sàyt

Ausgezeichnet!	เยี่ยม!	yîam
Ganz recht!	ดีเลย!	dee loie
Gut! Okay!	โอเค!	oh-khay

verboten (Adj)	ไม่ได้รับอนุญาต	mâi dâai ráp a-nú-yâat
Es ist verboten	ห้าม	hâam
Es ist unmöglich	มันเป็นไปไม่ได้	man bpen bpai mâi dâai
falsch	ไม่ถูกต้อง	mâi thòok dtôrng

ablehnen (vt)	ปฏิเสธ	bpà-dtì-sàyt
unterstützen (vt)	สนับสนุน	sà-nàp-sà-nǔn
akzeptieren (vt)	ยอมรับ	yorm ráp

bestätigen (vt)	ยืนยัน	yeun yan
Bestätigung (f)	คำยืนยัน	kham yeun yan
Erlaubnis (f)	คำอนุญาต	kham a-nú-yâat
erlauben (vt)	อนุญาต	a-nú-yâat
Entscheidung (f)	การตัดสินใจ	gaan dtàt sǐn jai
schweigen (nicht antworten)	ไม่พูดอะไร	mâi phôot a-rai

Bedingung (f)	เงื่อนไข	ngêuan khǎi
Ausrede (f)	ข้ออ้าง	khôr âang
Lob (n)	คำชม	kham chom
loben (vt)	ชม	chom

66. Erfolg. Alles Gute. Misserfolg

Erfolg (m)	ความสำเร็จ	khwaam sǎm-rèt
erfolgreich (Adv)	ให้เป็นผลสำเร็จ	hâi bpen phǒn sǎm-rèt
erfolgreich (Adj)	ที่สำเร็จ	thêe sǎm-rèt

Glück (Glücksfall)	โชค	chôhk
Viel Glück!	ขอให้โชคดี!	khǒr hâi chôhk dee
Glücks- (z.B. -tag)	มีโชค	mee chôhk
glücklich (Adj)	มีโชคดี	mee chôhk dee

Misserfolg (m)	ความล้มเหลว	khwaam lóm lěo
Missgeschick (n)	โชคร้าย	chôhk ráai
Unglück (n)	โชคร้าย	chôhk ráai
missglückt (Adj)	ไม่ประสบ	mâi bprà-sòp
	ความสำเร็จ	khwaam sǎm-rèt
Katastrophe (f)	ความล้มเหลว	khwaam lóm lěo

Stolz (m)	ความภาคภูมิใจ	khwaam phâak phoom jai
stolz	ภูมิใจ	phoom jai
stolz sein	ภูมิใจ	phoom jai

Sieger (m)	ผู้ชนะ	phôo chá-ná
siegen (vi)	ชนะ	chá-ná
verlieren (Spiel usw.)	แพ้	pháe
Versuch (m)	ความพยายาม	khwaam phá-yaa-yaam

| versuchen (vt) | พยายาม | phá-yaa-yaam |
| Chance (f) | โอกาส | oh-gàat |

67. Streit. Negative Gefühle

Schrei (m)	เสียงตะโกน	sĭang dtà-gohn
schreien (vi)	ตะโกน	dtà-gohn
beginnen zu schreien	เริ่มตะโกน	rêrm dtà-gohn

Zank (m)	การทะเลาะ	gaan thá-lór
sich zanken	ทะเลาะ	thá-lór
Riesenkrach (m)	ความทะเลาะ	khwaam thá-lór
Krach haben	ตีโพยตีพาย	dtee phoi dtee phaai
Konflikt (m)	ความขัดแย้ง	khwaam khàt yáeng
Missverständnis (n)	การเข้าใจผิด	gaan khâo jai phìt

Kränkung (f)	คำดูถูก	kham doo thòok
kränken (vt)	ดูถูก	doo thòok
gekränkt (Adj)	โดนดูถูก	dohn doo thòok
Beleidigung (f)	ความเคียดแค้น	khwaam khîat-kháen
beleidigen (vt)	ลวงเกิน	lûang gern
sich beleidigt fühlen	ถือสา	thĕu săa

Empörung (f)	ความโกรธแค้น	khwaam gròht kháen
sich empören	ขุนเคือง	khùn kheuang
Klage (f)	คำร้อง	kham rórng
klagen (vi)	บน	bòn

Entschuldigung (f)	คำขอโทษ	kham khŏr thôht
sich entschuldigen	ขอโทษ	khŏr thôht
um Entschuldigung bitten	ขออภัย	khŏr a-phai

Kritik (f)	คำวิจารณ์	kham wí-jaan
kritisieren (vt)	วิจารณ์	wí-jaan
Anklage (f)	การกล่าวหา	gaan glàao hăa
anklagen (vt)	กล่าวหา	glàao hăa

Rache (f)	การแก้แค้น	gaan gâe kháen
rächen (vt)	แก้แค้น	gâe kháen
sich rächen	แก้แค้น	gâe kháen

Verachtung (f)	ความดูหมิ่น	khwaam doo mìn
verachten (vt)	ดูหมิ่น	doo mìn
Hass (m)	ความเกลียดชัง	khwaam glìat chang
hassen (vt)	เกลียด	glìat

nervös	กระวนกระวาย	grà won grà waai
nervös sein	กระวนกระวาย	grà won grà waai
verärgert	โกรธ	gròht
ärgern (vt)	ทำให้...โกรธ	tham hâi...gròht

Erniedrigung (f)	ความเสียดเย้ย	khwaam sìat yóie
erniedrigen (vt)	ฉีกหน้า	chèek nâa
sich erniedrigen	ฉีกหน้าตนเอง	chèek nâa dton ayng

| Schock (m) | ความตกตะลึง | khwaam dtòk dtà-leung |
| schockieren (vt) | ทำให้...ตกตะลึง | tham hâi...dtòk dtà-leung |

| Ärger (m) | ปัญหา | bpan-hǎa |
| unangenehm | ไม่น่าพึงพอใจ | mâi nâa pheung phor jai |

Angst (f)	ความกลัว	khwaam glua
furchtbar (z.B. -e Sturm)	แย	yâe
schrecklich	น่ากลัว	nâa glua
Entsetzen (n)	ความกลัว	khwaam glua
entsetzlich	แย่มาก	yâe mâak

zittern (vi)	เริ่มตัวสั่น	rêrm dtua sàn
weinen (vi)	ร้องไห้	rórng hâi
anfangen zu weinen	เริ่มร้องไห้	rêrm rórng hâi
Träne (f)	น้ำตา	nám dtaa

Schuld (f)	ความผิด	khwaam phìt
Schuldgefühl (n)	ผิด	phìt
Schmach (f)	เสียเกียรติ	sǐa gìat
Protest (m)	การประท้วง	gaan bprà-thúang
Stress (m)	ความว้าวุ่นใจ	khwaam wáa-wûn-jai

stören (vt)	รบกวน	róp guan
sich ärgern	โกรธจัด	gròht jàt
ärgerlich	โกรธ	gròht
abbrechen (vi)	ยุติ	yút-dtì
schelten (vi)	ดุด่า	dù dàa

erschrecken (vi)	ตกใจ	dtòk jai
schlagen (vt)	ตี	dtee
sich prügeln	สู้	sôo

beilegen (Konflikt usw.)	ยุติ	yút-dtì
unzufrieden	ไม่พอใจ	mâi phor jai
wütend	โกรธจัด	gròht jàt

| Das ist nicht gut! | มันไม่ค่อยดี | man mâi khôi dee |
| Das ist schlecht! | มันไม่ดีเลย | man mâi dee loie |

Medizin

68. Krankheiten

Krankheit (f)	โรค	rôhk
krank sein	ป่วย	bpùay
Gesundheit (f)	สุขภาพ	sùk-khà-phâap
Schnupfen (m)	น้ำมูกไหล	nám môok lăi
Angina (f)	ตอมทอนซิลอักเสบ	dtòm thorn-sin àk-sàyp
Erkältung (f)	หวัด	wàt
sich erkälten	เป็นหวัด	bpen wàt
Bronchitis (f)	โรคหลอดลมอักเสบ	rôhk lòrt lom àk-sàyp
Lungenentzündung (f)	โรคปอดบวม	rôhk bpòrt-buam
Grippe (f)	ไขหวัดใหญ่	khâi wàt yài
kurzsichtig	สายตาสั้น	săai dtaa sân
weitsichtig	สายตายาว	săai dtaa yaao
Schielen (n)	ตาเหล	dtaa làe
schielend (Adj)	เป็นตาเหล่	bpen dtaa kăy rĕu làe
grauer Star (m)	ตอกระจก	dtôr grà-jòk
Glaukom (n)	ตอหิน	dtôr hĭn
Schlaganfall (m)	โรคหลอดเลือดสมอง	rôhk lòrt lêuat sà-mŏrng
Infarkt (m)	อาการหัวใจวาย	aa-gaan hŭa jai waai
Herzinfarkt (m)	กลามเนื้อหัวใจตาย	glâam néua hŭa jai dtaai
	เหตุขาดเลือด	hàyt khàat lêuat
Lähmung (f)	อัมพาต	am-má-phâat
lähmen (vt)	ทำใหเป็นอัมพาต	tham hâi bpen am-má-phâat
Allergie (f)	ภูมิแพ้	phoom pháe
Asthma (n)	โรคหืด	rôhk hèut
Diabetes (m)	โรคเบาหวาน	rôhk bao wăan
Zahnschmerz (m)	อาการปวดฟัน	aa-gaan bpùat fan
Karies (f)	ฟันผุ	fan phù
Durchfall (m)	อาการทองเสีย	aa-gaan thórng sĭa
Verstopfung (f)	อาการทองผูก	aa-gaan thórng phòok
Magenverstimmung (f)	อาการปวดทอง	aa-gaan bpùat thórng
Vergiftung (f)	ภาวะอาหารเป็นพิษ	phaa-wá aa hăan bpen pít
Vergiftung bekommen	กินอาหารเป็นพิษ	gin aa hăan bpen phít
Arthritis (f)	โรคขออักเสบ	rôhk khôr àk-sàyp
Rachitis (f)	โรคกระดูกออน	rôhk grà-dòok òrn
Rheumatismus (m)	โรครูมาติก	rôhk roo-maa-dtìk
Atherosklerose (f)	ภาวะหลอดเลือดแข็ง	phaa-wá lòrt lêuat khăeng
Gastritis (f)	โรคกระเพาะอาหาร	rôhk grà-phór aa-hăan
Blinddarmentzündung (f)	ไสติ่งอักเสบ	sâi dtìng àk-sàyp

| Cholezystitis (f) | โรคถุงน้ำดีอักเสบ | rôhk thǔng nám dee àk-sàyp |
| Geschwür (n) | แผลเปื่อย | phlǎe bpèuay |

Masern (pl)	โรคหัด	rôhk hàt
Röteln (pl)	โรคหัดเยอรมัน	rôhk hàt yer-rá-man
Gelbsucht (f)	โรคดีซาน	rôhk dee sâan
Hepatitis (f)	โรคตับอักเสบ	rôhk dtàp àk-sàyp

Schizophrenie (f)	โรคจิตเภท	rôhk jìt-dtà-phâyt
Tollwut (f)	โรคพิษสุนัขบ้า	rôhk phít sù-nák bâa
Neurose (f)	โรคประสาท	rôhk bprà-sàat
Gehirnerschütterung (f)	สมองกระทบ กระเทือน	sà-mǒrng grà-thóp grà-theuan

Krebs (m)	มะเร็ง	má-reng
Sklerose (f)	ภูรแข็งตัวของ เนื่อเยื่อรางกาย	gaan kǎeng dtua kǒng néua yêua râang gaai
multiple Sklerose (f)	โรคปลอกประสาท เสื่อมแข็ง	rôhk bplòk bprà-sàat sèuam kǎeng

Alkoholismus (m)	โรคพิษสุราเรื้อรัง	rôhk phít sù-raa réua rang
Alkoholiker (m)	คนขี้เหลา	khon khêe lâo
Syphilis (f)	โรคซิฟิลิส	rôhk sí-fí-lít
AIDS	โรคเอดส	rôhk àyt

Tumor (m)	เนื้องอก	néua ngôk
bösartig	ราย	ráai
gutartig	ไมราย	mâi ráai

Fieber (n)	ไข้	khâi
Malaria (f)	ไขมาลาเรีย	kâi maa-laa-ria
Gangrän (f, n)	เนื้อตายเนาๆ	néua dtaai nâo
Seekrankheit (f)	ภาวะเมาคลื่น	phaa-wá mao khlêun
Epilepsie (f)	โรคลมบาหมู	rôhk lom bâa-mǒo

Epidemie (f)	โรคระบาด	rôhk rá-bàat
Typhus (m)	โรครากสาดใหญ่	rôhk râak-sàat yài
Tuberkulose (f)	วัณโรค	wan-ná-rôhk
Cholera (f)	อหิวาตกโรค	a-hì-wâat-gà-rôhk
Pest (f)	กาฬโรค	gaan-lá-rôhk

69. Symptome. Behandlungen. Teil 1

Symptom (n)	อาการ	aa-gaan
Temperatur (f)	อุณหภูมิ	un-hà-phoom
Fieber (n)	อุณหภูมิสูง	un-hà-phoom sǒong
Puls (m)	ชีพจร	chêep-phá-jon

Schwindel (m)	อาการเวียนหัว	aa-gaan wian hǔa
heiß (Stirne usw.)	รอน	rórn
Schüttelfrost (m)	หนาวสั่น	nǎao sàn
blass (z.B. -es Gesicht)	หนาเชียว	nâa sieow
Husten (m)	การไอ	gaan ai
husten (vi)	ไอ	ai

niesen (vi)	จาม	jaam
Ohnmacht (f)	การเป็นลม	gaan bpen lom
ohnmächtig werden	เป็นลม	bpen lom

blauer Fleck (m)	ฟกช้ำ	fók chám
Beule (f)	บวม	buam
sich stoßen	ชน	chon
Prellung (f)	รอยฟกช้ำ	roi fók chám
sich stoßen	ได้รอยช้ำ	dâai roi chám

hinken (vi)	กะโผลกกะเผลก	gà-phlòhk-gà-phlàyk
Verrenkung (f)	ข้อหลุด	khôr lùt
ausrenken (vt)	ทำข้อหลุด	tham khôr lùt
Fraktur (f)	กระดูกหัก	grà-dòok hàk
brechen (Arm usw.)	หักกระดูก	hàk grà-dòok

Schnittwunde (f)	รอยบาด	roi bàat
sich schneiden	ทำบาด	tham bàat
Blutung (f)	การเลือดไหล	gaan lêuat lăi

| Verbrennung (f) | แผลไฟไหม้ | phlăe fai mâi |
| sich verbrennen | ได้รับแผลไฟไหม้ | dâai ráp phlăe fai mâi |

stechen (vt)	ตำ	dtam
sich stechen	ตำตัวเอง	dtam dtua ayng
verletzen (vt)	ทำให้บาดเจ็บ	tham hâi bàat jèp
Verletzung (f)	การบาดเจ็บ	gaan bàat jèp
Wunde (f)	แผล	phlăe
Trauma (n)	แผลบาดเจ็บ	phlăe bàat jèp

irrereden (vi)	คลุ้มคลั่ง	khlúm khlâng
stottern (vi)	พูดตะกุกตะกัก	phôot dtà-gùk-dtà-gàk
Sonnenstich (m)	โรคลมแดด	rôhk lom dàet

70. Symptome. Behandlungen. Teil 2

| Schmerz (m) | ความเจ็บปวด | khwaam jèp bpùat |
| Splitter (m) | เสี้ยน | sîan |

Schweiß (m)	เหงื่อ	ngèua
schwitzen (vi)	เหงื่อออก	ngèua òrk
Erbrechen (n)	การอาเจียน	gaan aa-jian
Krämpfe (pl)	การชัก	gaan chák

schwanger	ตั้งครรภ์	dtâng khan
geboren sein	เกิด	gèrt
Geburt (f)	การคลอด	gaan khlôrt
gebären (vt)	คลอดบุตร	khlôrt bùt
Abtreibung (f)	การแท้งบุตร	gaan tháeng bùt

Atem (m)	การหายใจ	gaan hăai-jai
Atemzug (m)	การหายใจเข้า	gaan hăai-jai khâo
Ausatmung (f)	การหายใจออก	gaan hăai-jai òrk
ausatmen (vt)	หายใจออก	hăai-jai òrk

einatmen (vt)	หายใจเข้า	hǎai-jai khâo
Invalide (m)	คนพิการ	khon phí-gaan
Krüppel (m)	พิการ	phí-gaan
Drogenabhängiger (m)	ผู้ติดยาเสพติด	phôo dtìt yaa-sàyp-dtìt

taub	หูหนวก	hǒo nùak
stumm	เป็นใบ้	bpen bâi
taubstumm	หูหนวกเป็นใบ้	hǒo nùak bpen bâi

verrückt (Adj)	บ้า	bâa
Irre (m)	คนบ้า	khon bâa
Irre (f)	คนบ้า	khon bâa
den Verstand verlieren	เสียสติ	sǐa sà-dtì

Gen (n)	ยีน	yeun
Immunität (f)	ภูมิคุ้มกัน	phoom khúm gan
erblich	เป็นกรรมพันธุ์	bpen gam-má-phan
angeboren	แตกำเนิด	dtàe gam-nèrt

Virus (m, n)	เชื้อไวรัส	chéua wai-rát
Mikrobe (f)	จุลินทรีย์	jù-lin-see
Bakterie (f)	แบคทีเรีย	bàek-tee-ria
Infektion (f)	การติดเชื้อ	gaan dtìt chéua

71. Symptome. Behandlungen. Teil 3

| Krankenhaus (n) | โรงพยาบาล | rohng phá-yaa-baan |
| Patient (m) | ผู้ป่วย | phôo bpùay |

Diagnose (f)	การวินิจฉัยโรค	gaan wí-nít-chǎi rôhk
Heilung (f)	การรักษา	gaan rák-sǎa
Behandlung (f)	การรักษา ทางการแพทย์	gaan rák-sǎa thaang gaan phâet

Behandlung bekommen	รับการรักษา	ráp gaan rák-sǎa
behandeln (vt)	รักษา	rák-sǎa
pflegen (Kranke)	รักษา	rák-sǎa
Pflege (f)	การดูแลรักษา	gaan doo lae rák-sǎa

Operation (f)	การผ่าตัด	gaan phàa dtàt
verbinden (vt)	พันแผล	phan phlǎe
Verband (m)	การพันแผล	gaan phan phlǎe

Impfung (f)	การฉีดวัคซีน	gaan chèet wák-seen
impfen (vt)	ฉีดวัคซีน	chèet wák-seen
Spritze (f)	การฉีดยา	gaan chèet yaa
eine Spritze geben	ฉีดยา	chèet yaa

Anfall (m)	มีอาการเฉียบพลัน	mee aa-gaan chìap phlan
Amputation (f)	การตัดอวัยวะออก	gaan dtàt a-wai-wá òrk
amputieren (vt)	ตัด	dtàt
Koma (n)	อาการโคม่า	aa-gaan khoh-mâa
im Koma liegen	อยู่ในอาการโคม่า	yòo nai aa-gaan khoh-mâa
Reanimation (f)	หน่วยอภิบาล	nùay à-phí-baan
genesen von … (vi)	ฟื้นตัว	féun dtua

Zustand (m)	อาการ	aa-gaan
Bewusstsein (n)	สติสัมปชัญญะ	sà-dtì sǎm-bpà-chan-yá
Gedächtnis (n)	ความทรงจำ	khwaam song jam

ziehen (einen Zahn ~)	ถอน	thǒrn
Plombe (f)	การอุด	gaan ùt
plombieren (vt)	อุด	ùt

| Hypnose (f) | การสะกดจิต | gaan sà-gòt jìt |
| hypnotisieren (vt) | สะกดจิต | sà-gòt jìt |

72. Ärzte

Arzt (m)	แพทย์	phâet
Krankenschwester (f)	พยาบาล	phá-yaa-baan
Privatarzt (m)	แพทย์สวนตัว	phâet sùan dtua

Zahnarzt (m)	ทันตแพทย์	than-dtà phâet
Augenarzt (m)	จักษุแพทย์	jàk-sù phâet
Internist (m)	อายุรแพทย์	aa-yú-rá-phâet
Chirurg (m)	ศัลยแพทย์	sǎn-yá-phâet

Psychiater (m)	จิตแพทย์	jìt-dtà-phâet
Kinderarzt (m)	กุมารแพทย์	gù-maan phâet
Psychologe (m)	นักจิตวิทยา	nák jìt wít-thá-yaa
Frauenarzt (m)	นรีแพทย์	ná-ree phâet
Kardiologe (m)	หทัยแพทย์	hà-thai phâet

73. Medizin. Medikamente. Accessoires

Arznei (f)	ยา	yaa
Heilmittel (n)	ยา	yaa
verschreiben (vt)	จ่ายยา	jàai yaa
Rezept (n)	ใบสั่งยา	bai sàng yaa

Tablette (f)	ยาเม็ด	yaa mét
Salbe (f)	ยาทา	yaa thaa
Ampulle (f)	หลอดยา	lòrt yaa
Mixtur (f)	ยาส่วนผสม	yaa sùan phà-sǒm
Sirup (m)	น้ำเชื่อม	nám chêuam
Pille (f)	ยาเม็ด	yaa mét
Pulver (n)	ยาผง	yaa phǒng

Verband (m)	ผ้าพันแผล	phâa phan phlǎe
Watte (f)	สำลี	sǎm-lee
Jod (n)	ไอโอดีน	ai oh-deen

Pflaster (n)	พลาสเตอร์	phláat-dtêr
Pipette (f)	ที่หยอดตา	thêe yòrt dtaa
Thermometer (n)	ปรอท	bpa -ròrt
Spritze (f)	เข็มฉีดยา	khěm chèet-yaa
Rollstuhl (m)	รถเข็นคนพิการ	rót khěn khon phí-gaan

Krücken (pl)	ไม้ค้ำยัน	máai khám yan
Betäubungsmittel (n)	ยาแกปวด	yaa gâe bpùat
Abführmittel (n)	ยาระบาย	yaa rá-baai
Spiritus (m)	เอธานอล	ay-thaa-norn
Heilkraut (n)	สมุนไพร	sà-mŭn phrai
	ทางการแพทย์	thaang gaan phâet
Kräuter- (z.B. Kräutertee)	สมุนไพร	sà-mŭn phrai

74. Rauchen. Tabakwaren

Tabak (m)	ยาสูบ	yaa sòop
Zigarette (f)	บุหรี่	bù rèe
Zigarre (f)	ซิการ์	sí-gâa
Pfeife (f)	ไปป์	bpai
Packung (f)	ซอง	sorng

Streichhölzer (pl)	ไม้ขีด	máai khèet
Streichholzschachtel (f)	กลองไม้ขีด	glòrng máai khèet
Feuerzeug (n)	ไฟแช็ก	fai cháek
Aschenbecher (m)	ที่เขี่ยบุหรี่	thêe khìa bù rèe
Zigarettenetui (n)	กลองใสบุหรี่	glòrng sài bù rèe

Mundstück (n)	ที่ต่อบุหรี่	thêe dtòr bù rèe
Filter (n)	ตัวกรองบุหรี่	dtua grorng bù rèe

rauchen (vi, vt)	สูบ	sòop
anrauchen (vt)	จุดบุหรี่	jùt bù rèe
Rauchen (n)	การสูบบุหรี่	gaan sòop bù rèe
Raucher (m)	ผูสูบบุหรี่	pôo sòop bù rèe

Stummel (m)	ก้นบุหรี่	gôn bù rèe
Rauch (m)	ควันบุหรี่	khwan bù rèe
Asche (f)	ขี้บุหรี่	khêe bù rèe

LEBENSRAUM DES MENSCHEN

Stadt

75. Stadt. Leben in der Stadt

Stadt (f)	เมือง	meuang
Hauptstadt (f)	เมืองหลวง	meuang lŭang
Dorf (n)	หมู่บ้าน	mòo bâan
Stadtplan (m)	แผนที่เมือง	phăen thêe meuang
Stadtzentrum (n)	ใจกลางเมือง	jai glaang-meuang
Vorort (m)	ชานเมือง	chaan meuang
Vorort-	ชานเมือง	chaan meuang
Stadtrand (m)	รอบนอกเมือง	rôrp nôrk meuang
Umgebung (f)	เขตรอบเมือง	khàyt rôrp-meuang
Stadtviertel (n)	บล็อกผังเมือง	blòrk phăng meuang
Wohnblock (m)	บล็อกที่อยู่อาศัย	blòrk thêe yòo aa-săi
Straßenverkehr (m)	การจราจร	gaan jà-raa-jon
Ampel (f)	ไฟจราจร	fai jà-raa-jon
Stadtverkehr (m)	ขนส่งมวลชน	khŏn sòng muan chon
Straßenkreuzung (f)	สี่แยก	sèe yâek
Übergang (m)	ทางม้าลาย	thaang máa laai
Fußgängerunterführung (f)	อุโมงค์คนเดิน	u-mohng kon dern
überqueren (vt)	ข้าม	khâam
Fußgänger (m)	คนเดินเท้า	khon dern tháo
Gehweg (m)	ทางเท้า	thaang tháo
Brücke (f)	สะพาน	sà-phaan
Kai (m)	ทางเลียบแม่น้ำ	thaang lîap mâe náam
Springbrunnen (m)	น้ำพุ	nám phú
Allee (f)	ทางเลียบสวน	thaang lîap sŭan
Park (m)	สวน	sŭan
Boulevard (m)	ถนนกว้าง	thà-nŏn gwâang
Platz (m)	จัตุรัส	jàt-dtù-ràt
Avenue (f)	ถนนใหญ่	thà-nŏn yài
Straße (f)	ถนน	thà-nŏn
Gasse (f)	ซอย	soi
Sackgasse (f)	ทางตัน	thaang dtan
Haus (n)	บ้าน	bâan
Gebäude (n)	อาคาร	aa-khaan
Wolkenkratzer (m)	ตึกระฟ้า	dtèuk rá-fáa
Fassade (f)	ด้านหน้าอาคาร	dâan-nâa aa-khaan
Dach (n)	หลังคา	lăng khaa

Fenster (n)	หน้าต่าง	nâa dtàang
Bogen (m)	ซุ้มประตู	súm bprà-dtoo
Säule (f)	เสา	săo
Ecke (f)	มุม	mum

Schaufenster (n)	หน้าต่างร้านค้า	nâa dtàang ráan kháa
Firmenschild (n)	ป้ายร้าน	bpâai ráan
Anschlag (m)	โปสเตอร์	bpòht-dtêr
Werbeposter (m)	ป้ายโฆษณา	bpâai khôht-sà-naa
Werbeschild (n)	กระดานปิดประกาศ โฆษณา	grà-daan bpìt bprà-gàat khôht-sà-naa

Müll (m)	ขยะ	khà-yà
Mülleimer (m)	ถังขยะ	thăng khà-yà
Abfall wegwerfen	ทิ้งขยะ	thíng khà-yà
Mülldeponie (f)	ที่ทิ้งขยะ	thêe thíng khà-yà

Telefonzelle (f)	ตู้โทรศัพท์	dtôo thoh-rá-sàp
Straßenlaterne (f)	เสาโคม	săo khohm
Bank (Park-)	ม้านั่ง	máa nâng

Polizist (m)	เจ้าหน้าที่ตำรวจ	jâo nâa-thêe dtam-rùat
Polizei (f)	ตำรวจ	dtam-rùat
Bettler (m)	ขอทาน	khŏr thaan
Obdachlose (m)	คนไร้บ้าน	khon rái bâan

76. Innerstädtische Einrichtungen

Laden (m)	ร้านค้า	ráan kháa
Apotheke (f)	ร้านขายยา	ráan khăai yaa
Optik (f)	ร้านตัดแว่น	ráan dtàt wâen
Einkaufszentrum (n)	ศูนย์การค้า	sŏon gaan kháa
Supermarkt (m)	ซูเปอร์มาร์เก็ต	soo-bper-maa-gèt

Bäckerei (f)	ร้านขนมปัง	ráan khà-nŏm bpang
Bäcker (m)	คนอบขนมปัง	khon òp khà-nŏm bpang
Konditorei (f)	ร้านขนม	ráan khà-nŏm
Lebensmittelladen (m)	ร้านขายของชำ	ráan khăai khŏrng cham
Metzgerei (f)	ร้านขายเนื้อ	ráan khăai néua

| Gemüseladen (m) | ร้านขายผัก | ráan khăai phàk |
| Markt (m) | ตลาด | dtà-làat |

Kaffeehaus (n)	ร้านกาแฟ	ráan gaa-fae
Restaurant (n)	ร้านอาหาร	ráan aa-hăan
Bierstube (f)	บาร์	baa
Pizzeria (f)	ร้านพิซซ่า	ráan phís-sâa

Friseursalon (m)	ร้านทำผม	ráan tham phŏm
Post (f)	โรงไปรษณีย์	rohng bprai-sà-nee
chemische Reinigung (f)	ร้านซักแห้ง	ráan sák hâeng
Fotostudio (n)	ห้องถ่ายภาพ	hôrng thàai phâap
Schuhgeschäft (n)	ร้านขายรองเท้า	ráan khăai rorng táo
Buchhandlung (f)	ร้านขายหนังสือ	ráan khăai năng-sěu

Sportgeschäft (n)	ร้านขายอุปกรณ์กีฬา	ráan khǎai u-bpà-gon gee-laa
Kleiderreparatur (f)	ร้านซ่อมเสื้อผ้า	ráan sôrm sêua phâa
Bekleidungsverleih (m)	ร้านเช่าเสื้อออกงาน	ráan châo sêua òrk ngaan
Videothek (f)	ร้านเช่าวิดีโอ	ráan châo wí-dee-oh

Zirkus (m)	โรงละครสัตว์	rohng lá-khon sàt
Zoo (m)	สวนสัตว์	sǔan sàt
Kino (n)	โรงภาพยนตร์	rohng phâap-phá-yon
Museum (n)	พิพิธภัณฑ์	phí-phítha phan
Bibliothek (f)	หองสมุด	hôrng sà-mùt

Theater (n)	โรงละคร	rohng lá-khon
Opernhaus (n)	โรงอุปรากร	rohng ù-bpà-raa-gon
Nachtklub (m)	ไนทคลับ	nai-khláp
Kasino (n)	คาสิโน	khaa-sì-noh

Moschee (f)	สุเหร่า	sù-ráo
Synagoge (f)	โบสถ์ยิว	bòht yiw
Kathedrale (f)	อาสนวิหาร	aa sǒn wí-hǎan
Tempel (m)	วิหาร	wí-hǎan
Kirche (f)	โบสถ์	bòht

Institut (n)	วิทยาลัย	wít-thá-yaa-lai
Universität (f)	มหาวิทยาลัย	má-hǎa wít-thá-yaa-lai
Schule (f)	โรงเรียน	rohng rian

Präfektur (f)	ศาลากลางจังหวัด	sǎa-laa glaang jang-wàt
Rathaus (n)	ศาลาเทศบาล	sǎa-laa thâyt-sà-baan
Hotel (n)	โรงแรม	rohng raem
Bank (f)	ธนาคาร	thá-naa-khaan

Botschaft (f)	สถานทูต	sà-thǎan thôot
Reisebüro (n)	บริษัททัวร์	bor-rí-sàt thua
Informationsbüro (n)	สำนักงาน	sǎm-nák ngaan
	ศูนย์ข้อมูล	sǒon khôr moon
Wechselstube (f)	ร้านแลกเงิน	ráan lâek ngern

U-Bahn (f)	รถไฟใต้ดิน	rót fai dtâi din
Krankenhaus (n)	โรงพยาบาล	rohng phá-yaa-baan

Tankstelle (f)	ปั้มน้ำมัน	bpám náam man
Parkplatz (m)	ลานจอดรถ	laan jòrt rót

77. Innerstädtischer Transport

Bus (m)	รถเมล์	rót may
Straßenbahn (f)	รถราง	rót raang
Obus (m)	รถโดยสารประจำ	rót doi sǎan bprà-jam
	ทางไฟฟ้า	thaang fai fáa
Linie (f)	เส้นทาง	sên thaang
Nummer (f)	หมายเลข	mǎai lâyk

mit ... fahren	ไปด้วย	bpai dûay
einsteigen (vi)	ขึ้น	khêun

aussteigen (aus dem Bus)	ลง	long
Haltestelle (f)	ป้าย	bpâai
nächste Haltestelle (f)	ป้ายถัดไป	bpâai thàt bpai
Endhaltestelle (f)	ป้ายสุดท้าย	bpâai sùt tháai
Fahrplan (m)	ตารางเวลา	dtaa-raang way-laa
warten (vi, vt)	รอ	ror

Fahrkarte (f)	ตั๋ว	dtŭa
Fahrpreis (m)	ค่าตั๋ว	khâa dtŭa

Kassierer (m)	คนขายตั๋ว	khon khăai dtŭa
Fahrkartenkontrolle (f)	การตรวจตั๋ว	gaan dtrùat dtŭa
Fahrkartenkontrolleur (m)	พนักงานตรวจตั๋ว	phá-nák ngaan dtrùat dtŭa

sich verspäten	ไปสาย	bpai săai
versäumen (Zug usw.)	พลาด	phlâat
sich beeilen	รีบเร่ง	rêep râyng

Taxi (n)	แท็กซี่	tháek-sêe
Taxifahrer (m)	คนขับแท็กซี่	khon khàp tháek-sêe
mit dem Taxi	โดยแท็กซี่	doi tháek-sêe
Taxistand (m)	ป้ายจอดแท็กซี่	bpâai jòrt tháek sêe
ein Taxi rufen	เรียกแท็กซี่	rîak tháek sêe
ein Taxi nehmen	ขึ้นรถแท็กซี่	khêun rót tháek-sêe

Straßenverkehr (m)	การจราจร	gaan jà-raa-jon
Stau (m)	การจราจรติดขัด	gaan jà-raa-jon dtìt khàt
Hauptverkehrszeit (f)	ชั่วโมงเร่งด่วน	chûa mohng râyng dùan
parken (vi)	จอด	jòrt
parken (vt)	จอด	jòrt
Parkplatz (m)	ลานจอดรถ	laan jòrt rót

U-Bahn (f)	รถไฟใต้ดิน	rót fai dtâi din
Station (f)	สถานี	sà-thăa-nee
mit der U-Bahn fahren	ขึ้นรถไฟใต้ดิน	khêun rót fai dtâi din
Zug (m)	รถไฟ	rót fai
Bahnhof (m)	สถานีรถไฟ	sà-thăa-nee rót fai

78. Sehenswürdigkeiten

Denkmal (n)	อนุสาวรีย์	a-nú-săa-wá-ree
Festung (f)	ป้อม	bpôrm
Palast (m)	วัง	wang
Schloss (n)	ปราสาท	bpraa-sàat
Turm (m)	หอ	hŏr
Mausoleum (n)	สุสาน	sù-săan

Architektur (f)	สถาปัตยกรรม	sà-thăa-bpàt-dtà-yá-gam
mittelalterlich	ยุคกลาง	yúk glaang
alt (antik)	โบราณ	boh-raan
national	แห่งชาติ	hàeng châat
berühmt	ที่มีชื่อเสียง	thêe mee chêu-sĭang
Tourist (m)	นักท่องเที่ยว	nák thôrng thîeow
Fremdenführer (m)	มัคคุเทศก์	mák-khú-thâyt

Ausflug (m)	ทัศนศึกษา	thát-sà-ná-sèuk-sǎa
zeigen (vt)	แสดง	sà-daeng
erzählen (vt)	เลา	lâo
finden (vt)	หาพบ	hǎa phóp
sich verlieren	หลงทาง	lǒng thaang
Karte (U-Bahn ~)	แผนที่	phǎen thêe
Karte (Stadt-)	แผนที่	phǎen thêe
Souvenir (n)	ของที่ระลึก	khǒrng thêe rá-léuk
Souvenirladen (m)	รานขาย	ráan khǎai
	ของที่ระลึก	khǒrng thêe rá-léuk
fotografieren (vt)	ถายภาพ	thàai phâap
sich fotografieren	ไดรับการ	dâai ráp gaan
	ถายภาพให	thàai phâap hâi

79. Shopping

kaufen (vt)	ซื้อ	séu
Einkauf (m)	ของซื้อ	khǒrng séu
einkaufen gehen	ไปซื้อของ	bpai séu khǒrng
Einkaufen (n)	การชอปปิง	gaan chôp bping
offen sein (Laden)	เปิด	bpèrt
zu sein	ปิด	bpìt
Schuhe (pl)	รองเทา	rorng tháo
Kleidung (f)	เสื้อผา	sêua phâa
Kosmetik (f)	เครื่องสำอาง	khrêuang sǎm-aang
Lebensmittel (pl)	อาหาร	aa-hǎan
Geschenk (n)	ของขวัญ	khǒrng khwǎn
Verkäufer (m)	พนักงานขาย	phá-nák ngaan khǎai
Verkäuferin (f)	พนักงานขาย	phá-nák ngaan khǎai
Kasse (f)	ที่จายเงิน	thêe jàai ngern
Spiegel (m)	กระจก	grà-jòk
Ladentisch (m)	เดานเตอร	khao-dtêr
Umkleidekabine (f)	หองลองเสื้อผา	hôrng lorng sêua phâa
anprobieren (vt)	ลอง	lorng
passen (Schuhe, Kleid)	เหมาะ	mò
gefallen (vi)	ชอบ	chôrp
Preis (m)	ราคา	raa-khaa
Preisschild (n)	ปายราคา	bpâai raa-khaa
kosten (vt)	ราคา	raa-khaa
Wie viel?	ราคาเทาไหร?	raa-khaa thâo rài
Rabatt (m)	ลดราคา	lót raa-khaa
preiswert	ไมแพง	mâi phaeng
billig	ถูก	thòok
teuer	แพง	phaeng
Das ist teuer	มันราคาแพง	man raa-khaa phaeng

Verleih (m)	การเช่า	gaan châo
leihen, mieten (ein Auto usw.)	เช่า	châo
Kredit (m), Darlehen (n)	สินเชื่อ	sĭn chêua
auf Kredit	ซื้อเงินเชื่อ	séu ngern chêua

80. Geld

Geld (n)	เงิน	ngern
Austausch (m)	การแลกเปลี่ยน สกุลเงิน	gaan lâek bplìan sà-gun ngern
Kurs (m)	อัตราแลกเปลี่ยน สกุลเงิน	àt-dtraa lâek bplìan sà-gun ngern
Geldautomat (m)	เอทีเอ็ม	ay-thee-em
Münze (f)	เหรียญ	rĭan

| Dollar (m) | ดอลลาร์ | dorn-lâa |
| Euro (m) | ยูโร | yoo-roh |

Lira (f)	ลีราอิตาลี	lee-raa ì-dtaa-lee
Mark (f)	มาร์ค	mâak
Franken (m)	ฟรังค์	frang
Pfund Sterling (n)	ปอนด์สเตอร์ลิง	bporn sà-dtêr-ling
Yen (m)	เยน	yayn

Schulden (pl)	หนี้	nêe
Schuldner (m)	ลูกหนี้	lôok nêe
leihen (vt)	ให้ยืม	hâi yeum
leihen, borgen (Geld usw.)	ขอยืม	khŏr yeum

Bank (f)	ธนาคาร	thá-naa-khaan
Konto (n)	บัญชี	ban-chee
einzahlen (vt)	ฝาก	fàak
auf ein Konto einzahlen	ฝากเงินเข้าบัญชี	fàak ngern khâo ban-chee
abheben (vt)	ถอน	thŏrn

Kreditkarte (f)	บัตรเครดิต	bàt khray-dìt
Bargeld (n)	เงินสด	ngern sòt
Scheck (m)	เช็ค	chék
einen Scheck schreiben	เขียนเช็ค	khĭan chék
Scheckbuch (n)	สมุดเช็ค	sà-mùt chék

Geldtasche (f)	กระเป๋าเงิน	grà-bpăo ngern
Geldbeutel (m)	กระเป๋าสตางค์	grà-bpăo sà-dtaang
Safe (m)	ตู้เซฟ	dtôo sâyf

Erbe (m)	ทายาท	thaa-yâat
Erbschaft (f)	มรดก	mor-rá-dòrk
Vermögen (n)	เงินจำนวนมาก	ngern jam-nuan mâak

Pacht (f)	สัญญาเช่า	săn-yaa châo
Miete (f)	ค่าเช่า	kâa châo
mieten (vt)	เช่า	châo
Preis (m)	ราคา	raa-khaa
Kosten (pl)	ราคา	raa-khaa

Summe (f)	จำนวนเงินรวม	jam-nuan ngern ruam
ausgeben (vt)	จ่าย	jàai
Ausgaben (pl)	ค่าจ่าย	khâa jàai
sparen (vt)	ประหยัด	bprà-yàt
sparsam	ประหยัด	bprà-yàt

zahlen (vt)	จ่าย	jàai
Lohn (m)	การจ่ายเงิน	gaan jàai ngern
Wechselgeld (n)	เงินทอน	ngern thorn

Steuer (f)	ภาษี	phaa-sĕe
Geldstrafe (f)	ค่าปรับ	khâa bpràp
bestrafen (vt)	ปรับ	bpràp

81. Post. Postdienst

Post (Postamt)	โรงไปรษณีย์	rohng bprai-sà-nee
Post (Postsendungen)	จดหมาย	jòt mǎai
Briefträger (m)	บุรุษไปรษณีย์	bù-rùt bprai-sà-nee
Öffnungszeiten (pl)	เวลาทำการ	way-laa tham gaan

Brief (m)	จดหมาย	jòt mǎai
Einschreibebrief (m)	จดหมายลงทะเบียน	jòt mǎai long thá-bian
Postkarte (f)	ไปรษณียบัตร	bprai-sà-nee-yá-bàt
Telegramm (n)	โทรเลข	thoh-rá-lâyk
Postpaket (n)	พัสดุ	phát-sà-dù
Geldanweisung (f)	การโอนเงิน	gaan ohn ngern

bekommen (vt)	รับ	ráp
abschicken (vt)	ฝาก	fàak
Absendung (f)	การฝาก	gaan fàak

Postanschrift (f)	ที่อยู่	thêe yòo
Postleitzahl (f)	รหัสไปรษณีย์	rá-hàt bprai-sà-nee
Absender (m)	ผู้ฝาก	phôo fàak
Empfänger (m)	ผู้รับ	phôo ráp

Vorname (m)	ชื่อ	chêu
Nachname (m)	นามสกุล	naam sà-gun

Tarif (m)	อัตราค่าส่งไปรษณีย์	àt-dtraa khâa sòng bprai-sà-nee
Standard- (Tarif)	มาตรฐาน	mâat-dtrà-thǎan
Spar- (-tarif)	ประหยัด	bprà-yàt

Gewicht (n)	น้ำหนัก	nám nàk
abwiegen (vt)	มีน้ำหนัก	mee nám nàk
Briefumschlag (m)	ซอง	sorng
Briefmarke (f)	แสตมป์ไปรษณีย์	sà-dtaem bprai-sà-nee
Briefmarke aufkleben	แสตมป์ตราประทับบนซอง	sà-dtaem dtraa bprà-tháp bon song

Wohnung. Haus. Zuhause

82. Haus. Wohnen

Haus (n)	บ้าน	bâan
zu Hause	ที่บ้าน	thêe bâan
Hof (m)	สนาม	sà-nǎam
Zaun (m)	รั้ว	rúa

Ziegel (m)	อิฐ	ìt
Ziegel-	อิฐ	ìt
Stein (m)	หิน	hǐn
Stein-	หิน	hǐn
Beton (m)	คอนกรีต	khorn-grèet
Beton-	คอนกรีต	khorn-grèet

neu	ใหม่	mài
alt	เก่า	gào
baufällig	เสื่อมสภาพ	sèuam sà-phâap
modern	ทันสมัย	than sà-mǎi
mehrstöckig	ที่มีหลายชั้น	thêe mee lǎai chán
hoch	สูง	sǒong

Stock (m)	ชั้น	chán
einstöckig	ชั้นเดียว	chán dieow
Erdgeschoß (n)	ชั้นล่าง	chán lâang
oberster Stock (m)	ชั้นบนสุด	chán bon sùt

Dach (n)	หลังคา	lǎng khaa
Schlot (m)	ปล่องควัน	bplòrng khwan

Dachziegel (m)	กระเบื้องหลังคา	grà-bêuang lǎng khaa
Dachziegel-	กระเบื้อง	grà-bêuang
Dachboden (m)	ห้องใต้หลังคา	hôrng dtâi lǎng-khaa

Fenster (n)	หน้าต่าง	nâa dtàang
Glas (n)	แก้ว	gâew

Fensterbrett (n)	ชั้นติดผนัง ใต้หน้าต่าง	chán dtìt phà-nǎng dtâi nâa dtàang
Fensterläden (pl)	ชัตเตอร์	chát-dtêr

Wand (f)	ฝาผนัง	fǎa phà-nǎng
Balkon (m)	ระเบียง	rá-biang
Regenfallrohr (n)	รางน้ำ	raang náam

nach oben	ชั้นบน	chán bon
hinaufgehen (vi)	ขึ้นไปข้างบน	khêun bpai khâang bon
herabsteigen (vi)	ลง	long
umziehen (vi)	ย้ายไป	yáai bpai

83. Haus. Eingang. Lift

Eingang (m)	ทางเข้า	thaang khâo
Treppe (f)	บันได	ban-dai
Stufen (pl)	ขั้นบันได	khân ban-dai
Geländer (n)	ราวบันได	raao ban-dai
Halle (f)	หองโถง	hôrng thŏhng
Briefkasten (m)	ตู้จดหมาย	dtôo jòt măai
Müllkasten (m)	ถังขยะ	thăng khà-yà
Müllschlucker (m)	ชองทิ้งขยะ	chôrng thíng khà-yà
Aufzug (m)	ลิฟต์	líf
Lastenaufzug (m)	ลิฟต์ขนของ	líf khŏn khŏrng
Aufzugkabine (f)	กูรงลิฟต์	grorng líf
Aufzug nehmen	ขึ้นลิฟต์	khêun líf
Wohnung (f)	อูพาร์ตเมนต์	a-phâat-mayn
Mieter (pl)	ผูอาศัย	phôo aa-săi
Nachbar (m)	เพื่อนบาน	phêuan bâan
Nachbarin (f)	เพื่อนบาน	phêuan bâan
Nachbarn (pl)	เพื่อนบาน	phêuan bâan

84. Haus. Türen. Schlösser

Tür (f)	ประตู	bprà-dtoo
Tor (der Villa usw.)	ประตูรั้ว	bprà-dtoo rúa
Griff (m)	ลูกบิดประตู	lôok bìt bprà-dtoo
aufschließen (vt)	ไข	khăi
öffnen (vt)	เปิด	bpèrt
schließen (vt)	ปิด	bpìt
Schlüssel (m)	ลูกกุญแจ	lôok gun-jae
Bündel (n)	พวง	phuang
knarren (vi)	ออดแอด	órt-áet
Knarren (n)	เสียงออดแอด	sĭang órt-áet
Türscharnier (n)	บานพับ	baan pháp
Fußmatte (f)	ที่เช็ดเทา	thêe chét tháo
Schloss (n)	แมกุญแจ	mâe gun-jae
Schlüsselloch (n)	รูกุญแจ	roo gun-jae
Türriegel (m)	ไมที่วางขวาง	máai thêe waang khwăang
kleiner Türriegel (m)	กลอนประตู	glorn bprà-dtoo
Vorhängeschloss (n)	ดอกกุญแจ	dòrk gun-jae
klingeln (vi)	กดออด	gòt òrt
Klingel (Laut)	เสียงดัง	sĭang dang
Türklingel (f)	กระดิ่งประตู	grà-dìng bprà-dtoo
Knopf (m)	ปุมออดหนาประตู	bpùm òrt nâa bprà-dtoo
Klopfen (n)	เสียงเคาะ	sĭang khór
anklopfen (vi)	เคาะ	khór
Code (m)	รหัส	rá-hàt
Zahlenschloss (n)	กุญแจรหัส	gun-jae rá-hàt

Sprechanlage (f)	อินเตอร์คอม	in-dtêr-khom
Nummer (f)	เลข	lâyk
Türschild (n)	ป้ายหน้าประตู	bpâai nâa bprà-dtoo
Türspion (m)	ช่องตาแมว	chôrng dtaa maew

85. Landhaus

| Dorf (n) | หมู่บ้าน | mòo bâan |
| Gemüsegarten (m) | สวนผัก | sǔan phàk |

Zaun (m)	รั้ว	rúa
Lattenzaun (m)	รั้วปักดิน	rúa bpàk din
Zauntür (f)	ประตูรั้วเล็กๆ	bprà-dtoo rúa lék lék

Speicher (m)	ยุ้งฉาง	yúng chǎang
Keller (m)	ห้องใต้ดิน	hôrng dtâi din
Schuppen (m)	โรงนา	rohng naa
Brunnen (m)	บ่อน้ำ	bòr náam

Ofen (m)	เตา	dtao
heizen (Ofen ~)	จุดไฟ	jùt fai
Holz (n)	ฟืน	feun
Holzscheit (n)	ท่อน	thôrn

Veranda (f)	เฉลียงหน้าบ้าน	chà-lǐang nâa bâan
Terrasse (f)	ระเบียง	rá-biang
Außentreppe (f)	บันไดทางเข้าบ้าน	ban-dai thaang khâo bâan
Schaukel (f)	ชิงช้า	ching cháa

86. Burg. Palast

Schloss (n)	ปราสาท	bpraa-sàat
Palast (m)	วัง	wang
Festung (f)	ป้อม	bpôrm

Mauer (f)	กำแพง	gam-phaeng
Turm (m)	หอ	hǒr
Bergfried (m)	หอกลาง	hǒr klaang

Fallgatter (n)	ประตูชักรอก	bprà-dtoo chák rôrk
Tunnel (n)	ทางใต้ดิน	taang dtâi din
Graben (m)	คูเมือง	khoo meuang

| Kette (f) | โซ่ | sôh |
| Schießscharte (f) | ช่องยิงธนู | chôrng ying thá-noo |

| großartig, prächtig | ภัทร | phát |
| majestätisch | โอ่โถง | òh thǒhng |

| unnahbar | ที่ไม่สมมารถ | thêe mâi sǎa-mâat |
| | เจาะเขาไปถึง | jòr khâo bpai thěung |

| mittelalterlich | ยุคกลาง | yúk glaang |

87. Wohnung

Wohnung (f)	อพาร์ตเมนต์	a-phâat-mayn
Zimmer (n)	ห้อง	hôrng
Schlafzimmer (n)	ห้องนอน	hôrng norn
Esszimmer (n)	ห้องรับประทานอาหาร	hôrng ráp bprà-thaan aa-hǎan
Wohnzimmer (n)	ห้องนั่งเล่น	hôrng nâng lên
Arbeitszimmer (n)	ห้องทำงาน	hôrng tham ngaan
Vorzimmer (n)	ห้องเข้า	hôrng khâo
Badezimmer (n)	ห้องน้ำ	hôrng náam
Toilette (f)	ห้องส้วม	hôrng sûam
Decke (f)	เพดาน	phay-daan
Fußboden (m)	พื้น	phéun
Ecke (f)	มุม	mum

88. Wohnung. Saubermachen

aufräumen (vt)	ทำความสะอาด	tham khwaam sà-àat
weglegen (vt)	เก็บ	gèp
Staub (m)	ฝุ่น	fùn
staubig	มีฝุ่นเยอะ	mee fùn yúh
Staub abwischen	ปัดกวาด	bpàt gwàat
Staubsauger (m)	เครื่องดูดฝุ่น	khrêuang dòot fùn
Staub saugen	ดูดฝุ่น	dòot fùn
kehren, fegen (vt)	กวาด	gwàat
Kehricht (m, n)	ฝุ่นกวาด	fùn gwàat
Ordnung (f)	ความสะอาด	khwaam sà-àat
Unordnung (f)	ความไม่เป็นระเบียบ	khwaam mâi bpen rá-bìap
Schrubber (m)	ไม้ถูพื้น	mái thǒo phéun
Lappen (m)	ผ้าเช็ดพื้น	phâa chét phéun
Besen (m)	ไม้กวาดสั้น	máai gwàat sân
Kehrichtschaufel (f)	ที่ตักผง	têe dtàk phǒng

89. Möbel. Innenausstattung

Möbel (n)	เครื่องเรือน	khrêuang reuan
Tisch (m)	โต๊ะ	dtó
Stuhl (m)	เก้าอี้	gâo-êe
Bett (n)	เตียง	dtiang
Sofa (n)	โซฟา	soh-faa
Sessel (m)	เก้าอี้เท้าแขน	gâo-êe tháo khǎen
Bücherschrank (m)	ตู้หนังสือ	dtôo nǎng-sěu
Regal (n)	ชั้นวาง	chán waang
Schrank (m)	ตู้เสื้อผ้า	dtôo sêua phâa

| Hakenleiste (f) | ที่แขวนเสื้อ | thêe khwăen sêua |
| Kleiderständer (m) | ไม้แขวนเสื้อ | mái khwăen sêua |

| Kommode (f) | ตู้ลิ้นชัก | dtôo lín chák |
| Couchtisch (m) | โต๊ะกาแฟ | dtó gaa-fae |

Spiegel (m)	กระจก	grà-jòk
Teppich (m)	พรม	phrom
Matte (kleiner Teppich)	พรมเช็ดเท้า	phrom chét tháo

Kamin (m)	เตาผิง	dtao phǐng
Kerze (f)	เทียน	thian
Kerzenleuchter (m)	เชิงเทียน	cherng thian

Vorhänge (pl)	ผ้าแขวน	phâa khwăen
Tapete (f)	วอลเปเปอร์	worn-bpay-bper
Jalousie (f)	บานเกล็ดหน้าต่าง	baan glèt nâa dtàang

Tischlampe (f)	โคมไฟตั้งโต๊ะ	khohm fai dtâng dtó
Leuchte (f)	ไฟติดผนัง	fai dtìt phà-năng
Stehlampe (f)	โคมไฟตั้งพื้น	khohm fai dtâng phéun
Kronleuchter (m)	โคมระย้า	khohm rá-yáa

Bein (Tischbein usw.)	ขา	khăa
Armlehne (f)	ที่พักแขน	thêe phák khăen
Lehne (f)	พนักพิง	phá-nák phing
Schublade (f)	ลิ้นชัก	lín chák

90. Bettwäsche

Bettwäsche (f)	ชุดผ้าปูที่นอน	chút phâa bpoo thêe norn
Kissen (n)	หมอน	mŏrn
Kissenbezug (m)	ปลอกหมอน	bplòk mŏrn
Bettdecke (f)	ผ้าห่ม	phâa phŭay
Laken (n)	ผ้าปู	phâa bpoo
Tagesdecke (f)	ผ้าคลุมเตียง	phâa khlum dtiang

91. Küche

Küche (f)	ห้องครัว	hôrng khrua
Gas (n)	แก๊ส	gáet
Gasherd (m)	เตาแก๊ส	dtao gàet
Elektroherd (m)	เตาไฟฟ้า	dtao fai-fáa
Backofen (m)	เตาอบ	dtao òp
Mikrowellenherd (m)	เตาอบไมโครเวฟ	dtao òp mai-khroh-we p

Kühlschrank (m)	ตู้เย็น	dtôo yen
Tiefkühltruhe (f)	ตู้แช่แข็ง	dtôo châe khăeng
Geschirrspülmaschine (f)	เครื่องล้างจาน	khrêuang láang jaan
Fleischwolf (m)	เครื่องบดเนื้อ	khrêuang bòt néua
Saftpresse (f)	เครื่องคั้น	khrêuang khán
	น้ำผลไม้	náam phŏn-lá-mái

Toaster (m)	เครื่องปิ้ง	khrêuang bpîng
	ขนมปัง	khà-nŏm bpang
Mixer (m)	เครื่องปั่น	khrêuang bpàn

Kaffeemaschine (f)	เครื่องชงกาแฟ	khrêuang chong gaa-fae
Kaffeekanne (f)	หม้อกาแฟ	môr gaa-fae
Kaffeemühle (f)	เครื่องบดกาแฟ	khrêuang bòt gaa-fae

Wasserkessel (m)	กาน้ำ	gaa náam
Teekanne (f)	กาน้ำชา	gaa náam chaa
Deckel (m)	ฝา	făa
Teesieb (n)	ที่กรองชา	thêe grorng chaa

Löffel (m)	ช้อน	chórn
Teelöffel (m)	ช้อนชา	chórn chaa
Esslöffel (m)	ช้อนซุป	chórn súp
Gabel (f)	สอม	sôrm
Messer (n)	มีด	mêet

Geschirr (n)	ถ้วยชาม	thûay chaam
Teller (m)	จาน	jaan
Untertasse (f)	จานรอง	jaan rorng
Schnapsglas (n)	แก้วช็อต	gâew chórt
Glas (n)	แก้ว	gâew
Tasse (f)	ถ้วย	thûay

Zuckerdose (f)	โถน้ำตาล	thŏh náam dtaan
Salzstreuer (m)	กระปุกเกลือ	grà-bpùk gleua
Pfefferstreuer (m)	กระปุกพริกไท	grà-bpùk phrík thai
Butterdose (f)	ที่ใส่เนย	thêe sài noie

Kochtopf (m)	หม้อต้ม	môr dtôm
Pfanne (f)	กระทะ	grà-thá
Schöpflöffel (m)	กระบวย	grà-buay
Durchschlag (m)	กระชอน	grà chorn
Tablett (n)	ถาด	thàat

Flasche (f)	ขวด	khùat
Glas (Einmachglas)	ขวดโหล	khùat lŏh
Dose (f)	กระป๋อง	grà-bpŏrng

Flaschenöffner (m)	ที่เปิดขวด	thêe bpèrt khùat
Dosenöffner (m)	ที่เปิดกระป๋อง	thêe bpèrt grà-bpŏrng
Korkenzieher (m)	ที่เปิดจุก	thêe bpèrt jùk
Filter (n)	ที่กรอง	thêe grorng
filtern (vt)	กรอง	grorng

| Müll (m) | ขยะ | khà-yà |
| Mülleimer, Treteimer (m) | ถังขยะ | thăng khà-yà |

92. Bad

| Badezimmer (n) | ห้องน้ำ | hôrng náam |
| Wasser (n) | น้ำ | nám |

Wasserhahn (m)	ก๊อกน้ำ	gòk náam
Warmwasser (n)	น้ำรอน	nám rórn
Kaltwasser (n)	น้ำเย็น	nám yen

Zahnpasta (f)	ยาสีฟัน	yaa sěe fan
Zähne putzen	แปรงฟัน	bpraeng fan
Zahnbürste (f)	แปรงสีฟัน	bpraeng sěe fan

sich rasieren	โกน	gohn
Rasierschaum (m)	โฟมโกนหนวด	fohm gohn nùat
Rasierer (m)	มีดโกน	mêet gohn

waschen (vt)	ล้าง	láang
sich waschen	อาบ	àap
Dusche (f)	ฝักบัว	fàk bua
sich duschen	อาบน้ำฝักบัว	àap náam fàk bua

Badewanne (f)	อ่างอาบน้ำ	àang àap náam
Klosettbecken (n)	โถชักโครก	thǒh chák khrôhk
Waschbecken (n)	อางลางหนา	àang láang-nâa

| Seife (f) | สบู่ | sà-bòo |
| Seifenschale (f) | ที่ใส่สบู่ | thêe sài sà-bòo |

Schwamm (m)	ฟองน้ำ	forng náam
Shampoo (n)	แชมพู	chaem-phoo
Handtuch (n)	ผ้าเช็ดตัว	phâa chét dtua
Bademantel (m)	เสื้อคลุมอาบน้ำ	sêua khlum àap náam

Wäsche (f)	การซักผ้า	gaan sák phâa
Waschmaschine (f)	เครื่องซักผ้า	khrêuang sák phâa
waschen (vt)	ซักผา	sák phâa
Waschpulver (n)	ผงซักฟอก	phǒng sák-fôrk

93. Haushaltsgeräte

Fernseher (m)	ทีวี	thee-wee
Tonbandgerät (n)	เครื่องบันทึกเทป	khrêuang ban-théuk thâyp
Videorekorder (m)	เครื่องบันทึกวิดีโอ	khrêuang ban-théuk wí-dee-oh

| Empfänger (m) | วิทยุ | wít-thá-yú |
| Player (m) | เครื่องเล่น | khrêuang lên |

| Videoprojektor (m) | โปรเจ็คเตอร์ | bproh-jèk-dtêr |
| Heimkino (n) | เครื่องฉายภาพยนตร์ที่บาน | khhrêuang chǎai phâap-phá yon thêe bâan |

DVD-Player (m)	เครื่องเล่น DVD	khrêuang lên dee-wee-dee
Verstärker (m)	เครื่องขยายเสียง	khrêuang khà-yǎai sǐang
Spielkonsole (f)	เครื่องเกมคอนโซล	khrêuang gaym khorn sohn

Videokamera (f)	กล้องถ่ายวิดีโอ	glôrng thàai wí-dee-oh
Kamera (f)	กล้องถายรูป	glôrng thàai rôop
Digitalkamera (f)	กล้องดิจิตอล	glôrng dì-jì-dton
Staubsauger (m)	เครื่องดูดฝุ่น	khrêuang dòot fùn

| Bügeleisen (n) | เตารีด | dtao rêet |
| Bügelbrett (n) | กระดานรองรีด | grà-daan rorng rêet |

Telefon (n)	โทรศัพท์	thoh-rá-sàp
Mobiltelefon (n)	มือถือ	meu thěu
Schreibmaschine (f)	เครื่องพิมพ์ดีด	khrêuang phim dèet
Nähmaschine (f)	จักรเย็บผ้า	jàk yép phâa

Mikrophon (n)	ไมโครโฟน	mai-khroh-fohn
Kopfhörer (m)	หูฟัง	hǒo fang
Fernbedienung (f)	รีโมตทีวี	ree môht thee wee

CD (f)	CD	see-dee
Kassette (f)	เทป	thâyp
Schallplatte (f)	จานเสียง	jaan sǐang

94. Reparaturen. Renovierung

Renovierung (f)	การซ่อมแซม	gaan sôrm saem
renovieren (vt)	ซ่อมแซม	sôrm saem
reparieren (vt)	ซ่อมแซม	sôrm saem
in Ordnung bringen	สะสาง	sà-sǎang
noch einmal machen	ทำใหม่	tham mài

Farbe (f)	สี	sěe
streichen (vt)	ทาสี	thaa sěe
Anstreicher (m)	ช่างทาสีบ้าน	châang thaa sěe bâan
Pinsel (m)	แปรงทาสี	bpraeng thaa sěe

| Kalkfarbe (f) | สารฟอกขาว | sǎan fôrk khǎao |
| weißen (vt) | ฟอกขาว | fôrk khǎao |

Tapete (f)	วอลเปเปอร์	worn-bpay-bper
tapezieren (vt)	ติดวอลเปเปอร์	dtìt wor lá-bpay-bper
Lack (z.B. Parkettlack)	น้ำมันชักเงา	náam man chák ngao
lackieren (vt)	เคลือบ	khlêuap

95. Rohrleitungen

Wasser (n)	น้ำ	nám
Warmwasser (n)	น้ำร้อน	nám rórn
Kaltwasser (n)	น้ำเย็น	nám yen
Wasserhahn (m)	ก็อกน้ำ	gòk náam

Tropfen (m)	หยด	yòt
tropfen (vi)	ตก	dtòk
durchsickern (vi)	รั่ว	rûa
Leck (n)	การรั่ว	gaan rûa
Lache (f)	หลมน้ำ	lòm nám

| Rohr (n) | ท่อ | thôr |
| Ventil (n) | วาล์ว | waao |

sich verstopfen	อุดตัน	ùt dtan
Werkzeuge (pl)	เครื่องมือ	khrêuang meu
Engländer (m)	ประแจคอม้า	bprà-jae kor máa
abdrehen (vt)	คลายเกลียวออก	khlaai glieow òrk
zudrehen (vt)	ขันให้แน่น	khǎn hâi nâen

reinigen (Rohre ~)	แก้การอุดตัน	gâe gaan ùt dtan
Klempner (m)	ช่างประปา	châang bprà-bpaa
Keller (m)	ชั้นใต้ดิน	chán dtâi din
Kanalisation (f)	ระบบทอน้ำทิ้ง	rá-bòp thôr náam thíng

96. Feuer. Brand

Feuer (n)	ไฟไหม้	fai mâi
Flamme (f)	เปลวไฟ	bpleo fai
Funke (m)	ประกายไฟ	bprà-gaai fai
Rauch (m)	ควัน	khwan
Fackel (f)	คบเพลิง	khóp phlerng
Lagerfeuer (n)	กองไฟ	gorng fai

Benzin (n)	น้ำมันเชื้อเพลิง	nám man chéua phlerng
Kerosin (n)	น้ำมันก๊าด	nám man gáat
brennbar	ติดไฟได้	dtìt fai dâai
explosiv	ที่ระเบิดได้	thêe rá-bèrt dâai
RAUCHEN VERBOTEN!	ห้ามสูบบุหรี่	hâam sòop bù rèe

Sicherheit (f)	ความปลอดภัย	khwaam bplòrt phai
Gefahr (f)	อันตราย	an-dtà-raai
gefährlich	อันตราย	an-dtà-raai

sich entflammen	ติดไฟ	dtìt fai
Explosion (f)	การระเบิด	gaan rá-bèrt
in Brand stecken	เผา	phǎo
Brandstifter (m)	ผู้ลอบวางเพลิง	phôo lôp waang phlerng
Brandstiftung (f)	การลอบวางเพลิง	gaan lôp waang phlerng

flammen (vi)	ไฟลุกโชน	fai lúk-chohn
brennen (vi)	ไหม้	mâi
verbrennen (vi)	เผาให้ราบ	phǎo hâi râap

die Feuerwehr rufen	เรียกนักดับเพลิง	rîak nák dàp phlerng
Feuerwehrmann (m)	นักดับเพลิง	nák dàp phlerng
Feuerwehrauto (n)	รถดับเพลิง	rót dàp phlerng
Feuerwehr (f)	สถานีดับเพลิง	sà-thǎa-nee dàp phlerng
Drehleiter (f)	บันไดรถดับเพลิง	ban-dai rót dàp phlerng

Feuerwehrschlauch (m)	ท่อดับเพลิง	thôr dàp phlerng
Feuerlöscher (m)	ที่ดับเพลิง	thêe dàp phlerng
Helm (m)	หมวกนิรภัย	mùak ní-rá-phai
Sirene (f)	สัญญาณเตือนภัย	sǎn-yaan dteuan phai

schreien (vi)	ร้อง	rórng
um Hilfe rufen	ขอช่วย	khǒr chûay
Retter (m)	นักกู้ภัย	nák gôo phai

retten (vt)	ช่วยชีวิต	chûay chee-wít
ankommen (vi)	มา	maa
löschen (vt)	ดับเพลิง	dàp phlerng
Wasser (n)	น้ำ	nám
Sand (m)	ทราย	saai

Trümmer (pl)	ซาก	sâak
zusammenbrechen (vi)	ถล่ม	thà-lòm
einfallen (vi)	ถล่มทลาย	thà-lòm thá-laai
einstürzen (Decke)	ถล่ม	thà-lòm

| Bruchstück (n) | ส่วนสะเก็ด | sùan sà-gèt |
| Asche (f) | ขี้เถา | khêe thâo |

| ersticken (vi) | ขาดอากาศตาย | khàat aa-gàat dtaai |
| ums Leben kommen | เสียชีวิต | sĭa chee-wít |

AKTIVITÄTEN DES MENSCHEN

Beruf. Geschäft. Teil 1

97. Bankgeschäft

Bank (f)	ธนาคาร	thá-naa-khaan
Filiale (f)	สาขา	săa-khăa
Berater (m)	พนักงาน	phá-nák ngaan
	ธนาคาร	thá-naa-khaan
Leiter (m)	ผู้จัดการ	phôo jàt gaan
Konto (n)	บัญชีธนาคาร	ban-chee thá-naa-kaan
Kontonummer (f)	หมายเลขบัญชี	măai lâyk ban-chee
Kontokorrent (n)	กระแสรายวัน	grà-săe raai wan
Sparkonto (n)	บัญชีออมทรัพย์	ban-chee orm sáp
ein Konto eröffnen	เปิดบัญชี	bpèrt ban-chee
das Konto schließen	ปิดบัญชี	bpìt ban-chee
einzahlen (vt)	ฝากเงินเข้าบัญชี	fàak ngern khâo ban-chee
abheben (vt)	ถอน	thŏrn
Einzahlung (f)	การฝาก	gaan fàak
eine Einzahlung machen	ฝาก	fàak
Überweisung (f)	การโอนเงิน	gaan ohn ngern
überweisen (vt)	โอนเงิน	ohn ngern
Summe (f)	จำนวนเงินรวม	jam-nuan ngern ruam
Wieviel?	เท่าไหร่?	thâo rài
Unterschrift (f)	ลายมือชื่อ	laai meu chêu
unterschreiben (vt)	ลงนาม	long naam
Kreditkarte (f)	บัตรเครดิต	bàt khray-dìt
Code (m)	รหัส	rá-hàt
Kreditkartennummer (f)	หมายเลขบัตรเครดิต	măai lâyk bàt khray-dìt
Geldautomat (m)	เอทีเอ็ม	ay-thee-em
Scheck (m)	เช็ค	chék
einen Scheck schreiben	เขียนเช็ค	khĭan chék
Scheckbuch (n)	สมุดเช็ค	sà-mùt chék
Darlehen (m)	เงินกู้	ngern gôo
ein Darlehen beantragen	ขอสินเชื่อ	khŏr sĭn chêua
ein Darlehen aufnehmen	กู้เงิน	gôo ngern
ein Darlehen geben	ให้กู้เงิน	hâi gôo ngern
Sicherheit (f)	การรับประกัน	gaan ráp bprà-gan

98. Telefon. Telefongespräche

Telefon (n)	โทรศัพท์	thoh-rá-sàp
Mobiltelefon (n)	มือถือ	meu thěu
Anrufbeantworter (m)	เครื่องพูดตอบ	khrêuang phôot dtòp

anrufen (vt)	โทรศัพท์	thoh-rá-sàp
Anruf (m)	การโทรศัพท์	gaan thoh-rá-sàp

eine Nummer wählen	หมุนหมายเลขโทรศัพท์	mǔn mǎai lâyk thoh-rá-sàp
Hallo!	สวัสดี!	sà-wàt-dee
fragen (vt)	ถาม	thǎam
antworten (vi)	รับสาย	ráp sǎai

hören (vt)	ได้ยิน	dâai yin
gut (~ aussehen)	ดี	dee
schlecht (Adv)	ไม่ดี	mâi dee
Störungen (pl)	เสียงรบกวน	sǐang róp guan

Hörer (m)	ตัวรับสัญญาณ	dtua ráp sǎn-yaan
den Hörer abnehmen	รับสาย	ráp sǎai
auflegen (den Hörer ~)	วางสาย	waang sǎai

besetzt	ไม่ว่าง	mâi wâang
läuten (vi)	ดัง	dang
Telefonbuch (n)	สมุดโทรศัพท์	sà-mùt thoh-rá-sàp

Orts-	ในประเทศ	nai bprà-thâyt
Ortsgespräch (n)	โทรในประเทศ	thoh nai bprà-thâyt
Auslands-	ตางประเทศ	dtàang bprà-thâyt
Auslandsgespräch (n)	โทรตางประเทศ	thoh dtàang bprà-thâyt
Fern-	ระยะไกล	rá-yá glai
Ferngespräch (n)	โทรระยะไกล	thoh-rá-yá glai

99. Mobiltelefon

Mobiltelefon (n)	มือถือ	meu thěu
Display (n)	หน้าจอ	nâa jor
Knopf (m)	ปุ่ม	bpùm
SIM-Karte (f)	ซิมการ์ด	sím gàat

Batterie (f)	แบตเตอรี่	bàet-dter-rêe
leer sein (Batterie)	หมด	mòt
Ladegerät (n)	ที่ชาร์จ	thêe châat

Menü (n)	เมนู	may-noo
Einstellungen (pl)	การตั้งค่า	gaan dtâng khâa
Melodie (f)	เสียงเพลง	sǐang phlayng
auswählen (vt)	เลือก	lêuak

Rechner (m)	เครื่องคิดเลข	khrêuang khít lâyk
Anrufbeantworter (m)	ขอความเสียง	khôr khwaam sǐang
Wecker (m)	นาฬิกาปลุก	naa-lí-gaa bplùk

Kontakte (pl)	รายชื่อผู้ติดต่อ	raai chêu phôo dtìt dtòr
SMS-Nachricht (f)	ŞMS	es-e-mes
Teilnehmer (m)	ผู้สมัครรับบริการ	phôo sà-màk ráp bor-rí-gaan

100. Bürobedarf

| Kugelschreiber (m) | ปากกาลูกลื่น | bpàak gaa lôok lêun |
| Federhalter (m) | ปากกาหมึกซึม | bpàak gaa mèuk seum |

Bleistift (m)	ดินสอ	din-sŏr
Faserschreiber (m)	ปากกาเน้น	bpàak gaa náyn
Filzstift (m)	ปากกาเมจิค	bpàak gaa may jìk

| Notizblock (m) | สมุดจด | sà-mùt jòt |
| Terminkalender (m) | สมุดบันทึกรายวัน | sà-mùt ban-théuk raai wan |

Lineal (n)	ไม้บรรทัด	máai ban-thát
Rechner (m)	เครื่องคิดเลข	khrêuang khít lâyk
Radiergummi (m)	ยางลบ	yaang lóp
Reißzwecke (f)	เป๊ก	bpáyk
Heftklammer (f)	ลวดหนีบกระดาษ	lûat nèep grà-dàat

Klebstoff (m)	กาว	gaao
Hefter (m)	ที่เย็บกระดาษ	thêe yép grà-dàat
Locher (m)	ที่เจาะรูกระดาษ	thêe jòr roo grà-dàat
Bleistiftspitzer (m)	ที่เหลาดินสอ	thêe lăo din-sŏr

Arbeit. Geschäft. Teil 2

101. Massenmedien

Zeitung (f)	หนังสือพิมพ์	năng-sĕu phim
Zeitschrift (f)	นิตยสาร	nít-dtà-yá-săan
Presse (f)	สื่อสิ่งพิมพ์	sèu sìng phim
Rundfunk (m)	วิทยุ	wít-thá-yú
Rundfunkstation (f)	สถานีวิทยุ	sà-thăa-nee wít-thá-yú
Fernsehen (n)	โทรทัศน์	thoh-rá-thát
Moderator (m)	ผู้ประกาศข่าว	phôo bprà-gàat khàao
Sprecher (m)	ผู้ประกาศข่าว	phôo bprà-gàat khàao
Kommentator (m)	ผู้อธิบาย	phôo à-thí-baai
Journalist (m)	นักข่าว	nák khàao
Korrespondent (m)	ผู้รายงานข่าว	phôo raai ngaan khàao
Bildberichterstatter (m)	ช่างภาพ หนังสือพิมพ์	châang phâap năng-sĕu phim
Reporter (m)	ผู้รายงาน	phôo raai ngaan
Redakteur (m)	บรรณาธิการ	ban-naa-thí-gaan
Chefredakteur (m)	หัวหน้าบรรณาธิการ	hŭa nâa ban-naa-thí-gaan
abonnieren (vt)	รับ	ráp
Abonnement (n)	การรับ	gaan ráp
Abonnent (m)	ผู้รับ	phôo ráp
lesen (vi, vt)	อ่าน	àan
Leser (m)	ผู้อ่าน	phôo àan
Auflage (f)	การเผยแพร่	gaan phŏie-phrâe
monatlich (Adj)	รายเดือน	raai deuan
wöchentlich (Adj)	รายสัปดาห์	raai sàp-daa
Ausgabe (Zeitschrift)	ฉบับ	chà-bàp
neueste (~ Ausgabe)	ใหม่	mài
Titel (m)	ข่าวพาดหัว	khàao phâat hŭa
Notiz (f)	บทความสั้นๆ	bòt khwaam sân sân
Rubrik (f)	คอลัมน์	khor lam
Artikel (m)	บทความ	bòt khwaam
Seite (f)	หน้า	nâa
Reportage (f)	การรายงานข่าว	gaan raai ngaan khàao
Ereignis (n)	เหตุการณ์	hàyt gaan
Sensation (f)	ข่าวดัง	khàao dang
Skandal (m)	เรื่องอื้อฉาว	rêuang êu chăao
skandalös	อื้อฉาว	êu chăao
groß (-er Skandal)	ใหญ่	yài
Sendung (f)	รายการ	raai gaan
Interview (n)	การสัมภาษณ์	gaan săm-phâat

Live-Übertragung (f)   ถ่ายทอดสด   thàai thôrt sòt
Kanal (m)   ช่อง   chôrng

102. Landwirtschaft

Landwirtschaft (f)	เกษตรกรรม	gà-sàyt-dtra -gam
Bauer (m)	ชาวนาผู้ชาย	chaao naa phôo chaai
Bäuerin (f)	ชาวนาผู้หญิง	chaao naa phôo yïng
Farmer (m)	ชาวนา	chaao naa
Traktor (m)	รถแทร็คเตอร์	rót tráek-dtêr
Mähdrescher (m)	เครื่องเก็บเกี่ยว	khrêuang gèp gìeow
Pflug (m)	คันไถ	khan thăi
pflügen (vt)	ไถ	thăi
Acker (m)	ที่ดินที่ไถพรวน	thêe din thêe thăi phruan
Furche (f)	ร่องดิน	rôrng din
säen (vt)	หว่าน	wàan
Sämaschine (f)	เครื่องหว่านเมล็ด	khrêuang wàan má-lét
Saat (f)	การหว่าน	gaan wàan
Sense (f)	เคียว	khieow
mähen (vt)	ถาง	thăang
Schaufel (f)	พลั่ว	phlûa
graben (vt)	ขุด	khùt
Hacke (f)	จอบ	jòrp
jäten (vt)	ถาก	thàak
Unkraut (n)	วัชพืช	wát-chá-phêut
Gießkanne (f)	กระป๋องรดน้ำ	grà-bpŏrng rót náam
gießen (vt)	รดน้ำ	rót náam
Bewässerung (f)	การรดน้ำ	gaan rót nám
Heugabel (f)	ส้อมเสียบ	sôrm sìap
Rechen (m)	คราด	khrâat
Dünger (m)	ปุ๋ย	bpŭi
düngen (vt)	ใส่ปุ๋ย	sài bpŭi
Mist (m)	ปุ๋ยคอก	bpŭi khôrk
Feld (n)	ทุ่งนา	thûng naa
Wiese (f)	ทุ่งหญ้า	thûng yâa
Gemüsegarten (m)	สวนผัก	sŭan phàk
Obstgarten (m)	สวนผลไม้	sŭan phŏn-lá-máai
weiden (vt)	เล็มหญ้า	lem yâa
Hirt (m)	คนเลี้ยงสัตว์	khon líang sàt
Weide (f)	ทุ่งเลี้ยงสัตว์	thûng líang sàt
Viehzucht (f)	การขยายพันธุ์สัตว์	gaan khà-yăai phan sàt
Schafzucht (f)	การขยายพันธุ์แกะ	gaan khà-yăai phan gàe

Plantage (f)	ที่เพาะปลูก	thêe phór bplòok
Beet (n)	แถว	thăe
Treibhaus (n)	เรือนกระจกร้อน	reuan grà-jòk rón

| Dürre (f) | ภัยแล้ง | phai láeng |
| dürr, trocken | แลง | láeng |

Getreide (n)	ธัญพืช	than-yá-phêut
Getreidepflanzen (pl)	ผลผลิตธัญพืช	phŏn phà-lìt than-yá-phêut
ernten (vt)	เก็บเกี่ยว	gèp gìeow

Müller (m)	เจ้าของโรงโม่	jâo khŏrng rohng môh
Mühle (f)	โรงสี	rohng sĕe
mahlen (vt)	โม่	môh
Mehl (n)	แป้ง	bpâeng
Stroh (n)	ฟาง	faang

103. Gebäude. Bauabwicklung

Baustelle (f)	สถานที่ก่อสร้าง	sà-thăan thêe gòr sâang
bauen (vt)	สราง	sâang
Bauarbeiter (m)	คนงานก่อสร้าง	khon ngaan gòr sâang

Projekt (n)	โครงการ	khrohng gaan
Architekt (m)	สถาปนิก	sà-thăa-bpà-ník
Arbeiter (m)	คนงาน	khon ngaan

Fundament (n)	รากฐาน	râak thăan
Dach (n)	หลังคา	lăng khaa
Pfahl (m)	เสาเข็ม	săo khĕm
Wand (f)	กำแพง	gam-phaeng

| Bewehrungsstahl (m) | เหล็กเส้นเสริมแรง | lèk sên sĕrm raeng |
| Gerüst (n) | นั่งราน | nâng ráan |

Beton (m)	คอนกรีต	khorn-grèet
Granit (m)	หินแกรนิต	hĭn grae-nít
Stein (m)	หิน	hĭn
Ziegel (m)	อิฐ	ìt

Sand (m)	ทราย	saai
Zement (m)	ปูนซีเมนต์	bpoon see-mayn
Putz (m)	พลาสเตอร์	phláat-dtêr
verputzen (vt)	ฉาบ	chàap

Farbe (f)	สี	sĕe
färben (vt)	ทาสี	thaa sĕe
Fass (n), Tonne (f)	ถัง	thăng

Kran (m)	ปั้นจั่น	bpân jàn
aufheben (vt)	ยก	yók
herunterlassen (vt)	ลด	lót
Planierraupe (f)	รถดันดิน	rót dan din
Bagger (m)	รถขุด	rót khùt

Baggerschaufel (f)	ช้อนขุด	chórn khùt
graben (vt)	ขุด	khùt
Schutzhelm (m)	หมวกนิรภัย	mùak ní-rá-phai

Berufe und Tätigkeiten

104. Arbeitsuche. Kündigung

Arbeit (f), Stelle (f)	งาน	ngaan
Belegschaft (f)	พนักงาน	phá-nák ngaan
Personal (n)	พนักงาน	phá-nák ngaan
Karriere (f)	อาชีพ	aa-chêep
Perspektive (f)	โอกาส	oh-gàat
Können (n)	ทักษะ	thák-sà
Auswahl (f)	การคัดเลือก	gaan khát lêuak
Personalagentur (f)	สำนักงาน	sǎm-nák ngaan
	จัดหางาน	jàt hǎa ngaan
Lebenslauf (m)	ประวัติย่อ	bprà-wàt yôr
Vorstellungsgespräch (n)	สัมภาษณ์งาน	sǎm-phâat ngaan
Vakanz (f)	ตำแหน่งว่าง	dtam-nàeng wâang
Gehalt (n)	เงินเดือน	ngern deuan
festes Gehalt (n)	เงินเดือน	ngern deuan
Arbeitslohn (m)	ค่าแรง	khâa raeng
Stellung (f)	ตำแหน่ง	dtam-nàeng
Pflicht (f)	หน้าที่	nâa thêe
Aufgabenspektrum (n)	หน้าที่	nâa thêe
beschäftigt	ไม่ว่าง	mâi wâang
kündigen (vt)	ไล่ออก	lâi òrk
Kündigung (f)	การไล่ออก	gaan lâi òrk
Arbeitslosigkeit (f)	การว่างงาน	gaan wâang ngaan
Arbeitslose (m)	คนว่างงาน	khon wâang ngaan
Rente (f), Ruhestand (m)	การเกษียณอายุ	gaan gà-sǐan aa-yú
in Rente gehen	เกษียณ	gà-sǐan

105. Geschäftsleute

Direktor (m)	ผู้อำนวยการ	phôo am-nuay gaan
Leiter (m)	ผู้จัดการ	phôo jàt gaan
Boss (m)	หัวหน้า	hǔa-nâa
Vorgesetzte (m)	ผู้บังคับบัญชา	phôo bang-kháp ban-chaa
Vorgesetzten (pl)	คณะผู้บังคับ	khá-ná phôo bang-kháp
	บัญชา	ban-chaa
Präsident (m)	ประธานาธิปดี	bprà-thaa-naa-thí-bor-dee
Vorsitzende (m)	ประธาน	bprà-thaan
Stellvertreter (m)	รอง	rorng

Helfer (m)	ผู้ช่วย	phôo chûay
Sekretär (m)	เลขา	lay-khǎa
Privatsekretär (m)	ผู้ช่วยส่วนบุคคล	phôo chûay sùan bùk-khon

Geschäftsmann (m)	นักธุรกิจ	nák thú-rá-gìt
Unternehmer (m)	ผู้ประกอบการ	phôo bprà-gòp gaan

Gründer (m)	ผู้ก่อตั้ง	phôo gòr dtâng
gründen (vt)	ก่อตั้ง	gòr dtâng

Gründungsmitglied (n)	ผู้ก่อตั้ง	phôo gòr dtâng
Partner (m)	หุ้นส่วน	hûn sùan
Aktionär (m)	ผู้ถือหุ้น	phôo thěu hûn

Millionär (m)	เศรษฐีเงินล้าน	sàyt-thěe ngern láan
Milliardär (m)	มหาเศรษฐี	má-hǎa sàyt-thěe

Besitzer (m)	เจ้าของ	jâo khǒrng
Landbesitzer (m)	เจ้าของที่ดิน	jâo khǒrng thêe din

Kunde (m)	ลูกค้า	lôok kháa
Stammkunde (m)	ลูกค้าประจำ	lôok kháa bprà-jam

Käufer (m)	ลูกค้า	lôok kháa
Besucher (m)	ผู้เข้าร่วม	phôo khâo rûam

Fachmann (m)	ผู้เป็นมืออาชีพ	phôo bpen meu aa-chêep
Experte (m)	ผู้เชี่ยวชาญ	phôo chîeow-chaan
Spezialist (m)	ผู้ชำนาญ	phôo cham-naan
	เฉพาะทาง	chà-phó thaang

Bankier (m)	พนักงาน	phá-nák ngaan
	ธนาคาร	thá-naa-khaan
Makler (m)	นายหน้า	naai nâa

Kassierer (m)	แคชเชียร์	khâet chia
Buchhalter (m)	นักบัญชี	nák ban-chee
Wächter (m)	ยาม	yaam

Investor (m)	ผู้ลงทุน	phôo long thun
Schuldner (m)	ลูกหนี้	lôok nêe

Gläubiger (m)	เจ้าหนี้	jâo nêe
Kreditnehmer (m)	ผู้ยืม	phôo yeum

Importeur (m)	ผู้นำเข้า	phôo nam khâo
Exporteur (m)	ผู้ส่งออก	phôo sòng òrk

Hersteller (m)	ผู้ผลิต	phôo phà-lìt
Distributor (m)	ผู้จัดจำหน่าย	phôo jàt jam-nàai
Vermittler (m)	คนกลาง	khon glaang

Berater (m)	ที่ปรึกษา	thêe bprèuk-sǎa
Vertreter (m)	พนักงานขาย	phá-nák ngaan khǎai
Agent (m)	ตัวแทน	dtua thaen
Versicherungsagent (m)	ตัวแทนประกัน	dtua thaen bprà-gan

106. Dienstleistungsberufe

Koch (m)	คนครัว	khon khrua
Chefkoch (m)	กุก	gúk
Bäcker (m)	ช่างอบขนมปัง	châang òp khà-nŏm bpang
Barmixer (m)	บาร์เทนเดอร์	baa-thayn-dêr
Kellner (m)	พนักงานเสิร์ฟชาย	phá-nák ngaan sèrf chaai
Kellnerin (f)	พนักงานเสิร์ฟหญิง	phá-nák ngaan sèrf yĭng
Rechtsanwalt (m)	ทนายความ	thá-naai khwaam
Jurist (m)	นักกฎหมาย	nák gòt măai
Notar (m)	พนักงานจดทะเบียน	phá-nák ngaan jòt thá-bian
Elektriker (m)	ช่างไฟฟ้า	châang fai-fáa
Klempner (m)	ช่างประปา	châang bprà-bpaa
Zimmermann (m)	ช่างไม้	châang máai
Masseur (m)	หมอนวดชาย	mŏr nûat chaai
Masseurin (f)	หมอนวดหญิง	mŏr nûat yĭng
Arzt (m)	แพทย์	phâet
Taxifahrer (m)	คนขับแท็กซี่	khon khàp tháek-sêe
Fahrer (m)	คนขับ	khon khàp
Ausfahrer (m)	คนส่งของ	khon sòng khŏrng
Zimmermädchen (n)	แม่บ้าน	mâe bâan
Wächter (m)	ยาม	yaam
Flugbegleiterin (f)	พนักงานต้อนรับ บนเครื่องบิน	phá-nák ngaan dtôrn ráp bon khrêuang bin
Lehrer (m)	อาจารย์	aa-jaan
Bibliothekar (m)	บรรณารักษ์	ban-naa-rák
Übersetzer (m)	นักแปล	nák bplae
Dolmetscher (m)	ล่าม	lâam
Fremdenführer (m)	มัคคุเทศก์	mák-khú-thâyt
Friseur (m)	ช่างทำผม	châang tham phŏm
Briefträger (m)	บุรุษไปรษณีย์	bù-rùt bprai-sà-nee
Verkäufer (m)	คนขายของ	khon khăai khŏrng
Gärtner (m)	ชาวสวน	chaao sŭan
Diener (m)	คนใช้	khon chái
Magd (f)	สาวใช้	săao chái
Putzfrau (f)	คนทำความสะอาด	khon tham khwaam sà-àat

107. Militärdienst und Ränge

einfacher Soldat (m)	พลทหาร	phon-thá-hăan
Feldwebel (m)	สิบเอก	sìp àyk
Leutnant (m)	ร้อยโท	rói thoh
Hauptmann (m)	ร้อยเอก	rói àyk
Major (m)	พลตรี	phon-dtree

Oberst (m)	พันเอก	phan àyk
General (m)	นายพล	naai phon
Marschall (m)	จอมพล	jorm phon
Admiral (m)	พลเรือเอก	phon reua àyk

Militärperson (f)	ทางทหาร	thaang thá-hăan
Soldat (m)	ทหาร	thá-hăan
Offizier (m)	นายทหาร	naai thá-hăan
Kommandeur (m)	ผู้บัญชาการ	phôo ban-chaa gaan

Grenzsoldat (m)	ยามเฝ้าชายแดน	yaam fâo chaai daen
Funker (m)	พลวิทยุ	phon wít-thá-yú
Aufklärer (m)	ทหารพราน	thá-hăan phraan
Pionier (m)	ทหารช่าง	thá-hăan châang
Schütze (m)	พลแม่นปืน	phon mâen bpeun
Steuermann (m)	ตนหน	dtôn hŏn

108. Beamte. Priester

| König (m) | กษัตริย์ | gà-sàt |
| Königin (f) | ราชินี | raa-chí-nee |

| Prinz (m) | เจ้าชาย | jâo chaai |
| Prinzessin (f) | เจาหญิง | jâo yĭng |

| Zar (m) | ซาร์ | saa |
| Zarin (f) | ซารีนา | saa-ree-naa |

Präsident (m)	ประธานาธิบดี	bprà-thaa-naa-thí-bor-dee
Minister (m)	รัฐมนตรี	rát-thà-mon-dtree
Ministerpräsident (m)	นายกรัฐมนตรี	naa-yók rát-thà-mon-dtree
Senator (m)	สมาชิกวุฒิสภา	sà-maa-chík wút-thí sà-phaa

Diplomat (m)	นักการทูต	nák gaan thôot
Konsul (m)	กงสุล	gong-sŭn
Botschafter (m)	เอกอัครราชทูต	àyk-gà-àk-krá-râat-chá-tôot
Ratgeber (m)	เจาหน้าที่การทูต	jâo nâa-thêe gaan thôot

Beamte (m)	ข้าราชการ	khâa râat-chá-gaan
Präfekt (m)	เจาหน้าที่	jâo nâa-thêe
Bürgermeister (m)	นายกเทศมนตรี	naa-yók thâyt-sà-mon-dtree

| Richter (m) | ผู้พิพากษา | phôo phí-phâak-săa |
| Staatsanwalt (m) | อัยการ | ai-yá-gaan |

| Missionar (m) | ผู้สอนศาสนา | phôo sŏrn sàat-sà-năa |
| Mönch (m) | พระ | phrá |

| Abt (m) | เจาอาวาส | jâo aa-wâat |
| Rabbiner (m) | พระในศาสนายิว | phrá nai sàat-sà-năa yiw |

Wesir (m)	วีซีร์	wee see
Schah (n)	กษัตริย์อิหร่าน	gà-sàt i-ràan
Scheich (m)	หัวหน้าเผาอาหรับ	hŭa nâa phào aa-ràp

109. Landwirtschaftliche Berufe

Bienenzüchter (m)	คนเลี้ยงผึ้ง	khon líang phêung
Hirt (m)	คนเลี้ยงปศุสัตว์	khon líang bpà-sù-sàt
Agronom (m)	นักปฐพีวิทยา	nák bpà-tà-phee wít-thá-yaa
Viehzüchter (m)	ผู้ขยายพันธุ์สัตว์	phôo khà-yǎai phan sàt
Tierarzt (m)	สัตวแพทย์	sàt phâet

Farmer (m)	ชาวนา	chaao naa
Winzer (m)	ผู้ผลิตไวน์	phôo phà-lìt wai
Zoologe (m)	นักสัตววิทยา	nák sàt wít-thá-yaa
Cowboy (m)	โคบาล	khoh-baan

110. Künstler

Schauspieler (m)	นักแสดงชาย	nák sà-daeng chaai
Schauspielerin (f)	นักแสดงหญิง	nák sà-daeng yǐng

Sänger (m)	นักร้องชาย	nák rórng chaai
Sängerin (f)	นักร้องหญิง	nák rórng yǐng

Tänzer (m)	นักเต้นชาย	nák dtên chaai
Tänzerin (f)	นักเต้นหญิง	nák dtên yǐng

Künstler (m)	นักแสดงชาย	nák sà-daeng chaai
Künstlerin (f)	นักแสดงหญิง	nák sà-daeng yǐng
Musiker (m)	นักดนตรี	nák don-dtree
Pianist (m)	นักเปียโน	nák bpia noh
Gitarrist (m)	ผู้เลนกีตาร์	phôo lên gee-dtâa

Dirigent (m)	ผู้ควบคุม วงดนตรี	phôo khûap khum wong don-dtree
Komponist (m)	นักแต่งเพลง	nák dtàeng phlayng
Manager (m)	ผู้ควบคุม การแสดง	phôo khûap khum gaan sà-daeng

Regisseur (m)	ผู้กำกับ ภาพยนตร์	phôo gam-gàp phâap-phá-yon
Produzent (m)	ผู้อำนวยการสร้าง	phôo am-nuay gaan sâang
Drehbuchautor (m)	คนเขียนบท ภาพยนตร์	khon khǐan bòt phâap-phá-yon
Kritiker (m)	นักวิจารณ์	nák wí-jaan

Schriftsteller (m)	นักเขียน	nák khǐan
Dichter (m)	นักกวี	nák gà-wee
Bildhauer (m)	ช่างสลัก	châang sà-làk
Maler (m)	ช่างวาดรูป	châang wâat rôop

Jongleur (m)	นักมายากล โยนของ	nák maa-yaa gon yohn khǒrng
Clown (m)	ตัวตลก	dtua dtà-lòk
Akrobat (m)	นักกายกรรม	nák gaai-yá-gam
Zauberkünstler (m)	นักเลนกล	nák lên gon

111. Verschiedene Berufe

Arzt (m)	แพทย์	phâet
Krankenschwester (f)	พยาบาล	phá-yaa-baan
Psychiater (m)	จิตแพทย์	jìt-dtà-phâet
Zahnarzt (m)	ทันตแพทย์	than-dtà phâet
Chirurg (m)	ศัลยแพทย์	săn-yá-phâet
Astronaut (m)	นักบินอวกาศ	nák bin a-wá-gàat
Astronom (m)	นักดาราศาสตร์	nák daa-raa sàat
Pilot (m)	นักบิน	nák bin
Fahrer (Taxi-)	คนขับ	khon khàp
Lokomotivführer (m)	คุนขับรถไฟ	khon khàp rót fai
Mechaniker (m)	ช่างเครื่อง	châang khrêuang
Bergarbeiter (m)	คนงานเหมือง	khon ngaan mĕuang
Arbeiter (m)	คุนงาน	khon ngaan
Schlosser (m)	ช่างโลหะ	châang loh-hà
Tischler (m)	ช่างไม้	châang máai
Dreher (m)	ช่างกลึง	châang gleung
Bauarbeiter (m)	คุนงานก่อสร้าง	khon ngaan gòr sâang
Schweißer (m)	ช่างเชื่อม	châang chêuam
Professor (m)	ศาสตราจารย์	sàat-sà-dtraa-jaan
Architekt (m)	สถาปนิก	sà-thăa-bpà-ník
Historiker (m)	นักประวัติศาสตร์	nák bprà-wàt sàat
Wissenschaftler (m)	นักวิทยาศาสตร	nák wít-thá-yaa sàat
Physiker (m)	นักฟิสิกส	nák fí-sìk
Chemiker (m)	นักเคมี	nák khay-mee
Archäologe (m)	นักโบราณคดี	nák boh-raan-ná-khá-dee
Geologe (m)	นักธรณีวิทยา	nák thor-rá-nee wít-thá-yaa
Forscher (m)	ผู้วิจัย	phôo wí-jai
Kinderfrau (f)	พี่เลี้ยงเด็ก	phêe líang dèk
Lehrer (m)	อาจารย	aa-jaan
Redakteur (m)	บรรณาธิการ	ban-naa-thí-gaan
Chefredakteur (m)	หัวหน้าบรรณาธิการ	hŭa nâa ban-naa-thí-gaan
Korrespondent (m)	ผู้สื่อขาว	phôo sèu khàao
Schreibkraft (f)	พนักงานพิมพ์ดีด	phá-nák ngaan phim dèt
Designer (m)	นักออกแบบ	nák òrk bàep
Computerspezialist (m)	ผู้เชี่ยวชาญด้านคอมพิวเตอร์	pôo chîeow-chaan dâan khorm-piw-dtêr
Programmierer (m)	นักเขียนโปรแกรม	nák khĭan bproh-graem
Ingenieur (m)	วิศวกร	wít-sà-wá-gon
Seemann (m)	กะลาสี	gà-laa-sĕe
Matrose (m)	คนเรือ	khon reua
Retter (m)	นักกู้ภัย	nák gôo phai
Feuerwehrmann (m)	เจ้าหน้าที่ดับเพลิง	jâo nâa-thêe dàp phlerng
Polizist (m)	เจ้าหน้าที่ตำรวจ	jâo nâa-thêe dtam-rùat

| Nachtwächter (m) | คนยาม | khon yaam |
| Detektiv (m) | นักสืบ | nák sèup |

Zollbeamter (m)	เจ้วหน้าที่ศุลกากร	jâo nâa-thêe sǔn-lá-gaa-gon
Leibwächter (m)	ผู้คุมกัน	phôo khúm gan
Gefängniswärter (m)	ผู้คุม	phôo khum
Inspektor (m)	ผูตรวจการ	phôo dtrùat gaan

Sportler (m)	นักกีฬา	nák gee-laa
Trainer (m)	โค้ช	khóht
Fleischer (m)	คนขายเนื้อ	khon khǎai néua
Schuster (m)	คนซ่อมรองเท้า	khon sôrm rorng tháo
Geschäftsmann (m)	คนคา	khon kháa
Ladearbeiter (m)	คนงานยกของ	khon ngaan yók khǒrng

| Modedesigner (m) | นักออกแบบแฟชั่น | nák òrk bàep fae-chân |
| Modell (n) | นางแบบ | naang bàep |

112. Beschäftigung. Sozialstatus

| Schüler (m) | นักเรียน | nák rian |
| Student (m) | นักศึกษา | nák sèuk-sǎa |

Philosoph (m)	นักปราชญ์	nák bpràat
Ökonom (m)	นักเศรษฐศาสตร์	nák sàyt-thà-sàat
Erfinder (m)	นักประดิษฐ์	nák bprà-dìt

Arbeitslose (m)	คนว่างงาน	khon wâang ngaan
Rentner (m)	ผู้เกษียณอายุ	phôo gà-sǐan aa-yú
Spion (m)	สายลับ	sǎai láp

Gefangene (m)	นักโทษ	nák thôht
Streikender (m)	คนนัดหยุดงาน	kon nát yùt ngaan
Bürokrat (m)	อำมาตย	am-màat
Reisende (m)	นักเดินทาง	nák dern-thaang

Homosexuelle (m)	ผู้รักเพศเดียวกัน	phôo rák phâyt dieow gan
Hacker (m)	แฮ็กเกอร์	háek-gêr
Hippie (m)	ฮิปปี้	híp-bpêe

Bandit (m)	โจร	john
Killer (m)	นักฆ่า	nák khâa
Drogenabhängiger (m)	ผู้ติดยาเสพติด	phôo dtìt yaa-sàyp-dtìt
Drogenhändler (m)	ผู้คายาเสพติด	phôo kháa yaa-sàyp-dtìt

| Prostituierte (f) | โสเภณี | sǒh-phay-nee |
| Zuhälter (m) | แมงดา | maeng-daa |

Zauberer (m)	พ่อมด	phôr mót
Zauberin (f)	แมมด	mâe mót
Seeräuber (m)	โจรสลัด	john sà-làt
Sklave (m)	ทาส	thâat
Samurai (m)	ซามูไร	saa-moo-rai
Wilde (m)	คนป่าเถื่อน	khon bpàa thèuan

Sport

113. Sportarten. Persönlichkeiten des Sports

| Sportler (m) | นักกีฬา | nák gee-laa |
| Sportart (f) | ประเภทกีฬา | bprà-phâyt gee-laa |

| Basketball (m) | บาสเก็ตบอล | bàat-gèt-bon |
| Basketballspieler (m) | ผู้เลนบาสเก็ตบอล | phôo lâyn bàat-gèt-bon |

| Baseball (m, n) | เบสบอล | bàyt-bon |
| Baseballspieler (m) | ผู้เลนเบสบอล | phôo lâyn bàyt bon |

Fußball (m)	ฟุตบอล	fút bon
Fußballspieler (m)	นักฟุตบอล	nák fút-bon
Torwart (m)	ผู้รักษาประตู	phôo rák-sǎa bprà-dtoo

| Eishockey (n) | ฮอกกี้ | hôk-gêe |
| Eishockeyspieler (m) | ผู้เลนฮอกกี้ | phôo lâyn hôk-gêe |

| Volleyball (m) | วอลเลย์บอล | won-lây-bon |
| Volleyballspieler (m) | ผู้เลนวอลเลย์บอล | phôo lâyn won-lây-bon |

| Boxen (n) | การชกมวย | gaan chók muay |
| Boxer (m) | นักมวย | nák muay |

| Ringen (n) | การมวยปล้ำ | gaan muay bplâm |
| Ringkämpfer (m) | นักมวยปล้ำ | nák muay bplâm |

| Karate (n) | คาราเต้ | khaa-raa-dtây |
| Karatekämpfer (m) | นักคาราเต้ | nák khaa-raa-dtây |

| Judo (n) | ยูโด | yoo-doh |
| Judoka (m) | นักยูโด | nák yoo-doh |

| Tennis (n) | เทนนิส | then-nít |
| Tennisspieler (m) | นักเทนนิส | nák then-nít |

| Schwimmen (n) | กีฬาว่ายน้ำ | gee-laa wâai náam |
| Schwimmer (m) | นักวายน้ำ | nák wâai náam |

| Fechten (n) | กีฬาฟันดาบ | gee-laa fan dàap |
| Fechter (m) | นักฟันดาบ | nák fan dàap |

| Schach (n) | หมากรุก | màak rúk |
| Schachspieler (m) | ผู้เลนหมากรุก | phôo lên màak rúk |

Bergsteigen (n)	การปีนเขา	gaan bpeen khǎo
Bergsteiger (m)	นักปีนเขา	nák bpeen khǎo
Lauf (m)	การวิ่ง	gaan wîng

Läufer (m)	นักวิ่ง	nák wîng
Leichtathletik (f)	กรีฑา	gree thaa
Athlet (m)	นักกรีฑา	nák gree thaa

| Pferdesport (m) | กีฬาขี่ม้า | gee-laa khèe máa |
| Reiter (m) | นักขี่ม้า | nák khèe máa |

Eiskunstlauf (m)	สเก็ตลีลา	sà-gèt lee-laa
Eiskunstläufer (m)	นักแสดงสเก็ตลีลา	nák sà-daeng sà-gèt lee-laa
Eiskunstläuferin (f)	นักแสดงสเก็ตลีลา	nák sà-daeng sà-gèt lee-laa

| Gewichtheben (n) | กีฬายกน้ำหนัก | gee-laa yók náam nàk |
| Gewichtheber (m) | นักยกน้ำหนัก | nák yók nám nàk |

| Autorennen (n) | การแข่งรถ | gaan khàeng rót |
| Rennfahrer (m) | นักแข่งรถ | nák khàeng rót |

| Radfahren (n) | การแข่งจักรยาน | gaan khàeng jàk-grà-yaan |
| Radfahrer (m) | นักแข่งจักรยาน | nák khàeng jàk-grà-yaan |

Weitsprung (m)	กีฬากระโดดไกล	gee-laa grà-dòht glai
Stabhochsprung (m)	กีฬากระโดดค้ำถ่อ	gee-laa grà dòht khám thòr
Springer (m)	นักกระโดด	nák grà dòht

114. Sportarten. Verschiedenes

American Football (m)	อเมริกันฟุตบอล	a-may-rí-gan fút bon
Federballspiel (n)	แบดมินตัน	bàet-min-dtân
Biathlon (n)	ไบแอธลอน	bpai-oht-lon
Billard (n)	บิลเลียด	bin-lîat
Bob (m)	ฎารขับเลื่อน	gaan khàp lêuan
	น้ำแข็ง	náam khàeng

Bodybuilding (n)	การเพาะกาย	gaan phór gaai
Wasserballspiel (n)	กีฬาโปโลน้ำ	gee-laa bpoh loh nám
Handball (m)	แฮนด์บอล	haen-bon
Golf (n)	กอล์ฟ	góf

Rudern (n)	การพายเรือ	gaan phaai reua
Tauchen (n)	การดำน้ำ	gaan dam náam
Skilanglauf (m)	การแข่งสกี	gaan khàeng sà-gee
	ตามเสนทาง	dtaam sên thaang

Tischtennis (n)	กีฬาปิงปอง	gee-laa bping-bpong
Segelsport (m)	การแล่นเรือใบ	gaan lâen reua bai
Rallye (f, n)	การแข่งแรลลี่	gaan khàeng rae lá-lêe
Rugby (n)	รักบี้	rák-bêe
Snowboard (n)	สโนว์บอร์ด	sà-nŏh bòt
Bogenschießen (n)	การยิงธนู	gaan ying thá-noo

115. Fitnessstudio

| Hantel (f) | บาร์เบลล์ | baa bayn |
| Hanteln (pl) | ที่ยกน้ำหนัก | thêe yók nám nàk |

Trainingsgerät (n)	เครื่องออกกำลังกาย	khrêuang òk gam-lang gaai
Fahrradtrainer (m)	จักรยานออกกำลังกาย	jàk-grà-yaan òk gam-lang gaai
Laufband (n)	ลู่วิ่งออกกำลังกาย	lôo wîng òk gam-lang gaai

Reck (n)	บาร์เดี่ยว	baa dìeow
Barren (m)	บาร์คู่	baa khôo
Sprungpferd (n)	ม้าขวาง	máa khwăang
Matte (f)	เสื่อออกกำลังกาย	sèua òrk gam-lang gaai

Sprungseil (n)	กระโดดเชือก	grà dòht chêuak
Aerobic (n)	แอโรบิก	ae-roh-bìk
Yoga (m)	โยคะ	yoh-khá

116. Sport. Verschiedenes

Olympische Spiele (pl)	กีฬาโอลิมปิก	gee-laa oh-lim-bpìk
Sieger (m)	ผู้ชนะ	phôo chá-ná
siegen (vi)	ชนะ	chá-ná
gewinnen (Sieger sein)	ชนะ	chá-ná

Tabellenführer (m)	ผู้นำ	phôo nam
führen (vi)	นำ	nam

der erste Platz	อันดับที่หนึ่ง	an-dàp thêe nèung
der zweite Platz	อันดับที่สอง	an-dàp thêe sŏrng
der dritte Platz	อันดับที่สาม	an-dàp thêe săam

Medaille (f)	เหรียญรางวัล	rĭan raang-wan
Trophäe (f)	ถ้วยรางวัล	thûay raang-wan
Pokal (m)	เวท	wâyt
Siegerpreis m (m)	รางวัล	raang-wan
Hauptpreis (m)	รางวัลหลัก	raang-wan làk

Rekord (m)	สถิติ	sà-thì-dtì
einen Rekord aufstellen	ทำสถิติ	tham sà-thì-dtì

Finale (n)	รอบสุดท้าย	rôrp sùt tháai
Final-	สุดท้าย	sùt tháai

Meister (m)	แชมเปี้ยน	chaem-bpîan
Meisterschaft (f)	ชิงแชมป์	ching chaem

Stadion (n)	สนาม	sà-năam
Tribüne (f)	อัฒจันทร์	àt-tá-jan
Fan (m)	แฟน	faen
Gegner (m)	คู่ต่อสู้	khôo dtòr sôo

Start (m)	เส้นเริ่ม	sên rêrm
Ziel (n), Finish (n)	เส้นชัย	sên chai

Niederlage (f)	ความพ่ายแพ้	khwaam phâai pháe
verlieren (vt)	แพ้	pháe
Schiedsrichter (m)	กรรมการ	gam-má-gaan

Jury (f)	คณะผู้ตัดสิน	khá-ná phôo dtàt sǐn
Ergebnis (n)	คะแนน	khá-naen
Unentschieden (n)	เสมอ	sà-měr
unentschieden spielen	ได้คะแนนเท่ากัน	dâai khá-naen thâo gan
Punkt (m)	แต้ม	dtâem
Ergebnis (n)	ผลลัพธ์	phǒn láp

| Spielabschnitt (m) | ช่วง | chûang |
| Halbzeit (f), Pause (f) | ช่วงพักครึ่ง | chûang phák khrêung |

Doping (n)	การใช้สารต้องห้าม ทางการกีฬา	gaan chái sǎan dtôrng hâam thaang gaan gee-laa
bestrafen (vt)	ทำโทษ	tham thôht
disqualifizieren (vt)	ตัดสิทธิ์	dtàt sìt

Sportgerät (n)	อุปกรณ์	ù-bpà-gon
Speer (m)	แหลน	lǎen
Kugel (im Kugelstoßen)	ลูกเหล็ก	lôok lèk
Kugel (f), Ball (m)	ลูก	lôok

Ziel (n)	เล็งเป้า	leng bpâo
Zielscheibe (f)	เป้านิ่ง	bpâo nîng
schießen (vi)	ยิง	ying
genau (Adj)	แม่นยำ	mâen yam

Trainer (m)	โค้ช	khóht
trainieren (vt)	ฝึก	fèuk
trainieren (vi)	ฝึกหัด	fèuk hàt
Training (n)	การฝึกหัด	gaan fèuk hàt

Turnhalle (f)	โรงยิม	rohng-yim
Übung (f)	การออกกำลัง	gaan òrk gam-lang
Aufwärmen (n)	การอบอุ่นร่างกาย	gaan òp ùn râang gaai

Ausbildung

117. Schule

Schule (f)	โรงเรียน	rohng rian
Schulleiter (m)	อาจารย์ใหญ่	aa-jaan yài
Schüler (m)	นักเรียน	nák rian
Schülerin (f)	นักเรียน	nák rian
Schuljunge (m)	เด็กนักเรียนชาย	dèk nák rian chaai
Schulmädchen (f)	เด็กนักเรียนหญิง	dèk nák rian yĭng
lehren (vt)	สอน	sŏrn
lernen (Englisch ~)	เรียน	rian
auswendig lernen	ท่องจำ	thôrng jam
lernen (vi)	เรียน	rian
in der Schule sein	ไปโรงเรียน	bpai rohng rian
die Schule besuchen	ไปโรงเรียน	bpai rohng rian
Alphabet (n)	ตัวอักษร	dtua àk-sŏn
Fach (n)	วิชา	wí-chaa
Klassenraum (m)	ห้องเรียน	hôrng rian
Stunde (f)	ชั่วโมงเรียน	chûa mohng rian
Pause (f)	ช่วงพัก	chûang phák
Schulglocke (f)	สัญญาณหมดเรียน	săn-yaan mòt rian
Schulbank (f)	โต๊ะนักเรียน	dtó nák rian
Tafel (f)	กระดานดำ	grà-daan dam
Note (f)	เกรด	gràyt
gute Note (f)	เกรดดี	gràyt dee
schlechte Note (f)	เกรดแย่	gràyt yâe
eine Note geben	ให้เกรด	hâi gràyt
Fehler (m)	ข้อผิดพลาด	khôr phìt phlâat
Fehler machen	ทำผิดพลาด	tham phìt phlâat
korrigieren (vt)	แก้ไข	gâe khăi
Spickzettel (m)	โพย	phoi
Hausaufgabe (f)	การบ้าน	gaan bâan
Übung (f)	แบบฝึกหัด	bàep fèuk hàt
anwesend sein	มาเรียน	maa rian
fehlen (in der Schule ~)	ขาด	khàat
versäumen (Schule ~)	ขาดเรียน	khàat rian
bestrafen (vt)	ลงโทษ	long thôht
Strafe (f)	การลงโทษ	gaan long thôht
Benehmen (n)	ความประพฤติ	khwaam bprà-préut

Zeugnis (n)	สมุดพก	sà-mùt phók
Bleistift (m)	ดินสอ	din-sŏr
Radiergummi (m)	ยางลบ	yaang lóp
Kreide (f)	ชอลค์	chôrk
Federkasten (m)	กล่องดินสอ	glòrng din-sŏr

Schulranzen (m)	กระเป๋า	grà-bpǎo
Kugelschreiber, Stift (m)	ปากกา	bpàak gaa
Heft (n)	สมุดจด	sà-mùt jòt
Lehrbuch (n)	หนังสือเรียน	năng-sĕu rian
Zirkel (m)	วงเวียน	wong wian

| zeichnen (vt) | ร่างภาพทางเทคนิค | râang phâap thaang thék-nìk |
| Zeichnung (f) | ภาพร่างทางเทคนิค | phâap-râang thaang thék-nìk |

Gedicht (n)	กลอน	glorn
auswendig (Adv)	โดยท่องจำ	doi thôrng jam
auswendig lernen	ท่องจำ	thôrng jam

Ferien (pl)	เวลาปิดเทอม	way-laa bpìt therm
in den Ferien sein	หยุดปิดเทอม	yùt bpìt therm
Ferien verbringen	ใช้เวลาหยุดปิดเทอม	chái way-laa yùt bpìt therm

Test (m), Prüfung (f)	การทดสอบ	gaan thót sòrp
Aufsatz (m)	ความเรียง	khwaam riang
Diktat (n)	การเขียนตามคำบอก	gaan khĭan dtaam kam bòrk
Prüfung (f)	การสอบ	gaan sòrp
Prüfungen ablegen	สอบไล่	sòrp lâi
Experiment (n)	การทดลอง	gaan thót lorng

118. Hochschule. Universität

Akademie (f)	โรงเรียน	rohng rian
Universität (f)	มหาวิทยาลัย	má-hǎa wít-thá-yaa-lai
Fakultät (f)	คณะ	khá-ná

Student (m)	นักศึกษา	nák sèuk-sǎa
Studentin (f)	นักศึกษา	nák sèuk-sǎa
Lehrer (m)	อาจารย์	aa-jaan

| Hörsaal (m) | ห้องบรรยาย | hôrng ban-yaai |
| Hochschulabsolvent (m) | บัณฑิต | ban-dìt |

| Diplom (n) | อนุปริญญา | a-nú bpà-rin-yaa |
| Dissertation (f) | ปริญญานิพนธ์ | bpà-rin-yaa ní-phon |

| Forschung (f) | การวิจัย | gaan wí-jai |
| Labor (n) | หองปฏิบัติการ | hôrng bpà-dtì-bàt gaan |

| Vorlesung (f) | การบรรยาย | gaan ban-yaai |
| Kommilitone (m) | เพื่อนรวมชั้น | phêuan rûam chán |

| Stipendium (n) | ทุน | thun |
| akademischer Grad (m) | วุฒิการศึกษา | wút-thí gaan sèuk-sǎa |

119. Naturwissenschaften. Fächer

Mathematik (f)	คณิตศาสตร์	khá-nít sàat
Algebra (f)	พีชคณิต	phee-chá-khá-nít
Geometrie (f)	เรขาคณิต	ray-khǎa khá-nít

Astronomie (f)	ดาราศาสตร์	daa-raa sàat
Biologie (f)	ชีววิทยา	chee-wá-wít-thá-yaa
Erdkunde (f)	ภูมิศาสตร์	phoo-mí-sàat
Geologie (f)	ธรณีวิทยา	thor-rá-nee wít-thá-yaa
Geschichte (f)	ประวัติศาสตร์	bprà-wàt sàat

Medizin (f)	แพทยศาสตร์	phâet-tha-ya-sàat
Pädagogik (f)	ครุศาสตร์	khrú sàat
Recht (n)	ธรรมศาสตร์	tham-ma -sàat

Physik (f)	ฟิสิกส์	fí-sìk
Chemie (f)	เคมี	khay-mee
Philosophie (f)	ปรัชญา	bpràt-yaa
Psychologie (f)	จิตวิทยา	jìt-wít-thá-yaa

120. Schrift Rechtschreibung

Grammatik (f)	ไวยากรณ์	wai-yaa-gon
Lexik (f)	คำศัพท์	kham sàp
Phonetik (f)	การออกเสียง	gaan òrk sǐang

Substantiv (n)	นาม	naam
Adjektiv (n)	คำคุณศัพท์	kham khun-ná-sàp
Verb (n)	กริยา	grì-yaa
Adverb (n)	คำวิเศษณ์	kham wí-sàyt

Pronomen (n)	คำสรรพนาม	kham sàp-phá-naam
Interjektion (f)	คำอุทาน	kham u-thaan
Präposition (f)	คำบุพบท	kham bùp-phá-bòt

Wurzel (f)	รากศัพท์	râak sàp
Endung (f)	คำลงท้าย	kham long tháai
Vorsilbe (f)	คำนำหน้า	kham nam nâa
Silbe (f)	พยางค์	phá-yaang
Suffix (n), Nachsilbe (f)	คำเสริมท้าย	kham sěrm tháai

| Betonung (f) | เครื่องหมายเน้น | khrêuang mǎai náyn |
| Apostroph (m) | อะพอสทรอฟี | à-phor-sòt-ror-fee |

Punkt (m)	จุด	jùt
Komma (n)	จุลภาค	jun-lá-phâak
Semikolon (n)	อัฒภาค	àt-thá-phâak
Doppelpunkt (m)	ทวิภาค	thá-wí phâak
Auslassungspunkte (pl)	การละไว้	gaan lá wái

| Fragezeichen (n) | เครื่องหมายปรัศนี | khrêuang mǎai bpràt-nee |
| Ausrufezeichen (n) | เครื่องหมายอัศเจรีย์ | khrêuang mǎai àt-sà-jay-ree |

Anführungszeichen (pl)	อัญประกาศ	an-yá-bprà-gàat
in Anführungszeichen	ในอัญประกาศ	nai an-yá-bprà-gàat
runde Klammern (pl)	วงเล็บ	wong lép
in Klammern	ในวงเล็บ	nai wong lép

Bindestrich (m)	ยัติภังค์	yát-dtì-phang
Gedankenstrich (m)	ขีดดัน	khèet khân
Leerzeichen (n)	ช่องไฟ	chôrng fai

| Buchstabe (m) | ตัวอักษร | dtua àk-sŏn |
| Großbuchstabe (m) | อักษรตัวใหญ่ | àk-sŏn dtua yài |

| Vokal (m) | สระ | sà-ra |
| Konsonant (m) | พยัญชนะ | phá-yan-chá-ná |

Satz (m)	ประโยค	bprà-yòhk
Subjekt (n)	ภาคประธาน	phâak bprà-thaan
Prädikat (n)	ภาคแสดง	phâak sà-daeng

Zeile (f)	บรรทัด	ban-thát
in einer neuen Zeile	ที่บรรทัดใหม่	têe ban-thát mài
Absatz (m)	วรรค	wák

Wort (n)	คำ	kham
Wortverbindung (f)	กลุ่มคำ	glùm kham
Redensart (f)	วลี	wá-lee
Synonym (n)	คำพ้องความหมาย	kham phóng khwaam mǎai
Antonym (n)	คำตรงกันข้าม	kham dtrorng gan khâam

Regel (f)	กฎ	gòt
Ausnahme (f)	ข้อยกเว้น	khôr yok-wâyn
richtig (Adj)	ถูก	thòok

Konjugation (f)	คอนจูเกชัน	khorn joo gay chan
Deklination (f)	การกระจายคำ	gaan grà-jaai kham
Kasus (m)	การก	gaa-rók
Frage (f)	คำถาม	kham thǎam
unterstreichen (vt)	ขีดเส้นใต้	khèet sên dtâi
punktierte Linie (f)	เส้นประ	sên bprà

121. Fremdsprachen

Sprache (f)	ภาษา	phaa-sǎa
Fremd-	ต่างชาติ	dtàang châat
Fremdsprache (f)	ภาษาต่างชาติ	phaa-sǎa dtàang châat
studieren (z.B. Jura ~)	เรียน	rian
lernen (Englisch ~)	เรียน	rian

lesen (vi, vt)	อ่าน	àan
sprechen (vi, vt)	พูด	phôot
verstehen (vt)	เข้าใจ	khâo jai
schreiben (vi, vt)	เขียน	khǐan
schnell (Adv)	รวดเร็ว	rûat reo
langsam (Adv)	อย่างช้า	yàang cháa

fließend (Adv)	อย่างคล่อง	yàang khlôrng
Regeln (pl)	กฎ	gòt
Grammatik (f)	ไวยากรณ์	wai-yaa-gon
Vokabular (n)	คำศัพท	kham sàp
Phonetik (f)	การออกเสียง	gaan òrk sĭang

Lehrbuch (n)	หนังสือเรียน	năng-sĕu rian
Wörterbuch (n)	พจนานุกรม	phót-jà-naa-nú-grom
Selbstlernbuch (n)	หนังสือแบบเรียนด้วยตนเอง	năng-sĕu bàep rian dûay dton ayng
Sprachführer (m)	เฟรสบุก	frayt bùk

Kassette (f)	เทปคาสเซ็ตต์	thâyp khaas-sét
Videokassette (f)	วิดีโอ	wí-dee-oh
CD (f)	CD	see-dee
DVD (f)	DVD	dee-wee-dee

Alphabet (n)	ตัวอักษร	dtua àk-sŏn
buchstabieren (vt)	สะกด	sà-gòt
Aussprache (f)	การออกเสียง	gaan òrk sĭang

Akzent (m)	สำเนียง	săm-niang
mit Akzent	มีสำเนียง	mee săm-niang
ohne Akzent	ไม่มีสำเนียง	mâi mee săm-niang

| Wort (n) | คำ | kham |
| Bedeutung (f) | ความหมาย | khwaam măai |

Kurse (pl)	หลักสูตร	làk sòot
sich einschreiben	สมัคร	sà-màk
Lehrer (m)	อาจารย์	aa-jaan

Übertragung (f)	การแปล	gaan bplae
Übersetzung (f)	คำแปล	kham bplae
Übersetzer (m)	นักแปล	nák bplae
Dolmetscher (m)	ลาม	lâam

| Polyglott (m, f) | ผู้รู้หลายภาษา | phôo róo lăai paa-săa |
| Gedächtnis (n) | ความทรงจำ | khwaam song jam |

122. Märchenfiguren

Weihnachtsmann (m)	ซานตาคลอส	saan-dtaa-khlôrt
Aschenputtel (n)	ซินเดอเรลลา	sín-day-rayn-lâa
Nixe (f)	เงือก	ngêuak
Neptun (m)	เนปจูน	nâyp-joon

Zauberer (m)	พ่อมด	phôr mót
Zauberin (f)	แมมด	mâe mót
magisch, Zauber-	วิเศษ	wí-sàyt
Zauberstab (m)	ไมกายสิทธิ์	mái gaai-yá-sìt

| Märchen (n) | เทพนิยาย | thâyp ní-yaai |
| Wunder (n) | ปาฏิหาริย์ | bpaa dtì-hăan |

Zwerg (m)	คนแคระ	khon khráe
sich verwandeln in …	กลายเป็น…	glaai bpen…

Geist (m)	ผี	phěe
Gespenst (n)	ภูตผีปีศาจ	phôot phěe bpee-sàat
Ungeheuer (n)	สัตว์ประหลาด	sàt bprà-làat
Drache (m)	มังกร	mang-gon
Riese (m)	ยักษ์	yák

123. Sternzeichen

Widder (m)	ราศีเมษ	raa-sěe mâyt
Stier (m)	ราศีพฤษภ	raa-sěe phréut-sòp
Zwillinge (pl)	ราศีมิถุน	raa-sěe me-thǔn
Krebs (m)	ราศีกรกฎ	raa-sěe gor-rá-gòt
Löwe (m)	ราศีสิงห์	raa-sěe-sǐng
Jungfrau (f)	ราศีกันย์	raa-sěe gan

Waage (f)	ราศีตุล	raa-sěe dtun
Skorpion (m)	ราศีพฤศจิก	raa-sěe phréut-sà-jìk
Schütze (m)	ราศีธนู	raa-sěe than
Steinbock (m)	ราศีมังกร	raa-sěe mang-gon
Wassermann (m)	ราศีกุมภ์	raa-sěe gum
Fische (pl)	ราศีมีน	raa-sěe meen

Charakter (m)	บุคลิก	bùk-khá-lík
Charakterzüge (pl)	ลักษณะบุคลิก	lák-sà-nà bùk-khá-lík
Benehmen (n)	พฤติกรรม	phréut-dtì-gam
wahrsagen (vt)	ทำนายชะตา	tham naai chá-dtaa
Wahrsagerin (f)	หมอดู	mǒr doo
Horoskop (n)	ดวงชะตา	duang chá-dtaa

Kunst

124. Theater

Theater (n)	โรงละคร	rohng lá-khon
Oper (f)	โอเปรา	oh-bprào
Operette (f)	ละครเพลง	lá-khon phlayng
Ballett (n)	บัลเลต์	ban lây

Theaterplakat (n)	โปสเตอร์ละคร	bpòht-dtêr lá-khon
Truppe (f)	คณะผู้แสดง	khá-ná phôo sà-daeng
Tournee (f)	การออกแสดง	gaan òrk sà-daeng
auf Tournee sein	ออกแสดง	òrk sà-daeng
proben (vt)	ซ้อม	sórm
Probe (f)	การซ้อม	gaan sórm
Spielplan (m)	รายการละคร	raai gaan lá-khon

Aufführung (f)	การแสดง	gaan sà-daeng
Vorstellung (f)	การแสดง	gaan sà-daeng
	มหรสพ	má-hŏr-rá-sòp
Theaterstück (n)	ละคร	lá-khon
Karte (f)	ตั๋ว	dtŭa
Theaterkasse (f)	ช่องจำหน่ายตั๋ว	chôrng jam-nàai dtŭa
Halle (f)	ล็อบบี้	lórp-bêe
Garderobe (f)	ที่รับฝากเสื้อโค้ท	thêe ráp fàak sêua khóht
Garderobennummer (f)	ป้ายรับเสื้อ	bpâai ráp sêua
Opernglas (n)	กล้องสองตา	glôrng sòrng sŏrng dtaa
Platzanweiser (m)	พนักงานที่นำไปยังที่นั่ง	phá-nák ngaan thêe nam bpai yang thêe nâng

Parkett (n)	ที่นั่งชั้นล่าง	thêe nâng chán lâang
Balkon (m)	ที่นั่งชั้นสอง	thêe nâng chán sŏrng
der erste Rang	ที่นั่งชั้นบน	thêe nâng chán bon
Loge (f)	ที่นั่งพิเศษ	thêe nâng phí-sàyt
Reihe (f)	แถว	thăe
Platz (m)	ที่นั่ง	thêe nâng

Publikum (n)	ผู้ชม	phôo chom
Zuschauer (m)	ผู้เขาชม	phôo khâo chom
klatschen (vi)	ปรบมือ	bpròp meu
Applaus (m)	การปรบมือ	gaan bpròp meu
Ovation (f)	การปรบมือให้เกียรติ	gaan bpròp meu hâi gìat

Bühne (f)	เวที	way-thee
Vorhang (m)	ฉาก	chàak
Dekoration (f)	ฉาก	chàak
Kulissen (pl)	หลังเวที	lăng way-thee
Szene (f)	ตอน	dtorn
Akt (m)	องค์	ong
Pause (f)	ช่วงหยุดพัก	chûang yùt phák

125. Kino

Schauspieler (m)	นักแสดงชาย	nák sà-daeng chaai
Schauspielerin (f)	นักแสดงหญิง	nák sà-daeng yĭng
Kino (n)	ภาพยนตร์	phâap-phá-yon
Film (m)	หนัง	năng
Folge (f)	ตอน	dtorn
Krimi (m)	หนังประโลมโลกสืบสวน	năng sèup sŭan
Actionfilm (m)	หนังแอ็คชั่น	năng áek-chân
Abenteuerfilm (m)	หนังผจญภัย	năng phà-jon phai
Science-Fiction-Film (m)	หนังนิยายวิทยาศาสตร์	năng ní-yaai wít-thá-yaa sàat
Horrorfilm (m)	หนังสยองขวัญ	năng sà-yŏrng khwăn
Komödie (f)	หนังตลก	năng dtà-lòk
Melodrama (n)	หนังประโลมโลก	năng bprà-lohm lôhk
Drama (n)	หนังดรามา	năng dràa maa
Spielfilm (m)	หนังเรื่องแต่ง	năng rêuang dtàeng
Dokumentarfilm (m)	หนังสารคดี	năng săa-rá-khá-dee
Zeichentrickfilm (m)	การตูน	gaa-dtoon
Stummfilm (m)	หนังเงียบ	năng ngîap
Rolle (f)	บทบาท	bòt bàat
Hauptrolle (f)	บทบาทนำ	bòt bàat nam
spielen (Schauspieler)	แสดง	sà-daeng
Filmstar (m)	ดาราภาพยนตร์	daa-raa phâap-phá-yon
bekannt	เป็นที่รู้จักดี	bpen thêe róo jàk dee
berühmt	ชื่อดัง	chêu dang
populär	ที่นิยม	thêe ní-yom
Drehbuch (n)	บท	bòt
Drehbuchautor (m)	คนเขียนบท	khon khĭan bòt
Regisseur (m)	ผู้กำกับ ภาพยนตร์	phôo gam-gàp phâap-phá-yon
Produzent (m)	ผู้อำนวยการสร้าง	phôo am-nuay gaan sâang
Assistent (m)	ผู้ช่วย	phôo chûay
Kameramann (m)	ช่างกล้อง	châang glôrng
Stuntman (m)	นักแสดงแทน	nák sà-daeng thaen
Double (n)	นักแสดงแทน	nák sà-daeng thaen
einen Film drehen	ถ่ายทำภาพยนตร์	thàai tham phâap-phá-yon
Probe (f)	การคัดนักแสดง	gaan khát nák sà-daeng
Dreharbeiten (pl)	การถ่ายทำ	gaan thàai tham
Filmteam (n)	กลุ่มคนถ่าย ภาพยนต	glùm khon thàai phâa-pha-yon
Filmset (m)	สถานที่ ถ่ายทำภาพยนตร์	sà-thăan thêe thàai tham phâap-phá-yon
Filmkamera (f)	กล้อง	glôrng
Kino (n)	โรงภาพยนตร์	rohng phâap-phá-yon
Leinwand (f)	หนาจอ	nâa jor
einen Film zeigen	ฉายภาพยนตร์	chăai phâap-phá-yon

Tonspur (f)	เสียงซาวด์แทร็ก	sĭang saao tráek
Spezialeffekte (pl)	เอฟเฟ็กต์พิเศษ	àyf-fék phí-sàyt
Untertitel (pl)	ซับ	sáp
Abspann (m)	เครดิต	khray-dìt
Übersetzung (f)	การแปล	gaan bplae

126. Gemälde

Kunst (f)	ศิลปะ	sĭn-lá-bpà
schönen Künste (pl)	วิจิตรศิลป์	wí-jìt sĭn
Kunstgalerie (f)	หอศิลป์	hŏr sĭn
Kunstausstellung (f)	การจัดแสดงศิลปะ	gaan jàt sà-daeng sĭn-lá-bpà

Malerei (f)	จิตรกรรม	jìt-dtrà-gam
Graphik (f)	เลขนศิลป์	lâyk-ná-sĭn
abstrakte Kunst (f)	ศิลปะนามธรรม	sĭn-lá-bpà naam-má-tham
Impressionismus (m)	ลัทธิประทับใจ	lát-thí bprà-tháp jai

Bild (n)	ภาพ	phâap
Zeichnung (Kohle- usw.)	ภาพวาด	phâap-wâat
Plakat (n)	โปสเตอร์	bpòht-dtêr

Illustration (f)	ภาพประกอบ	phâap bprà-gòrp
Miniatur (f)	รูปปั้นขนาดย่อ	rôop bpân khà-nàat yôr
Kopie (f)	สำเนา	săm-nao
Reproduktion (f)	การทำซ้ำ	gaan tham sám

Mosaik (n)	โมเสก	moh-sàyk
Glasmalerei (f)	หน้าต่างกระจกสี	nâa dtàang grà-jòk sĕe
Fresko (n)	ภาพผนัง	phâap phà-năng
Gravüre (f)	การแกะลาย	gaan gàe laai

Büste (f)	รูปปั้นครึ่งตัว	rôop bpân khrêung dtua
Skulptur (f)	รูปปั้นแกะสลัก	rôop bpân gàe sà-làk
Statue (f)	รูปปั้น	rôop bpân
Gips (m)	ปูนปลาสเตอร์	bpoon bpláat-dtêr
aus Gips	ปูนปลาสเตอร์	bpoon bpláat-dtêr

Porträt (n)	ภาพเหมือน	phâap mĕuan
Selbstporträt (n)	ภาพเหมือนของ	phâap mĕuan khŏrng
	ตนเอง	dton ayng
Landschaftsbild (n)	ภาพภูมิทัศน์	phâap phoom-mi -thát
Stillleben (n)	ภาพหุ่นนิ่ง	phâap hùn nîng
Karikatur (f)	ภาพล้อ	phâap-lór
Entwurf (m)	ภาพสเก็ตช์	phâap sà-gèt

Farbe (f)	สี	sĕe
Aquarellfarbe (f)	สีน้ำ	sĕe náam
Öl (n)	สีน้ำมัน	sĕe náam man
Bleistift (m)	ดินสอ	din-sŏr
Tusche (f)	หมึกสีดำ	mèuk sĕe dam
Kohle (f)	ถ่าน	thàan
zeichnen (vt)	วาด	wâat
malen (vi, vt)	ระบายสี	rá-baai sĕe

Modell stehen	จัดท่า	jàt thâa
Modell (Mask.)	แบบภาพวาด	bàep phâap-wâat
Modell (Fem.)	แบบภาพวาด	bàep phâap-wâat

Maler (m)	ช่างวาดรูป	châang wâat rôop
Kunstwerk (n)	งานศิลปะ	ngaan sĭn-lá-bpà
Meisterwerk (n)	งานชิ้นเอก	ngaan chín àyk
Atelier (n), Werkstatt (f)	สตูดิโอ	sà-dtoo dì oh

Leinwand (f)	ผ้าใบ	phâa bai
Staffelei (f)	ขาตั้งกระดาน วาดรูป	khăa dtâng grà daan wâat rôop
Palette (f)	จานสี	jaan sĕe

Rahmen (m)	กรอบ	gròrp
Restauration (f)	การฟื้นฟู	gaan féun foo
restaurieren (vt)	ฟื้นฟู	féun foo

127. Literatur und Dichtkunst

Literatur (f)	วรรณคดี	wan-ná-khá-dee
Autor (m)	ผู้แต่ง	phôo dtàeng
Pseudonym (n)	นามปากกา	naam bpàak gaa

Buch (n)	หนังสือ	năng-sĕu
Band (m)	เล่ม	lêm
Inhaltsverzeichnis (n)	สารบัญ	săa-rá-ban
Seite (f)	หน้า	nâa
Hauptperson (f)	ตัวละครหลัก	dtua lá-khon làk
Autogramm (n)	ลายเซ็น	laai sen

Kurzgeschichte (f)	เรื่องสั้น	rêuang sân
Erzählung (f)	เรื่องราว	rêuang raao
Roman (m)	นิยาย	ní-yaai
Werk (Buch usw.)	งานเขียน	ngaan khĭan
Fabel (f)	นิทาน	ní-thaan
Krimi (m)	นิยายสืบสวน	ní-yaai sèup sŭan
Gedicht (n)	กลอน	glorn
Dichtung (f), Poesie (f)	บทกลอน	bòt glorn
Gedicht (n)	บทกวี	bòt gà-wee
Dichter (m)	นักกวี	nák gà-wee

schöne Literatur (f)	เรื่องแต่ง	rêuang dtàeng
Science-Fiction (f)	นิยายวิทยาศาสตร์	ní-yaai wít-thá-yaa sàat
Abenteuer (n)	นิยายผจญภัย	ní-yaai phà-jon phai
Schülerliteratur (pl)	วรรณกรรมการศึกษา	wan-ná-gam gaan sèuk-săa
Kinderliteratur (f)	วรรณกรรมสำหรับเด็ก	wan-ná-gam săm-ràp dèk

128. Zirkus

Zirkus (m)	ละครสัตว์	lá-khon sàt
Wanderzirkus (m)	ละครสัตว์เลรอน	lá-khon sàt lây rôrn

Programm (n)	รายการการแสดง	raai gaan gaan sà-daeng
Vorstellung (f)	การแสดง	gaan sà-daeng
Nummer (f)	การแสดง	gaan sà-daeng
Manege (f)	เวทีละครสัตว์	way-thee lá-kon sàt
Pantomime (f)	ละครใบ้	lá-khon bâi
Clown (m)	ตัวตลก	dtua dtà-lòk
Akrobat (m)	นักกายกรรม	nák gaai-yá-gam
Akrobatik (f)	กายกรรม	gaai-yá-gam
Turner (m)	นักกายกรรม	nák gaai-yá-gam
Turnen (n)	กายกรรม	gaai-yá-gam
Salto (m)	การตีลังกา	gaan dtee lang-gaa
Kraftmensch (m)	นักกีฬา	nák gee-laa
Bändiger, Dompteur (m)	ผู้ฝึกสัตว์	phôo fèuk sàt
Reiter (m)	นักขี่	nák khèe
Assistent (m)	ผู้ช่วย	phôo chûay
Trick (m)	ผาดโผน	phàat phŏhn
Zaubertrick (m)	มายากล	maa-yaa gon
Zauberkünstler (m)	นักมายากล	nák maa-yaa gon
Jongleur (m)	นักมายากลโยนของ	nák maa-yaa gon yohn khŏrng
jonglieren (vi)	โยนของ	yohn khŏrng
Dresseur (m)	ผู้ฝึกสัตว์	phôo fèuk sàt
Dressur (f)	การฝึกสัตว์	gaan fèuk sàt
dressieren (vt)	ฝึก	fèuk

129. Musik. Popmusik

Musik (f)	ดนตรี	don-dtree
Musiker (m)	นักดนตรี	nák don-dtree
Musikinstrument (n)	เครื่องดนตรี	khrêuang don-dtree
spielen (auf der Gitarre ~)	เล่น	lên
Gitarre (f)	กีตาร์	gee-dtâa
Geige (f)	ไวโอลิน	wai-oh-lin
Cello (n)	เชลโล	chayn-lôh
Kontrabass (m)	ดับเบิลเบส	dàp-bern bàyt
Harfe (f)	พิณ	phin
Klavier (n)	เปียโน	bpia noh
Flügel (m)	แกรนด์เปียโน	graen bpia-noh
Orgel (f)	ออร์แกน	or-gaen
Blasinstrumente (pl)	เครื่องเป่า	khrêuang bpào
Oboe (f)	โอโบ	oh-boh
Saxophon (n)	แซ็กโซโฟน	sáek-soh-fohn
Klarinette (f)	แคลริเน็ต	khlae-rí-nét
Flöte (f)	ฟลูต	flút
Trompete (f)	ทรัมเป็ต	thram-bpèt

Akkordeon (n)	หีบเพลงชัก	hèep phlayng chák
Trommel (f)	กลอง	glorng
Duo (n)	คู่	khôo
Trio (n)	วงทริโอ	wong thrí-oh
Quartett (n)	กลุ่มที่มีสี่คน	glùm thêe mee sèe khon
Chor (m)	คณะประสานเสียง	khá-ná bprà-sǎan sǐang
Orchester (n)	วงดุริยางค์	wong dù-rí-yaang
Popmusik (f)	เพลงป็อป	phlayng bpòp
Rockmusik (f)	เพลงร็อค	phlayng rók
Rockgruppe (f)	วงร็อค	wong rórk
Jazz (m)	แจซ	jáet
Idol (n)	ไอดอล	ai-dorn
Verehrer (m)	แฟน	faen
Konzert (n)	คอนเสิร์ต	khon-sèrt
Sinfonie (f)	ซิมโฟนี	sím-foh-nee
Komposition (f)	การแต่งเพลง	gaan dtàeng phlayng
komponieren (vt)	แต่ง	dtàeng
Gesang (m)	การร้องเพลง	gaan róng playng
Lied (n)	เพลง	phlayng
Melodie (f)	เสียงเพลง	sǐang phlayng
Rhythmus (m)	จังหวะ	jang wà
Blues (m)	บลูส์	bloo
Noten (pl)	โน้ตเพลง	nóht phlayng
Taktstock (m)	ไม้สั้นของ	máai sân khǒrng
	วาทยากร	wâa-tha-yaa gon
Bogen (m)	คันซอ	khan sor
Saite (f)	สาย	sǎai
Koffer (Violinen-)	กลอง	glòrng

Erholung. Unterhaltung. Reisen

130. Ausflug. Reisen

Tourismus (m)	การท่องเที่ยว	gaan thôrng thîeow
Tourist (m)	นักท่องเที่ยว	nák thôrng thîeow
Reise (f)	การเดินทาง	gaan dern thaang
Abenteuer (n)	การผจญภัย	gaan phà-jon phai
Fahrt (f)	การเดินทาง	gaan dern thaang
Urlaub (m)	วันหยุดพักผ่อน	wan yùt phák phòrn
auf Urlaub sein	หยุดพักผ่อน	yùt phák phòrn
Erholung (f)	การพัก	gaan phák
Zug (m)	รถไฟ	rót fai
mit dem Zug	โดยรถไฟ	doi rót fai
Flugzeug (n)	เครื่องบิน	khrêuang bin
mit dem Flugzeug	โดยเครื่องบิน	doi khrêuang bin
mit dem Auto	โดยรถยนต์	doi rót-yon
mit dem Schiff	โดยเรือ	doi reua
Gepäck (n)	สัมภาระ	săm-phaa-rá
Koffer (m)	กระเป๋าเดินทาง	grà-bpăo dern-thaang
Gepäckwagen (m)	รถขนสัมภาระ	rót khŏn săm-phaa-rá
Pass (m)	หนังสือเดินทาง	năng-sĕu dern-thaang
Visum (n)	วีซ่า	wee-sâa
Fahrkarte (f)	ตั๋ว	dtŭa
Flugticket (n)	ตั๋วเครื่องบิน	dtŭa khrêuang bin
Reiseführer (m)	หนังสือแนะนำ	năng-sĕu náe nam
Landkarte (f)	แผนที่	phăen thêe
Gegend (f)	เขต	khàyt
Ort (wunderbarer ~)	สถานที่	sà-thăan thêe
Exotika (pl)	สิ่งแปลกใหม่	sìng bplàek mài
exotisch	ต่างแดน	dtàang daen
erstaunlich (Adj)	น่าประหลาดใจ	nâa bprà-làat jai
Gruppe (f)	กลุ่ม	glùm
Ausflug (m)	การเดินทาง ท่องเที่ยว	gaan dern taang thôrng thîeow
Reiseleiter (m)	มัคคุเทศก์	mák-khú-thâyt

131. Hotel

Hotel (n)	โรงแรม	rohng raem
Motel (n)	โรงแรม	rohng raem

drei Sterne	สามดาว	săam daao
fünf Sterne	หาดาว	hâa daao
absteigen (vi)	พัก	phák

Hotelzimmer (n)	ห้อง	hôrng
Einzelzimmer (n)	ห้องเดี่ยว	hôrng dìeow
Zweibettzimmer (n)	ห้องคู่	hôrng khôo
reservieren (vt)	จองห้อง	jorng hôrng

Halbpension (f)	พักครึ่งวัน	phák khrêung wan
Vollpension (f)	พักเต็มวัน	phák dtem wan

mit Bad	มีห้องอาบน้ำ	mee hôrng àap náam
mit Dusche	มีฝักบัว	mee fàk bua
Satellitenfernsehen (n)	โทรทัศน์ดาวเทียม	thoh-rá-thát daao thiam
Klimaanlage (f)	เครื่องปรับอากาศ	khrêuang bpràp-aa-gàat
Handtuch (n)	ผาเช็ดตัว	phâa chét dtua
Schlüssel (m)	กุญแจ	gun-jae

Verwalter (m)	นักบุริหาร	nák bor-rí-hăan
Zimmermädchen (n)	แมบาน	mâe bâan
Träger (m)	พนักงาน ขนกระเป๋า	phá-nák ngaan khŏn grà-bpăo
Portier (m)	พนักงาน เปิดประตู	phá-nák ngaan bpèrt bprà-dtoo

Restaurant (n)	ร้านอาหาร	ráan aa-hăan
Bar (f)	บาร์	baa
Frühstück (n)	อาหารเช้า	aa-hăan cháo
Abendessen (n)	อาหารเย็น	aa-hăan yen
Buffet (n)	บุฟเฟต์	bùf-fây

Foyer (n)	ล็อบบี้	lórp-bêe
Aufzug (m), Fahrstuhl (m)	ลิฟต์	líf

BITTE NICHT STÖREN!	ห้ามรบกวน	hâam róp guan
RAUCHEN VERBOTEN!	หามสูบบุหรี่	hâam sòop bù rèe

132. Bücher. Lesen

Buch (n)	หนังสือ	năng-sĕu
Autor (m)	ผู้แตง	phôo dtàeng
Schriftsteller (m)	นักเขียน	nák khĭan
verfassen (vt)	เขียน	khĭan

Leser (m)	ผู้อ่าน	phôo àan
lesen (vi, vt)	อ่าน	àan
Lesen (n)	การอ่าน	gaan àan

still (~ lesen)	อย่างเงียบๆ	yàang ngîap ngîap
laut (Adv)	ออกเสียงดัง	òrk sĭang dang

verlegen (vt)	ตีพิมพ์	dtee phim
Ausgabe (f)	การตีพิมพ์	gaan dtee phim

| Herausgeber (m) | ผู้พิมพ์ | phôo phim |
| Verlag (m) | สำนักพิมพ์ | săm-nák phim |

erscheinen (Buch)	ออก	òrk
Erscheinen (n)	การออก	gaan òrk
Auflage (f)	จำนวน	jam-nuan

| Buchhandlung (f) | ร้านหนังสือ | ráan năng-sĕu |
| Bibliothek (f) | หองสมุด | hôrng sà-mùt |

Erzählung (f)	เรื่องราว	rêuang raao
Kurzgeschichte (f)	เรื่องสั้น	rêuang sân
Roman (m)	นิยาย	ní-yaai
Krimi (m)	นิยายสืบสวน	ní-yaai sèup sŭan

Memoiren (pl)	บันทึกความทรงจำ	ban-théuk khwaam song jam
Legende (f)	ตำนาน	dtam naan
Mythos (m)	นิทานปรัมปรา	ní-thaan bpram bpraa

Gedichte (pl)	บทกวี	bòt gà-wee
Autobiographie (f)	อัตชีวประวัติ	àt-chee-wá-bprà-wàt
ausgewählte Werke (pl)	งานที่ผาน	ngaan thêe phàan
	การคัดเลือก	gaan khát lêuak
Science-Fiction (f)	นิยายวิทยาศาสตร์	ní-yaai wít-thá-yaa sàat

Titel (m)	ชื่อเรื่อง	chêu rêuang
Einleitung (f)	บทนำ	bòt nam
Titelseite (f)	หนาแรก	nâa râek

Kapitel (n)	บท	bòt
Auszug (m)	ขอความที่	khôr khwaam thêe
	คัดออกมา	khát òk maa
Episode (f)	ตอน	dtorn

Sujet (n)	เค้าเรื่อง	kháo rêuang
Inhalt (m)	เนื้อหา	néua hăa
Inhaltsverzeichnis (n)	สารบัญ	săa-rá-ban
Hauptperson (f)	ตัวละครหลัก	dtua lá-khon làk

Band (m)	เล่ม	lêm
Buchdecke (f)	ปก	bpòk
Einband (m)	สัน	săn
Lesezeichen (n)	ที่คั่นหนังสือ	thêe khân năng-sĕu

Seite (f)	หน้า	nâa
blättern (vi)	เปิดผานๆ	bpèrt phàan phàan
Ränder (pl)	ระยะขอบ	rá-yá khòrp
Notiz (f)	ความเห็นประกอบ	khwaam hĕn bprà-gòp
Anmerkung (f)	เชิงอรรถ	cherng àt-tha

Text (m)	บท	bòt
Schrift (f)	ตัวพิมพ์	dtua phim
Druckfehler (m)	ความพิมพ์ผิด	khwaam phim phìt

| Übersetzung (f) | คำแปล | kham bplae |
| übersetzen (vt) | แปล | bplae |

Original (n)	ต้นฉบับ	dtôn chà-bàp
berühmt	โด่งดัง	dòhng dang
unbekannt	ไม่เป็นที่รู้จัก	mâi bpen thêe róo jàk
interessant	น่าสนใจ	nâa sǒn jai
Bestseller (m)	ขายดี	khǎai dee

Wörterbuch (n)	พจนานุกรม	phót-jà-naa-nú-grom
Lehrbuch (n)	หนังสือเรียน	nǎng-sěu rian
Enzyklopädie (f)	สารานุกรม	sǎa-raa-nú-grom

133. Jagen. Fischen

Jagd (f)	การล่าสัตว์	gaan lâa sàt
jagen (vi)	ล่าสัตว์	lâa sàt
Jäger (m)	นักล่าสัตว์	nák lâa sàt

schießen (vi)	ยิง	ying
Gewehr (n)	ปืนไรเฟิล	bpeun rai-fern
Patrone (f)	กระสุนปืน	grà-sǔn bpeun
Schrot (n)	กระสุน	grà-sǔn

Falle (f)	กับดักเหล็ก	gàp dàk lèk
Schlinge (f)	กับดัก	gàp dàk
in die Falle gehen	ติดกับดัก	dtìt gàp dàk
eine Falle stellen	วางกับดัก	waang gàp dàk

Wilddieb (m)	ผู้ลักลอบล่าสัตว์	phôo lák lôrp lâa sàt
Wild (n)	สัตว์ที่ถูกล่า	sàt têe thòok lâa
Jagdhund (m)	หมาล่าเนื้อ	mǎa lâa néua
Safari (f)	ซาฟารี	saa-faa-ree
ausgestopftes Tier (n)	สัตว์สตาฟ	sàt sà-dtàaf

Fischer (m)	คนประมง	khon bprà-mong
Fischen (n)	การจับปลา	gaan jàp bplaa
angeln, fischen (vt)	จับปลา	jàp bplaa

Angel (f)	คันเบ็ด	khan bèt
Angelschnur (f)	สายเบ็ด	sǎai bèt
Haken (m)	ตะขอ	dtà-khǒr
Schwimmer (m)	ทุ่น	thûn
Köder (m)	เหยื่อ	yèua

die Angel auswerfen	เหวี่ยงเบ็ด	wìang bèt
anbeißen (vi)	งับเหยื่อ	ngáp yèua
Fang (m)	ปลาจับ	bpla jàp
Eisloch (n)	ช่องน้ำแข็ง	chôrng nám khǎeng

Netz (n)	แหจับปลา	hǎe jàp bplaa
Boot (n)	เรือ	reua
mit dem Netz fangen	จับปลาด้วยแห	jàp bplaa dûay hǎe
das Netz hineinwerfen	เหวี่ยงแห	wìang hǎe
das Netz einholen	ลากอวน	lâak uan
ins Netz gehen	ติดแห	dtìt hǎe
Walfänger (m)	นักล่าปลาวาฬ	nák lâa bplaa waan

Walfangschiff (n)	เรือล่าปลาวาฬ	reua lâa bplaa waan
Harpune (f)	ฉมวก	chà-mùak

134. Spiele. Billard

Billard (n)	บิลเลียด	bin-lîat
Billardzimmer (n)	หองบิลเลียด	hôrng bin-lîat
Billardkugel (f)	ลูก	lôok
eine Kugel einlochen	แทงลูกลงหลุม	thaeng lôok long lǔm
Queue (n)	ไมคิว	máai khiw
Tasche (f), Loch (n)	หลุม	lǔm

135. Spiele. Kartenspiele

Karo (n)	ข้าวหลามตัด	khâao lǎam dtàt
Pik (n)	โพดำ	phoh dam
Herz (n)	โพแดง	phoh daeng
Kreuz (n)	ดอกจิก	dòrk jìk
As (n)	เอส	àyt
König (m)	คิง	king
Dame (f)	แหมม	màem
Bube (m)	แจค	jáek
Spielkarte (f)	ไพ่	phâi
Karten (pl)	ไพ่	phâi
Trumpf (m)	ไต	dtǎi
Kartenspiel (abgenutztes ~)	สำรับไพ่	sǎm-ráp phâi
Punkt (m)	แต้ม	dtâem
ausgeben (vt)	แจกไพ่	jàek phâi
mischen (vt)	สับไพ่	sàp phâi
Zug (m)	ที	thee
Falschspieler (m)	คนโกงไพ่	khon gohng phâi

136. Erholung. Spiele. Verschiedenes

spazieren gehen (vi)	เดินเล่น	dern lên
Spaziergang (m)	การเดินเล่น	gaan dern lên
Fahrt (im Wagen)	การนั่งรถ	gaan nâng rót
Abenteuer (n)	การผจญภัย	gaan phà-jon phai
Picknick (n)	ปิคนิค	bpìk-ník
Spiel (n)	เกม	gaym
Spieler (m)	ผูเล่น	phôo lên
Partie (f)	เกม	gaym
Sammler (m)	นักสะสม	nák sà-sǒm
sammeln (vt)	สะสม	sà-sǒm

Sammlung (f)	การสะสม	gaan sà-sŏm
Kreuzworträtsel (n)	ปริศนาอักษรไขว้	bprìt-sà-năa àk-sŏn khwâi
Rennbahn (f)	ลู่แข่ง	lôo khàeng
Diskothek (f)	ดิสโก้	dít-gôh

| Sauna (f) | ซาวน่า | saao-nâa |
| Lotterie (f) | สลากกินแบ่ง | sà-làak gin bàeng |

Wanderung (f)	การเดินทาง ตั้งแคมป์	gaan dern thaang dtâng-khaem
Lager (n)	แคมป์	khaem
Zelt (n)	เต็นท์	dtáyn
Kompass (m)	เข็มทิศ	khĕm thít
Tourist (m)	ผู้เดินทาง ตั้งแคมป์	phôo dern thaang dtâng-khaem

fernsehen (vi)	ดู	doo
Fernsehzuschauer (m)	ผู้ชมทีวี	phôo chom thee wee
Fernsehsendung (f)	รายการทีวี	raai gaan thee wee

137. Fotografie

| Kamera (f) | กล้อง | glôrng |
| Foto (n) | ภาพถ่าย | phâap thàai |

Fotograf (m)	ช่างถ่ายภาพ	châang thàai phâap
Fotostudio (n)	ห้องถ่ายภาพ	hôrng thàai phâap
Fotoalbum (n)	อัลบั้มภาพถ่าย	an-bâm phâap-thàai

Objektiv (n)	เลนส์กล้อง	len glôrng
Teleobjektiv (n)	เลนส์ถ่ายไกล	len thàai glai
Filter (n)	ฟิลเตอร์	fin-dtêr
Linse (f)	เลนส์	len

Optik (f)	ออปติก	orp-dtìk
Blende (f)	รูรับแสง	roo ráp săeng
Belichtungszeit (f)	เวลาในการถ่ายภาพ	way-laa nai gaan thàai phâap
Sucher (m)	เครื่องจับภาพ	khrêuang jàp phâap

Digitalkamera (f)	กล้องดิจิตอล	glôrng dì-jì-dton
Stativ (n)	ขาตั้งกล้อง	khăa dtâng glông
Blitzgerät (n)	แฟลช	flâet

fotografieren (vt)	ถ่ายภาพ	thàai phâap
aufnehmen (vt)	ถ่ายภาพ	thàai phâap
sich fotografieren lassen	ได้รับการ ถ่ายภาพให้	dâai ráp gaan thàai phâap hâi

Fokus (m)	โฟกัส	foh-gát
den Fokus einstellen	โฟกัส	foh-gát
scharf (~ abgebildet)	คมชัด	khom chát
Schärfe (f)	ความคมชัด	khwaam khom chát
Kontrast (m)	ความเปรียบต่าง	khwaam bprìap dtàang
kontrastreich	เปรียบต่าง	bprìap dtàang

Aufnahme (f)	ภาพ	phâap
Negativ (n)	ภาพเนกาทีฟ	phâap nay gaa thêef
Rollfilm (m)	ฟิล์ม	fim
Einzelbild (n)	เฟรม	fraym
drucken (vt)	พิมพ์	phim

138. Strand. Schwimmen

Strand (m)	ชายหาด	chaai hàat
Sand (m)	ทูราย	saai
menschenleer	ราง	ráang
Bräune (f)	ผิวคล้ำแดด	phĭw khlám dàet
sich bräunen	ตากแดด	dtàak dàet
gebräunt	มีผิวคล้ำแดด	mee phĭw khlám dàet
Sonnencreme (f)	ครีมกันแดด	khreem gan dàet
Bikini (m)	บิกินี่	bì-gì-nee
Badeanzug (m)	ชุดวายน้ำ	chút wâai náam
Badehose (f)	กางเกงวายน้ำ	gaang-gayng wâai náam
Schwimmbad (n)	สระว่ายน้ำ	sà wâai náam
schwimmen (vi)	วายน้ำ	wâai náam
Dusche (f)	ฝักบัว	fàk bua
sich umkleiden	เปลี่ยนชุด	bplìan chút
Handtuch (n)	ผาเช็ดตัว	phâa chét dtua
Boot (n)	เรือ	reua
Motorboot (n)	เรือยนต์	reua yon
Wasserski (m)	สกีน้ำ	sà-gee nám
Tretboot (n)	เรือถีบ	reua thèep
Surfen (n)	การโต้คลื่น	gaan dtôh khlêun
Surfer (m)	นักโต้คลื่น	nák dtôh khlêun
Tauchgerät (n)	อุปกรณ์ดำน้ำ	u-bpà-gon dam náam
Schwimmflossen (pl)	ตีนกบ	dteen gòp
Maske (f)	หนากากดำน้ำ	nâa gàak dam náam
Taucher (m)	นักประดาน้ำ	nák bprà-daa náam
tauchen (vi)	ดำน้ำ	dam náam
unter Wasser	ใต้น้ำ	dtâi nám
Sonnenschirm (m)	รมชายหาด	rôm chaai hàat
Liege (f)	เตียงอาบแดด	dtiang àap dàet
Sonnenbrille (f)	แวนกันแดด	wâen gan dàet
Schwimmmatratze (f)	ที่นอนเปาลม	thêe non bpào lom
spielen (vi, vt)	เล่น	lên
schwimmen gehen	ไปวายน้ำ	bpai wâai náam
Ball (m)	บอล	bon
aufblasen (vt)	เติมลม	dterm lom
aufblasbar	แบบเติมลม	bàep dterm lom
Welle (f)	คลื่น	khlêun

Boje (f)	ทุ่นลอย	thûn loi
ertrinken (vi)	จมน้ำ	jom náam
retten (vt)	ช่วยชีวิต	chûay chee-wít
Schwimmweste (f)	เสื้อชูชีพ	sêua choo chêep
beobachten (vt)	สังเกตการณ์	sǎng-gàyt gaan
Bademeister (m)	ไลฟ์การ์ด	lai-gàat

TECHNISCHES ZUBEHÖR. TRANSPORT

Technisches Zubehör

139. Computer

Computer (m)	คอมพิวเตอร์	khorm-phiw-dtêr
Laptop (m), Notebook (n)	โน้ตบุค	nóht búk
einschalten (vt)	เปิด	bpèrt
abstellen (vt)	ปิด	bpìt
Tastatur (f)	แป้นพิมพ์	bpâen phim
Taste (f)	ปุ่ม	bpùm
Maus (f)	เมาส์	mao
Mousepad (n)	แผ่นรองเมาส์	phàen rorng mao
Knopf (m)	ปุ่ม	bpùm
Cursor (m)	เคอร์เซอร์	khêr-sêr
Monitor (m)	จอมอนิเตอร์	jor mor-ní-dtêr
Schirm (m)	หน้าจอ	nâa jor
Festplatte (f)	ฮาร์ดดิสก์	hâat-dìt
Festplattengröße (f)	ความจุฮาร์ดดิสก์	kwaam jù hâat-dìt
Speicher (m)	หน่วยความจำ	nùay khwaam jam
Arbeitsspeicher (m)	หน่วยความจำ	nùay khwaam jam
	เข้าถึงโดยสุ่ม	khâo thěung doi sùm
Datei (f)	ไฟล์	fai
Ordner (m)	โฟลเดอร์	fohl-dêr
öffnen (vt)	เปิด	bpèrt
schließen (vt)	ปิด	bpìt
speichern (vt)	บันทึก	ban-théuk
löschen (vt)	ลบ	lóp
kopieren (vt)	คัดลอก	khát lôrk
sortieren (vt)	จัดเรียง	jàt riang
transferieren (vt)	ทำสำเนา	tham sǎm-nao
Programm (n)	โปรแกรม	bproh-graem
Software (f)	ซอฟต์แวร์	sôf-wae
Programmierer (m)	นักเขียนโปรแกรม	nák khǐan bproh-graem
programmieren (vt)	เขียนโปรแกรม	khǐan bproh-graem
Hacker (m)	แฮ็กเกอร์	háek-gêr
Kennwort (n)	รหัสผ่าน	rá-hàt phàan
Virus (m, n)	ไวรัส	wai-rát
entdecken (vt)	ตรวจพบ	dtrùat phóp

| Byte (n) | ไบท์ | bai |
| Megabyte (n) | เมกะไบท์ | may-gà-bai |

| Daten (pl) | ข้อมูล | khôr moon |
| Datenbank (f) | ฐานข้อมูล | thǎan khôr moon |

Kabel (n)	สายเคเบิล	sǎai khay-bêrn
trennen (vt)	ตัดการเชื่อมต่อ	dtàt gaan chêuam dtòr
anschließen (vt)	เชื่อมต่อ	chêuam dtòr

140. Internet. E-Mail

Internet (n)	อินเทอร์เน็ต	in-thêr-nét
Browser (m)	เบราวเซอร์	brao-sêr
Suchmaschine (f)	โปรแกรมค้นหา	bproh-graem khón hǎa
Provider (m)	ผู้ให้บริการ	phôo hâi bor-rí-gaan

Webmaster (m)	เว็บมาสเตอร์	wép-mâat-dtêr
Website (f)	เว็บไซต์	wép sai
Webseite (f)	เว็บเพจ	wép phâyt

| Adresse (f) | ที่อยู่ | thêe yòo |
| Adressbuch (n) | สมุดที่อยู่ | sà-mùt thêe yòo |

Mailbox (f)	กล่องจดหมายอีเมลล์	glòrng jòt mǎai ee-mayn
Post (f)	จดหมาย	jòt mǎai
überfüllt (-er Briefkasten)	เต็ม	dtem

Mitteilung (f)	ข้อความ	khôr khwaam
eingehenden Nachrichten	ข้อความขาเข้า	khôr khwaam khǎa khâo
ausgehenden Nachrichten	ข้อความขาออก	khôr khwaam khǎa òrk

Absender (m)	ผู้ส่ง	phôo sòng
senden (vt)	ส่ง	sòng
Absendung (f)	การส่ง	gaan sòng

| Empfänger (m) | ผู้รับ | phôo ráp |
| empfangen (vt) | รับ | ráp |

| Briefwechsel (m) | การติดต่อกัน ทางจดหมาย | gaan dtìt dtòr gan thaang jòt mǎai |
| im Briefwechsel stehen | ติดต่อกันทางจดหมาย | dtìt dtòr gan thaang jòt mǎai |

Datei (f)	ไฟล์	fai
herunterladen (vt)	ดาวน์โหลด	daao lòht
schaffen (vt)	สร้าง	sâang
löschen (vt)	ลบ	lóp
gelöscht (Datei)	ถูกลบ	thòok lóp

Verbindung (f)	การเชื่อมต่อ	gaan chêuam dtòr
Geschwindigkeit (f)	ความเร็ว	khwaam reo
Modem (n)	โมเด็ม	moh-dem
Zugang (m)	การเข้าถึง	gaan khâo thěung
Port (m)	พอร์ท	phôt

Anschluss (m)	การเชื่อมต่อ	gaan chêuam dtòr
sich anschließen	เชื่อมตอกับ...	chêuam dtòr gàp...
auswählen (vt)	เลือก	lêuak
suchen (vt)	คนหา	khón hăa

Transport

141. Flugzeug

Flugzeug (n)	เครื่องบิน	khrêuang bin
Flugticket (n)	ตั๋วเครื่องบิน	dtŭa khrêuang bin
Fluggesellschaft (f)	สายการบิน	săai gaan bin
Flughafen (m)	สนามบิน	sà-năam bin
Überschall-	ความเร็วเหนือเสียง	khwaam reo nĕua-sĭang
Flugkapitän (m)	กัปตัน	gàp dtan
Besatzung (f)	ลูกเรือ	lôok reua
Pilot (m)	นักบิน	nák bin
Flugbegleiterin (f)	พนักงวนต้อนรับบนเครื่องบิน	phá-nák ngaan dtôrn ráp bon khrêuang bin
Steuermann (m)	ต้นหน	dtôn hŏn
Flügel (pl)	ปีก	bpèek
Schwanz (m)	หาง	hăang
Kabine (f)	ห้องนักบิน	hôrng nák bin
Motor (m)	เครื่องยนต์	khrêuang yon
Fahrgestell (n)	โครงสวนลางของเครื่องบิน	khrorng sùan lâang khŏrng khrêuang bin
Turbine (f)	กังหัน	gang-hăn
Propeller (m)	ใบพัด	bai phát
Flugschreiber (m)	กลองดำ	glòrng dam
Steuerrad (n)	คันบังคับ	khan bang-kháp
Treibstoff (m)	เชื้อเพลิง	chéua phlerng
Sicherheitskarte (f)	คู่มือความปลอดภัย	khôo meu khwaam bplòt phai
Sauerstoffmaske (f)	หน้ากากอ็อกซิเจน	nâa gàak ók sí jayn
Uniform (f)	เครื่องแบบ	khrêuang bàep
Rettungsweste (f)	เสื้อชูชีพ	sêua choo chêep
Fallschirm (m)	รมชูชีพ	rôm choo chêep
Abflug, Start (m)	การบินขึ้น	gaan bin khêun
starten (vi)	บินขึ้น	bin khêun
Startbahn (f)	ทางวิ่งเครื่องบิน	thaang wîng khrêuang bin
Sicht (f)	ทัศนวิสัย	thát sá ná wí-săi
Flug (m)	การบิน	gaan bin
Höhe (f)	ความสูง	khwaam sŏong
Luftloch (n)	หลุมอากาศ	lŭm aa-gàat
Platz (m)	ที่นั่ง	thêe nâng
Kopfhörer (m)	หูฟัง	hŏo fang
Klapptisch (m)	ถูดพับเก็บได้	thàat pháp gèp dâai
Bullauge (n)	หนาตางเครื่องบิน	nâa dtàang khrêuang bin
Durchgang (m)	ทางเดิน	thaang dern

142. Zug

Zug (m)	รถไฟ	rót fai
elektrischer Zug (m)	รถไฟชานเมือง	rót fai chaan meuang
Schnellzug (m)	รถไฟด่วน	rót fai dùan
Diesellok (f)	รถจักรดีเซล	rót jàk dee-sayn
Dampflok (f)	รถจักรไอน้ำ	rót jàk ai náam
Personenwagen (m)	ตู้โดยสาร	dtôo doi săan
Speisewagen (m)	ตูเสบียง	dtôo sà-biang
Schienen (pl)	รางรถไฟ	raang rót fai
Eisenbahn (f)	ทางรถไฟ	thaang rót fai
Bahnschwelle (f)	หมอนรองราง	mŏrn rorng raang
Bahnsteig (m)	ชานชลา	chaan-chá-laa
Gleis (n)	ราง	raang
Eisenbahnsignal (n)	ไฟสัญญาณรถไฟ	fai săn-yaan rót fai
Station (f)	สถานี	sà-thăa-nee
Lokomotivführer (m)	คนขับรถไฟ	khon khàp rót fai
Träger (m)	พนักงานยกกระเป๋า	phá-nák ngaan yók grà-bpăo
Schaffner (m)	พนักงานรถไฟ	phá-nák ngaan rót fai
Fahrgast (m)	ผู้โดยสาร	phôo doi săan
Fahrkartenkontrolleur (m)	พนักงานตรวจตั๋ว	phá-nák ngaan dtrùat dtŭa
Flur (m)	ทางเดิน	thaang dern
Notbremse (f)	เบรคฉุกเฉิน	bràyk chùk-chĕrn
Abteil (n)	ตู้นอน	dtôo norn
Liegeplatz (m), Schlafkoje (f)	เตียง	dtiang
oberer Liegeplatz (m)	เตียงบน	dtiang bon
unterer Liegeplatz (m)	เตียงล่าง	dtiang lâang
Bettwäsche (f)	ชุดเครื่องนอน	chút khrêuang norn
Fahrkarte (f)	ตั๋ว	dtŭa
Fahrplan (m)	ตารางเวลา	dtaa-raang way-laa
Anzeigetafel (f)	กระดานแสดงข้อมูล	grà daan sà-daeng khôr moon
abfahren (der Zug)	ออกเดินทาง	òrk dern thaang
Abfahrt (f)	การออกเดินทาง	gaan òrk dern thaang
ankommen (der Zug)	มาถึง	maa thĕung
Ankunft (f)	การมาถึง	gaan maa thĕung
mit dem Zug kommen	มาถึงโดยรถไฟ	maa thĕung doi rót fai
in den Zug einsteigen	ขึ้นรถไฟ	khêun rót fai
aus dem Zug aussteigen	ลงจากรถไฟ	long jàak rót fai
Zugunglück (n)	รถไฟตกราง	rót fai dtòk raang
entgleisen (vi)	ตกราง	dtòk raang
Dampflok (f)	หัวรถจักรไอน้ำ	hŭa rót jàk ai náam
Heizer (m)	คนควบคุมเตาไฟ	khon khûap khum dtao fai
Feuerbüchse (f)	เตาไฟ	dtao fai
Kohle (f)	ถ่านหิน	thàan hĭn

143. Schiff

Schiff (n)	เรือ	reua
Fahrzeug (n)	เรือ	reua
Dampfer (m)	เรือจักรไอน้ำ	reua jàk ai náam
Motorschiff (n)	เรือลองแมน้ำ	reua lông mâe náam
Kreuzfahrtschiff (n)	เรือเดินสมุทร	reua dern sà-mùt
Kreuzer (m)	เรือลาดตระเวน	reua lâat dtrà-wayn
Jacht (f)	เรือยอชต์	reua yôt
Schlepper (m)	เรือลากจูง	reua lâak joong
Lastkahn (m)	เรือบูรรทุก	reua ban-thúk
Fähre (f)	เรือขามฟาก	reua khâam fâak
Segelschiff (n)	เรือใบ	reua bai
Brigantine (f)	เรือใบสองเสากระโดง	reua bai sŏrng săo grà-dohng
Eisbrecher (m)	เรือตัดน้ำแข็ง	reua dtàt náam khăeng
U-Boot (n)	เรือดำน้ำ	reua dam náam
Boot (n)	เรือพาย	reua phaai
Dingi (n), Beiboot (n)	เรือบดเล็ก	reua bòt lék
Rettungsboot (n)	เรือชูชีพ	reua choo chêep
Motorboot (n)	เรือยนต์	reua yon
Kapitän (m)	กัปตัน	gàp dtan
Matrose (m)	นาวิน	naa-win
Seemann (m)	คนเรือ	khon reua
Besatzung (f)	กะลาสี	gà-laa-sĕe
Bootsmann (m)	สรั่ง	sà-ràng
Schiffsjunge (m)	คนชวยงานในเรือ	khon chûay ngaan nai reua
Schiffskoch (m)	กุก	gúk
Schiffsarzt (m)	แพทย์เรือ	phâet reua
Deck (n)	ดาดฟ้าเรือ	dàat-fáa reua
Mast (m)	เสากระโดงเรือ	săo grà-dohng reua
Segel (n)	ใบเรือ	bai reua
Schiffsraum (m)	ท้องเรือ	thórng-reua
Bug (m)	หัวเรือ	hŭa-reua
Heck (n)	ทวยเรือ	tháai reua
Ruder (n)	ไมพาย	máai phaai
Schraube (f)	ใบจักร	bai jàk
Kajüte (f)	ห้องพัก	hôrng phák
Messe (f)	หองอาหาร	hôrng aa-hăan
Maschinenraum (m)	หองเครื่องยนต์	hôrng khrêuang yon
Kommandobrücke (f)	สะพานเดินเรือ	sà-phaan dern reua
Funkraum (m)	หองวิทยุ	hôrng wít-thá-yú
Radiowelle (f)	คลื่นความถี่	khlêun khwaam thèe
Schiffstagebuch (n)	สมุดบันทึก	sà-mùt ban-théuk
Fernrohr (n)	กลองสองทางไกล	glôrng sòrng thaang glai
Glocke (f)	ระฆัง	rá-khang

Fahne (f)	ธง	thorng
Seil (n)	เชือก	chêuak
Knoten (m)	ปม	bpom
Geländer (n)	ราว	raao
Treppe (f)	ไม้พาดให้	mái phâat hâi
	ขึ้นลงเรือ	khêun long reua

Anker (m)	สมอ	sà-mŏr
den Anker lichten	ถอนสมอ	thŏrn sà-mŏr
Anker werfen	ทอดสมอ	thôrt sà-mŏr
Ankerkette (f)	โซ่สมอเรือ	sôh sà-mŏr reua

Hafen (m)	ท่าเรือ	thâa reua
Anlegestelle (f)	ท่า	thâa
anlegen (vi)	จอดเทียบท่า	jòt thîap tâa
abstoßen (vt)	ออกจากท่า	òrk jàak tâa

Reise (f)	การเดินทาง	gaan dern thaang
Kreuzfahrt (f)	การล่องเรือ	gaan lôrng reua
Kurs (m), Richtung (f)	เส้นทาง	sên thaang
Reiseroute (f)	เส้นทาง	sên thaang

Fahrwasser (n)	ร่องเรือเดิน	rông reua dern
Untiefe (f)	โขด	khòht
stranden (vi)	เกยตื้น	goie dtêun

Sturm (m)	พายุ	phaa-yú
Signal (n)	สัญญาณ	săn-yaan
untergehen (vi)	ลม	lôm
Mann über Bord!	คนตกเรือ!	kon dtòk reua
SOS	SOS	es-o-es
Rettungsring (m)	ห่วงยาง	hùang yaang

144. Flughafen

Flughafen (m)	สนามบิน	sà-năam bin
Flugzeug (n)	เครื่องบิน	khrêuang bin
Fluggesellschaft (f)	สายการบิน	săai gaan bin
Fluglotse (m)	เจ้าหน้าที่ควบคุม	jâo nâa-thêe khûap khum
	จราจรทางอากาศ	jà-raa-jon thaang aa-gàat

Abflug (m)	การออกเดินทาง	gaan òrk dern thaang
Ankunft (f)	การมาถึง	gaan maa thĕung
anfliegen (vi)	มาถึง	maa thĕung

| Abflugzeit (f) | เวลาขาไป | way-laa khăa bpai |
| Ankunftszeit (f) | เวลามาถึง | way-laa maa thĕung |

| sich verspäten | ถูกเลื่อน | thòok lêuan |
| Abflugverspätung (f) | เลื่อนเที่ยวบิน | lêuan thieow bin |

Anzeigetafel (f)	ฐระดานแสดง	grà daan sà-daeng
	ข้อมูล	khôr moon
Information (f)	ข้อมูล	khôr moon

ankündigen (vt)	ประกาศ	bprà-gàat
Flug (m)	เที่ยวบิน	thîeow bin

Zollamt (n)	ศุลกากร	sŭn-lá-gaa-gon
Zollbeamter (m)	เจ้าหน้าที่ศุลกากร	jâo nâa-thêe sŭn-lá-gaa-gon

Zolldeklaration (f)	แบบฟอร์มการเสีย ภาษีศุลกากร	bàep form gaan sĭa phaa-sĕe sŭn-lá-gaa-gon
ausfüllen (vt)	กรอก	gròrk
die Zollerklärung ausfüllen	กรอกแบบฟอร์ม การเสียภาษี	gròrk bàep form gaan sĭa paa-sĕe
Passkontrolle (f)	จุดตรวจหนังสือ เดินทาง	jùt dtrùat năng-sĕu dern-thaang

Gepäck (n)	สัมภาระ	săm-phaa-rá
Handgepäck (n)	กระเป๋าถือ	grà-bpăo thĕu
Kofferkuli (m)	รถขนสัมภาระ	rót khŏn săm-phaa-rá

Landung (f)	การลงจอด	gaan long jòrt
Landebahn (f)	ลานบินลงจอด	laan bin long jòrt
landen (vi)	ลงจอด	long jòrt
Fluggasttreppe (f)	ทางขึ้นลง เครื่องบิน	thaang khêun long khrêuang bin

Check-in (n)	การเช็คอิน	gaan chék in
Check-in-Schalter (m)	เคาน์เตอร์เช็คอิน	khao-dtêr chék in
sich registrieren lassen	เช็คอิน	chék in
Bordkarte (f)	บัตรที่นั่ง	bàt thêe nâng
Abfluggate (n)	ซองเขา	chôrng khâo

Transit (m)	การต่อเที่ยวบิน	gaan tòr thîeow bin
warten (vi)	รอ	ror
Wartesaal (m)	ห้องผู้โดยสารขาออก	hôrng phôo doi săan khăa òk
begleiten (vt)	ไปส่ง	bpai sòng
sich verabschieden	บอกลา	bòrk laa

145. Fahrrad. Motorrad

Fahrrad (n)	รถจักรยาน	rót jàk-grà-yaan
Motorroller (m)	สูตเตอร์	sà-góot-dtêr
Motorrad (n)	รถมอเตอร์ไซค์	rót mor-dtêr-sai

Rad fahren	ขี่จักรยาน	khèe jàk-grà-yaan
Lenkstange (f)	พวงมาลัยรถ	phuang maa-lai rót
Pedal (n)	แป้นเหยียบ	bpâen yìap
Bremsen (pl)	เบรก	bràyk
Sattel (m)	ที่นั่งจักรยาน	thêe nâng jàk-grà-yaan

Pumpe (f)	ปั๊ม	bpám
Gepäckträger (m)	ที่วางสัมภาระ	thêe waang săm-phaa-rá
Scheinwerfer (m)	ไฟหน้า	fai nâa
Helm (m)	หมวกนิรภัย	mùak ní-rá-phai
Rad (n)	ลอ	lór
Schutzblech (n)	บังโคลน	bang khlon

| Felge (f) | ขอบล้อ | khòp lór |
| Speiche (f) | กานลอ | gâan lór |

Autos

146. Autotypen

Auto (n)	รถยนต์	rót yon
Sportwagen (m)	รถสปอร์ต	rót sà-bpòt
Limousine (f)	รถลีมูซีน	rót lee moo seen
Geländewagen (m)	รถเอสยูวี	rót àyt yoo wee
Kabriolett (n)	รถยนต์เปิดประทุน	rót yon bpèrt bprà-thun
Kleinbus (m)	รถบัสเล็ก	rót bàt lék
Krankenwagen (m)	รถพยาบาล	rót phá-yaa-baan
Schneepflug (m)	รถไถหิมะ	rót thǎi hì-má
Lastkraftwagen (m)	รถบรรทุก	rót ban-thúk
Tankwagen (m)	รถบรรทุกน้ำมัน	rót ban-thúk nám man
Kastenwagen (m)	รถตู้	rót dtôo
Sattelzug (m)	รถลาก	rót lâak
Anhänger (m)	รถพ่วง	rót phûang
komfortabel	สะดวก	sà-dùak
gebraucht	มือสอง	meu sǒrng

147. Autos. Karosserie

Motorhaube (f)	กระโปรงรถ	grà bprohng rót
Kotflügel (m)	บังโคลน	bang khlon
Dach (n)	หลังคา	lǎng khaa
Windschutzscheibe (f)	กระจกหน้ารถ	grà-jòk nâa rót
Rückspiegel (m)	กระจกมองหลัง	grà-jòk morng lǎng
Scheibenwaschanlage (f)	ที่ฉีดน้ำลวง	thêe chèet nám
	กระจกหน้ารถ	láang grà-jòk nâa rót
Scheibenwischer (m)	ที่ปัดล้างกระจก	thêe bpàt láang grà-jòk
	หน้ารถ	nâa rót
Seitenscheibe (f)	กระจกข้าง	grà-jòk khâang
Fensterheber (m)	กระจกไฟฟ้า	grà-jòk fai-fáa
Antenne (f)	เสาอากาศ	sǎo aa-gàat
Schiebedach (n)	หลังคารับแดด	lǎng khaa ráp dàet
Stoßstange (f)	กันชน	gan chon
Kofferraum (m)	ท้ายรถ	tháai rót
Dachgepäckträger (m)	ชั้นวางสัมภาระ	chán waang sǎm-phaa-rá
Wagenschlag (m)	ประตู	bprà-dtoo
Türgriff (m)	ที่เปิดประตู	thêe bpèrt bprà-dtoo
Türschloss (n)	ล็อคประตูรถ	lók bprà-dtoo rót

Nummernschild (n)	ป้ายทะเบียน	bpâai thá-bian
Auspufftopf (m)	ท่อไอเสีย	thôr ai sĭa
Benzintank (m)	ถังน้ำมัน	thăng náam man
Auspuffrohr (n)	ท่อไอเสีย	thôr ai sĭa

Gas (n)	เร่ง	râyng
Pedal (n)	แป้นเหยียบ	bpâen yìap
Gaspedal (n)	คันเร่ง	khan râyng

Bremse (f)	เบรก	bràyk
Bremspedal (n)	แป้นเบรค	bpâen bràyk
bremsen (vi)	เบรก	bràyk
Handbremse (f)	เบรกมือ	bràyk meu

Kupplung (f)	คลัตช์	khlát
Kupplungspedal (n)	แป้นคลัตช์	bpâen khlát
Kupplungsscheibe (f)	จานคลัตช	jaan khlát
Stoßdämpfer (m)	โช้คอัพ	chóhk-àp

Rad (n)	ล้อ	lór
Reserverad (n)	ล้อสำรอง	lór săm-rorng
Reifen (m)	ยางรถ	yaang rót
Radkappe (f)	ลอแม็ก	lór-máek

Triebräder (pl)	ล้อพวงมาลัย	lór phuang maa-lai
mit Vorderantrieb	ขับเคลื่อนล้อหน้า	khàp khlêuan lór nâa
mit Hinterradantrieb	ขับเคลื่อนล้อหลัง	khàp khlêuan lór lăng
mit Allradantrieb	ขับเคลื่อนสี่ล้อ	khàp khlêuan sèe lór

Getriebe (n)	กระปุกเกียร์	grà-bpùk gia
Automatik-	อัตโนมัติ	àt-noh-mát
Schalt-	กลไก	gon-gai
Schalthebel (m)	คันเกียร์	khan gia

| Scheinwerfer (m) | ไฟหน้า | fai nâa |
| Scheinwerfer (pl) | ไฟหนา | fai nâa |

Abblendlicht (n)	ไฟต่ำ	fai dtàm
Fernlicht (n)	ไฟสูง	fai sŏong
Stopplicht (n)	ไฟเบรก	fai bràyk

Standlicht (n)	ไฟจอดรถ	fai jòt rót
Warnblinker (m)	ไฟฉุกเฉิน	fai chùk-chĕrn
Nebelscheinwerfer (pl)	ไฟตัดหมอก	fai dtàt mòk
Blinker (m)	ไฟเลี้ยว	fai líeow
Rückfahrscheinwerfer (m)	ไฟรถถอย	fai rót thŏi

148. Autos. Fahrgastraum

Wageninnere (n)	ภายในรถ	phaai nai rót
Leder-	หนัง	năng
aus Velours	กำมะหยี่	gam-má-yèe
Polster (n)	เครื่องเบาะ	khrêuang bòr
Instrument (n)	อุปกรณ์	ù-bpà-gon

Armaturenbrett (n)	แผงหน้าปัด	phǎeng nâa bpàt
Tachometer (m)	มาตรวัดความเร็ว	mâat wát khwaam reo
Nadel (f)	เข็มชี้วัด	khěm chée wát

Kilometerzähler (m)	มิเตอร์วัดระยะทาง	mí-dtêr wát rá-yá thaang
Anzeige (Temperatur-)	มิเตอร์วัด	mí-dtêr wát
Pegel (m)	ระดับ	rá-dàp
Kontrollleuchte (f)	ไฟเตือน	fai dteuan

Steuerrad (n)	พวงมาลัยรถ	phuang maa-lai rót
Hupe (f)	แตร	dtrae
Knopf (m)	ปุ่ม	bpùm
Umschalter (m)	สวิตช์	sà-wít

Sitz (m)	ที่นั่ง	thêe nâng
Rückenlehne (f)	พนักพิง	phá-nák phing
Kopfstütze (f)	ที่พิงศีรษะ	thêe phing sěe-sà
Sicherheitsgurt (m)	เข็มขัดนิรภัย	khěm khàt ní-rá-phai
sich anschnallen	คาดเข็มขัดนิรภัย	khâat khěm khàt ní-rá-phai
Einstellung (f)	การปรับ	gaan bpràp

| Airbag (m) | ถุงลมนิรภัย | thǔng lom ní-rá-phai |
| Klimaanlage (f) | เครื่องปรับอากาศ | khrêuang bpràp-aa-gàat |

Radio (n)	วิทยุ	wít-thá-yú
CD-Spieler (m)	เครื่องเล่น CD	khrêuang lên see-dee
einschalten (vt)	เปิด	bpèrt
Antenne (f)	เสาอากาศ	sǎo aa-gàat
Handschuhfach (n)	ช่องเก็บของ	chông gèp khǒrng
	ข้างคนขับ	khâang khon khàp
Aschenbecher (m)	ที่เขี่ยบุหรี่	thêe khìa bù rèe

149. Autos. Motor

Triebwerk (n)	เครื่องยนต์	khrêuang yon
Motor (m)	มอเตอร์	mor-dtêr
Diesel-	ดีเซล	dee-sayn
Benzin-	น้ำมันเบนซิน	nám man bayn-sin

Hubraum (m)	ขนาดเครื่องยนต์	khà-nàat khrêuang yon
Leistung (f)	กำลัง	gam-lang
Pferdestärke (f)	แรงม้า	raeng máa
Kolben (m)	กานลูกสูบ	gâan lôok sòop
Zylinder (m)	กระบอกสูบ	grà-bòrk sòop
Ventil (n)	วาล์ว	waao

Injektor (m)	หัวฉีด	hǔa chèet
Generator (m)	เครื่องกำเนิดไฟฟ้า	khrêuang gam-nèrt fai fáa
Vergaser (m)	คาร์บูเรเตอร์	khaa-boo-ray-dtêr
Motoröl (n)	น้ำมันเครื่อง	nám man khrêuang

Kühler (m)	หม้อน้ำ	môr náam
Kühlflüssigkeit (f)	สารทำความเย็น	sǎan tham khwaam yen
Ventilator (m)	พัดลมระบายความร้อน	phát lom rá-baai khwaam rón

Autobatterie (f)	แบตเตอรี่	bàet-dter-rêe
Anlasser (m)	มอเตอร์สตาร์ต	mor-dtêr sà-dtàat
Zündung (f)	การจุดระเบิด	gaan jùt rá-bèrt
Zündkerze (f)	หัวเทียน	hŭa thian

Klemme (f)	ขั้วแบตเตอรี่	khŭa bàet-dter-rêe
Pluspol (m)	ขั้วบวก	khŭa bùak
Minuspol (m)	ขั้วลบ	khŭa lóp
Sicherung (f)	ฟิวส์	fiw

Luftfilter (m)	เครื่องกรองอากาศ	khrêuang grorng aa-gàat
Ölfilter (m)	ไส้กรองน้ำมัน	sâi grorng nám man
Treibstofffilter (m)	ไส้กรองน้ำมัน เชื้อเพลิง	sâi grorng nám man chéua phlerng

150. Autos. Unfall. Reparatur

Unfall (m)	อุบัติเหตุรถชน	u-bàt hàyt rót chon
Verkehrsunfall (m)	อุบัติเหตุจราจร	u-bàt hàyt jà-raa-jon
fahren gegen ...	ชน	chon
verunglücken (vi)	ชนโครม	chon khrohm
Schaden (m)	ความเสียหาย	khwaam sĭa hăai
heil (Adj)	ไม่มีความเสียหาย	mâi mee khwaam sĭa hăai

Panne (f)	การเสีย	gaan sĭa
kaputtgehen (vi)	ตาย	dtaai
Abschleppseil (n)	เชือกลากรถยนต์	chêuak lâak rót yon

Reifenpanne (f)	ยางรั่ว	yaang rûa
platt sein	ทำให้ยางแบน	tham hâi yaang baen
pumpen (vt)	เติมลมยาง	dterm lom yaang
Reifendruck (m)	แรงดัน	raeng dan
prüfen (vt)	ตรวจสอบ	dtrùat sòrp

Reparatur (f)	การซ่อม	gaan sôrm
Reparaturwerkstatt (f)	ร้านซ่อมรถยนต์	ráan sôrm rót yon
Ersatzteil (n)	อะไหล่	a lài
Einzelteil (n)	ชิ้นส่วน	chín sùan

Bolzen (m)	สลักเกลียว	sà-làk glieow
Schraube (f)	สกรู	sà-groo
Schraubenmutter (f)	แหวนสกรู	wăen sà-groo
Scheibe (f)	แหวนเล็ก	wăen lék
Lager (n)	แบริ่ง	bae-ring

Rohr (Abgas-)	ท่อ	thôr
Dichtung (f)	ปะเก็น	bpà gen
Draht (m)	สายไฟ	săai fai

Wagenheber (m)	แม่แรง	mâe raeng
Schraubenschlüssel (m)	ประแจ	bprà-jae
Hammer (m)	ค้อน	khórn
Pumpe (f)	ปั๊ม	bpám
Schraubenzieher (m)	ไขควง	khăi khuang

Feuerlöscher (m)	ถังดับเพลิง	thǎng dàp phlerng
Warndreieck (n)	ป้ายเตือน	bpâai dteuan

abwürgen (Motor)	มีเครื่องดับ	mee khrêuang dàp
Anhalten (~ des Motors)	การดับ	gaan dàp
kaputt sein	เสีย	sǐa

überhitzt werden (Motor)	ร้อนเกิน	rórn gern
verstopft sein	อุดตัน	ùt dtan
einfrieren (Schloss, Rohr)	เยือกแข็ง	yêuak khǎeng
zerplatzen (vi)	แตก	dtàek

Druck (m)	แรงดัน	raeng dan
Pegel (m)	ระดับ	rá-dàp
schlaff (z.B. -e Riemen)	อ่อน	òrn

Delle (f)	รอยบุบ	roi bùp
Klopfen (n)	เสียงเครื่องยนต์ดับ	sǐang khrêuang yon dàp
Riß (m)	รอยแตก	roi dtàek
Kratzer (m)	รอยขูด	roi khòot

151. Autos. Straßen

Fahrbahn (f)	ถนน	thà-nǒn
Schnellstraße (f)	ทางหลวง	thaang lǔang
Autobahn (f)	ทางด่วน	thaang dùan
Richtung (f)	ทิศทาง	thít thaang
Entfernung (f)	ระยะทาง	rá-yá thaang

Brücke (f)	สะพาน	sà-phaan
Parkplatz (m)	ลานจอดรถ	laan jòrt rót
Platz (m)	จัตุรัส	jàt-dtù-ràt
Autobahnkreuz (n)	ทางแยกต่างระดับ	thaang yâek dtàang rá-dàp
Tunnel (m)	อุโมงค์	u-mohng

Tankstelle (f)	ปั๊มน้ำมัน	bpám náam man
Parkplatz (m)	ลานจอดรถ	laan jòrt rót
Zapfsäule (f)	ที่เติมน้ำมัน	thêe dterm náam man
Reparaturwerkstatt (f)	ร้านซ่อมรถยนต์	ráan sôrm rót yon
tanken (vt)	เติมน้ำมัน	dterm náam man
Treibstoff (m)	น้ำมันเชื้อเพลิง	nám man chéua phlerng
Kanister (m)	ถังน้ำมัน	thǎng náam man

Asphalt (m)	ถนนลาดยาง	thà-nǒn lâat yaang
Markierung (f)	เครื่องหมายจราจร บนพื้นทาง	khrêuang mǎai jà-raa-jon bon phéun thaang

Bordstein (m)	ขอบถนน	khòrp thà-nǒn
Leitplanke (f)	รั้วกั้น	rúa gân
Graben (m)	คู	khoo
Straßenrand (m)	ข้างถนน	khâang thà-nǒn
Straßenlaterne (f)	เสาไฟ	sǎo fai

fahren (vt)	ขับ	khàp
abbiegen (nach links ~)	เลี้ยว	líeow

| umkehren (vi) | กลับรถ | glàp rót |
| Rückwärtsgang (m) | ถอยรถ | thŏri rót |

hupen (vi)	บีบแตร	bèep dtrae
Hupe (f)	เสียงบีบแตร	sĭang bèep dtrae
stecken (im Schlamm ~)	ติด	dtìt
durchdrehen (Räder)	หมุนล้อ	mŭn lór
abstellen (Motor ~)	ปิด	bpìt

Geschwindigkeit (f)	ความเร็ว	khwaam reo
Geschwindigkeit überschreiten	ขับเร็วเกิน	khàp reo gern
bestrafen (vt)	ให้ใบสั่ง	hâi bai sàng
Ampel (f)	ไฟสัญญาณจราจร	fai sǎn-yaan jà-raa-jon
Führerschein (m)	ใบขับขี่	bai khàp khèe

Bahnübergang (m)	ทางข้ามรถไฟ	thaang khâam rót fai
Straßenkreuzung (f)	สี่แยก	sèe yâek
Fußgängerüberweg (m)	ทางม้าลาย	thaang máa laai
Kehre (f)	ทางโค้ง	thaang khóhng
Fußgängerzone (f)	ถนนคนเดิน	thà-nŏn khon dern

MENSCHEN. LEBENSEREIGNISSE

Lebensereignisse

152. Feiertage. Ereignis

Fest (n)	วันหยุดเฉลิมฉลอง	wan yùt chà-lěrm chà-lǒng
Nationalfeiertag (m)	วันชาติ	wan châat
Feiertag (m)	วันหยุดนักขัตฤกษ์	wan yùt nák-kàt-rêrk
feiern (vt)	เฉลิมฉลอง	chà-lěrm chà-lǒrng

Ereignis (n)	เหตุการณ์	hàyt gaan
Veranstaltung (f)	งานอีเวนต์	ngaan ee wayn
Bankett (n)	งานเลี้ยง	ngaan líang
Empfang (m)	งานเลี้ยง	ngaan líang
Festmahl (n)	งานฉลอง	ngaan chà-lǒrng

Jahrestag (m)	วันครบรอบ	wan khróp rôrp
Jubiläumsfeier (f)	วันครบรอบปี	wan khróp rôrp bpee
begehen (vt)	ฉลอง	chà-lǒrng

Neujahr (n)	ปีใหม่	bpee mài
Frohes Neues Jahr!	สวัสดีปีใหม่!	sà-wàt-dee bpee mài
Weihnachtsmann (m)	ซานตาคลอส	saan-dtaa-khlôrt

Weihnachten (n)	คริสต์มาส	khrít-mâat
Frohe Weihnachten!	สุขสันต์วันคริสต์มาส	sùk-sǎn wan khrít-mâat
Tannenbaum (m)	ต้นคริสต์มาส	dtôn khrít-mâat
Feuerwerk (n)	ดอกไม้ไฟ	dòrk máai fai

Hochzeit (f)	งานแต่งงาน	ngaan dtàeng ngaan
Bräutigam (m)	เจ้าบ่าว	jâo bàao
Braut (f)	เจ้าสาว	jâo sǎao

einladen (vt)	เชิญ	chern
Einladung (f)	บัตรเชิญ	bàt chern

Gast (m)	แขก	khàek
besuchen (vt)	ไปเยี่ยม	bpai yîam
Gäste empfangen	ต้อนรับแขก	dton ráp khàek

Geschenk (n)	ของขวัญ	khǒrng khwǎn
schenken (vt)	ให้	hâi
Geschenke bekommen	รับของขวัญ	ráp khǒrng khwǎn
Blumenstrauß (m)	ช่อดอกไม้	chôr dòrk máai

Glückwunsch (m)	คำแสดงความยินดี	kham sà-daeng khwaam yin-dee
gratulieren (vi)	แสดงความยินดี	sà-daeng khwaam yin dee

Glückwunschkarte (f)	บัตรอวยพร	bàt uay phon
eine Karte abschicken	ส่งโปสการ์ด	sòng bpòht-gàat
eine Karte erhalten	รับโปสการ์ด	ráp bpòht-gàat
Trinkspruch (m)	ดื่มอวยพร	dèum uay phon
anbieten (vt)	เลี้ยงเครื่องดื่ม	líang khrêuang dèum
Champagner (m)	แชมเปญ	chaem-bpayn
sich amüsieren	มีความสุข	mee khwaam sùk
Fröhlichkeit (f)	ความรื่นเริง	khwaam rêun-rerng
Freude (f)	ความสุขสันต์	khwaam sùk-săn
Tanz (m)	การเต้น	gaan dtên
tanzen (vi, vt)	เต้น	dtên
Walzer (m)	วอลทซ์	wɔ:lts
Tango (m)	แทงโก้	thaeng-gôh

153. Bestattungen. Begräbnis

Friedhof (m)	สุสาน	sù-săan
Grab (n)	หลุมศพ	lŭm sòp
Kreuz (n)	ไม้กางเขน	mái gaang khăyn
Grabstein (m)	ป้ายหลุมศพ	bpâai lŭm sòp
Zaun (m)	รั้ว	rúa
Kapelle (f)	โรงสวด	rohng sùat
Tod (m)	ความตาย	khwaam dtaai
sterben (vi)	ตาย	dtaai
Verstorbene (m)	ผู้เสียชีวิต	phôo sĭa chee-wít
Trauer (f)	การไว้อาลัย	gaan wái aa-lai
begraben (vt)	ฝังศพ	făng sòp
Bestattungsinstitut (n)	บริษัทรับจัดงานศพ	bor-rí-sàt ráp jàt ngaan sòp
Begräbnis (n)	งานศพ	ngaan sòp
Kranz (m)	พวงหรีด	phuang rèet
Sarg (m)	โลงศพ	lohng sòp
Katafalk (m)	รถขุนศพ	rót khŏn sòp
Totenhemd (n)	ผ้าห่อศพ	phâa hòr sòp
Trauerzug (m)	พิธีศพ	phí-tee sòp
Urne (f)	โกศ	gòht
Krematorium (n)	เมรุ	mayn
Nachruf (m)	ข่าวมรณกรรม	khàao mor-rá-ná-gam
weinen (vi)	ร้องไห้	rórng hâi
schluchzen (vi)	สะอื้น	sà-êun

154. Krieg. Soldaten

Zug (m)	หมวด	mùat
Kompanie (f)	กองร้อย	gorng rói

Regiment (n)	กรม	grom
Armee (f)	กองทัพ	gorng tháp
Division (f)	กองพล	gorng phon-la

Abteilung (f)	หมู่	mòo
Heer (n)	กองทัพ	gorng tháp

Soldat (m)	ทหาร	thá-hǎan
Offizier (m)	นายทหาร	naai thá-hǎan

Soldat (m)	พลทหาร	phon-thá-hǎan
Feldwebel (m)	สิบเอก	sìp àyk
Leutnant (m)	ร้อยโท	rói thoh
Hauptmann (m)	ร้อยเอก	rói àyk
Major (m)	พลตรี	phon-dtree
Oberst (m)	พันเอก	phan àyk
General (m)	นายพล	naai phon

Matrose (m)	กะลาสี	gà-laa-sěe
Kapitän (m)	กัปตัน	gàp dtan
Bootsmann (m)	สรังเรือ	sà-ràng reua

Artillerist (m)	ทหารปืนใหญ่	thá-hǎan bpeun yài
Fallschirmjäger (m)	พลรม	phon-rôm
Pilot (m)	นักบิน	nák bin
Steuermann (m)	ตุนหน	dtôn hǒn
Mechaniker (m)	ช่างเครื่อง	châang khrêuang

Pionier (m)	ทหารช่าง	thá-hǎan châang
Fallschirmspringer (m)	ทหารราบอากาศ	thá-hǎan râap aa-gàat
Aufklärer (m)	ทหารพราน	thá-hǎan phraan
Scharfschütze (m)	พลซุ่มยิง	phon sûm ying

Patrouille (f)	หน่วยลาดตระเวน	nùay lâat dtrà-wayn
patrouillieren (vi)	ลาดตระเวน	lâat dtrà-wayn
Wache (f)	ทหารยาม	tá-hǎan yaam

Krieger (m)	นักรบ	nák róp
Patriot (m)	ผู้รักชาติ	phôo rák châat

Held (m)	วีรบุรุษ	wee-rá-bù-rùt
Heldin (f)	วีรสตรี	wee rá-sot dtree

Verräter (m)	ผู้ทรยศ	phôo thor-rá-yót
verraten (vt)	ทรยศ	thor-rá-yót

Deserteur (m)	ทหารหนีทัพ	thá-hǎan něe tháp
desertieren (vi)	หนีทัพ	něe tháp

Söldner (m)	ทหารรับจ้าง	thá-hǎan ráp jâang
Rekrut (m)	เกณฑ์ทหาร	gayn thá-hǎan
Freiwillige (m)	อาสาสมัคร	aa-sǎa sà-màk

Getoetete (m)	คนถูกฆ่า	khon thòok khâa
Verwundete (m)	ผู้ได้รับบาดเจ็บ	phôo dâai ráp bàat jèp
Kriegsgefangene (m)	เชลยศึก	chá-loie sèuk

155. Krieg. Militärische Aktionen. Teil 1

Krieg (m)	สงคราม	sŏng-khraam
Krieg führen	ทำสงคราม	tham sŏng-khraam
Bürgerkrieg (m)	สงครามกลางเมือง	sŏng-khraam glaang-meuang

heimtückisch (Adv)	ตลบตะแลง	dtà-lòp-dtà-laeng
Kriegserklärung (f)	การประกาศสงคราม	gaan bprà-gàat sŏng-khraam
erklären (den Krieg ~)	ประกาศสงคราม	bprà-gàat sŏng-khraam
Aggression (f)	การรุกราน	gaan rúk-raan
einfallen (Staat usw.)	บุกรุก	bùk rúk

einfallen (in ein Land ~)	บุกรุก	bùk rúk
Invasoren (pl)	ผู้บุกรุก	phôo bùk rúk
Eroberer (m), Sieger (m)	ผู้ยึดครอง	phôo yéut khrorng

Verteidigung (f)	การป้องกัน	gaan bpôrng gan
verteidigen (vt)	ปกป้อง	bpòk bpôrng
sich verteidigen	ป้องกัน	bpôrng gan

Feind (m)	ศัตรู	sàt-dtroo
Gegner (m)	ข้าศึก	khâa sèuk
Feind-	ศัตรู	sàt-dtroo

| Strategie (f) | ยุทธศาสตร์ | yút-thá-sàat |
| Taktik (f) | ยุทธวิธี | yút-thá-wí-thee |

Befehl (m)	คำสั่ง	kham sàng
Anordnung (f)	คำบัญชาการ	kham ban-chaa gaan
befehlen (vt)	สั่ง	sàng
Auftrag (m)	ภารกิจ	phaa-rá-gìt
geheim (Adj)	อย่างลับ	yàang láp

Schlacht (f), Kampf (m)	การรบ	gaan róp
Angriff (m)	การจู่โจม	gaan jòo johm
Sturm (m)	การเข้าจู่โจม	gaan khâo jòo johm
stürmen (vt)	บุกจู่โจม	bùk jòo johm
Belagerung (f)	การโอบล้อมโจมตี	gaan òhp lóm johm dtee

| Angriff (m) | การโจมตี | gaan johm dtee |
| angreifen (vt) | โจมตี | johm dtee |

| Rückzug (m) | การถอย | gaan thŏi |
| sich zurückziehen | ถอย | thŏi |

| Einkesselung (f) | การปิดล้อม | gaan bpìt lórm |
| einkesseln (vt) | ปิดล้อม | bpìt lórm |

Bombenangriff (m)	การทิ้งระเบิด	gaan thíng rá-bèrt
eine Bombe abwerfen	ทิ้งระเบิด	thíng rá-bèrt
bombardieren (vt)	ทิ้งระเบิด	thíng rá-bèrt
Explosion (f)	การระเบิด	gaan rá-bèrt

| Schuss (m) | การยิง | gaan ying |
| schießen (vt) | ยิง | ying |

Schießerei (f)	การยิง	gaan ying
zielen auf …	เล็ง	leng
richten (die Waffe)	ชี้	chée
treffen (ins Schwarze ~)	ถูกเป้าหมาย	thòok bpâo măai

versenken (vt)	จม	jom
Loch (im Schiffsrumpf)	รู	roo
versinken (Schiff)	จม	jom

Front (f)	แนวหน้า	naew nâa
Evakuierung (f)	การอพยพ	gaan òp-phá-yóp
evakuieren (vt)	อพยพ	òp-phá-yóp

Schützengraben (m)	สนามเพลาะ	sà-năam phlór
Stacheldraht (m)	ลวดหนาม	lûat năam
Sperre (z.B. Panzersperre)	สิ่งกีดขวาง	sìng gèet-khwăang
Wachtturm (m)	หอสังเกตการณ์	hŏr săng-gàyt gaan

Lazarett (n)	โรงพยาบาล	rohng phá-yaa-baan
	ทหาร	thá-hăan
verwunden (vt)	ทำให้บาดเจ็บ	tham hâi bàat jèp
Wunde (f)	แผล	phlăe
Verwundete (m)	ผู้ได้รับบาดเจ็บ	phôo dâai ráp bàat jèp
verletzt sein	ได้รับบาดเจ็บ	dâai ráp bàat jèp
schwer (-e Verletzung)	รายแรง	ráai raeng

156. Waffen

Waffe (f)	อาวุธ	aa-wút
Schusswaffe (f)	อาวุธปืน	aa-wút bpeun
blanke Waffe (f)	อาวุธเย็น	aa-wút yen

chemischen Waffen (pl)	อาวุธเคมี	aa-wút khay-mee
Kern-, Atom-	นิวเคลียร์	niw-khlia
Kernwaffe (f)	อาวุธนิวเคลียร์	aa-wút niw-khlia

| Bombe (f) | ลูกระเบิด | lôok rá-bèrt |
| Atombombe (f) | ลูกระเบิดปรมาณู | lôok rá-bèrt bpà-rá-maa-noo |

Pistole (f)	ปืนพก	bpeun phók
Gewehr (n)	ปืนไรเฟิล	bpeun rai-fern
Maschinenpistole (f)	ปืนกลมือ	bpeun gon meu
Maschinengewehr (n)	ปืนกล	bpeun gon

Mündung (f)	ปากปู่ระบอกปืน	bpàak bprà bòrk bpeun
Lauf (Gewehr-)	ลำกลอง	lam glôrng
Kaliber (n)	ขนาดลำกลอง	khà-nàat lam glôrng

Abzug (m)	ไกปืน	gai bpeun
Visier (n)	ศูนย์เล็ง	sŏon leng
Magazin (n)	แม็กกาซีน	máek-gaa-seen
Kolben (m)	พานท้ายปืน	phaan tháai bpeun
Handgranate (f)	ระเบิดมือ	rá-bèrt meu
Sprengstoff (m)	วัตถุระเบิด	wát-thù rá-bèrt

Kugel (f)	ลูกกระสุน	lôok grà-sǔn
Patrone (f)	ตลับกระสุน	dtà-làp grà-sǔn
Ladung (f)	กระสุน	grà-sǔn
Munition (f)	อาวุธยุทธภัณฑ์	aa-wút yút-thá-phan

Bomber (m)	เครื่องบินทิ้งระเบิด	khrêuang bin thíng rá-bèrt
Kampfflugzeug (n)	เครื่องบินขับไล่	khrêuang bin khàp lâi
Hubschrauber (m)	เฮลิคอปเตอร์	hay-lí-khôrp-dtêr

Flugabwehrkanone (f)	ปืนต่อสู้ อากาศยาน	bpeun dtòr sôo aa-gàat-sà-yaan
Panzer (m)	รถถัง	rót thǎng
Panzerkanone (f)	ปืนรถถัง	bpeun rót thǎng

Artillerie (f)	ปืนใหญ่	bpeun yài
Kanone (f)	ปืน	bpeun
richten (die Waffe)	เล็งเป้าปืน	leng bpâo bpeun

Geschoß (n)	กระสุน	grà-sǔn
Wurfgranate (f)	กระสุนปืนครก	grà-sǔn bpeun khrók
Granatwerfer (m)	ปืนครก	bpeun khrók
Splitter (m)	สะเก็ดระเบิด	sà-gèt rá-bèrt

U-Boot (n)	เรือดำน้ำ	reua dam náam
Torpedo (m)	ตอร์ปิโด	dtor-bpì-doh
Rakete (f)	ขีปนาวุธ	khěe-bpà-naa-wút

laden (Gewehr)	ใส่กระสุน	sài grà-sǔn
schießen (vi)	ยิง	ying
zielen auf ...	เล็ง	leng
Bajonett (n)	ดาบปลายปืน	dàap bplaai bpeun

Degen (m)	เรเปียร์	ray-bpia
Säbel (m)	ดาบโค้ง	dàap khóhng
Speer (m)	หอก	hòrk
Bogen (m)	ธนู	thá-noo
Pfeil (m)	ลูกธนู	lôok-thá-noo
Muskete (f)	ปืนคาบศิลา	bpeun khâap sì-laa
Armbrust (f)	หน้าไม้	nâa máai

157. Menschen der Antike

vorzeitlich	แบบดั้งเดิม	bàep dâng derm
prähistorisch	ยุคก่อนประวัติศาสตร์	yúk gòn bprà-wàt sàat
alt (antik)	โบราณ	boh-raan

Steinzeit (f)	ยุคหิน	yúk hǐn
Bronzezeit (f)	ยุคสำริด	yúk sǎm-rít
Eiszeit (f)	ยุคน้ำแข็ง	yúk nám khǎeng

Stamm (m)	เผ่า	phào
Kannibale (m)	ผู้ที่กินเนื้อคน	phôo thêe gin néua khon
Jäger (m)	นักล่าสัตว์	nák lâa sàt
jagen (vi)	ล่าสัตว์	lâa sàt

Mammut (n)	ช้างแมมมอธ	cháang-maem-môt
Höhle (f)	ถ้ำ	thâm
Feuer (n)	ไฟ	fai
Lagerfeuer (n)	กองไฟ	gorng fai
Höhlenmalerei (f)	ภาพวาดในถ้ำ	phâap-wâat nai thâm

Werkzeug (n)	เครื่องมือ	khrêuang meu
Speer (m)	หอก	hòrk
Steinbeil (n), Steinaxt (f)	ขวานหิน	khwǎan hǐn
Krieg führen	ทำสงคราม	tham sǒng-khraam
domestizieren (vt)	เชื่อง	chêuang

Idol (n)	เทวรูป	theu-rôop
anbeten (vt)	บูชา	boo-chaa
Aberglaube (m)	ความเชื่องมงาย	khwaam chêua ngom-ngaai
Brauch (m), Ritus (m)	พิธีกรรม	phí-thee gam

Evolution (f)	วิวัฒนาการ	wí-wát-thá-naa-gaan
Entwicklung (f)	การพัฒนา	gaan phát-thá-naa
Verschwinden (n)	การสูญพันธุ์	gaan sǒon phan
sich anpassen	ปรับตัว	bpràp dtua

Archäologie (f)	โบราณคดี	boh-raan khá-dee
Archäologe (m)	นักโบราณคดี	nák boh-raan-ná-khá-dee
archäologisch	ทางโบราณคดี	thaang boh-raan khá-dee

Ausgrabungsstätte (f)	แหล่งขุดค้น	làeng khùt khón
Ausgrabungen (pl)	การขุดคน	gaan khùt khón
Fund (m)	สิ่งที่คนพบ	sìng thêe khón phóp
Fragment (n)	เศษชิ้นส่วน	sàyt chín sùan

158. Mittelalter

Volk (n)	ชาติพันธุ์	châat-dtì-phan
Völker (pl)	ชุาติพันธุ์	châat-dtì-phan
Stamm (m)	เผ่า	phào
Stämme (pl)	เผา	phào

Barbaren (pl)	อนารยชน	à-naa-rá-yá-chon
Gallier (pl)	ชาวโกล	chaao gloh
Goten (pl)	ชาวกอธ	chaao gòt
Slawen (pl)	ชาวสลาฟ	chaao sà-làaf
Wikinger (pl)	ชาวไวกิ้ง	chaao wai-gîng

| Römer (pl) | ชาวโรมัน | chaao roh-man |
| römisch | โรมัน | roh-man |

Byzantiner (pl)	ชาวไบแซนไทน์	chaao bai-saen-tpai
Byzanz (n)	ไบแซนเทียม	bai-saen-thiam
byzantinisch	ไบแซนไทน์	bai-saen-thai

Kaiser (m)	จักรพรรดิ	jàk-grà-phát
Häuptling (m)	ผู้นำ	phôo nam
mächtig (Kaiser usw.)	ทรงพลัง	song phá-lang

König (m)	มูหากษัตริย์	má-hǎa gà-sàt
Herrscher (Monarch)	ผู้ปกครอง	phôo bpòk khrorng
Ritter (m)	อัศวิน	àt-sà-win
Feudalherr (m)	เจ้าครองนคร	jâo khrorng ná-khon
feudal, Feudal-	ระบบศักดินา	rá-bòp sàk-gà-di naa
Vasall (m)	เจ้าของที่ดิน	jâo khǒrng thêe din
Herzog (m)	ดยุค	dà-yúk
Graf (m)	เอิร์ล	ern
Baron (m)	บารอน	baa-rorn
Bischof (m)	พระบิชอป	phrá bì-chôp
Rüstung (f)	เกราะ	gròr
Schild (m)	โล่	lôh
Schwert (n)	ดาบ	dàap
Visier (n)	กะบังหน้าของหมวก	gà-bang nâa khǒrng mùak
Panzerhemd (n)	เสื้อเกราะถัก	sêua gròr thàk
Kreuzzug (m)	สงครามครูเสด	sǒng-khraam khroo-sàyt
Kreuzritter (m)	ผู้ทำสงคราม	phôo tham sǒng-kraam
	ศาสนา	sàat-sà-nǎa
Territorium (n)	อาณาเขต	aa-naa khàyt
einfallen (vt)	โจมตี	johm dtee
erobern (vt)	ยึดครอง	yéut khrorng
besetzen (Land usw.)	บุกยึด	bùk yéut
Belagerung (f)	การโอบล้อมโจมตี	gaan òhp lóm johm dtee
belagert	ถูกล้อมกรอบ	thòok lóm gròp
belagern (vt)	ล้อมโจมตี	lóm johm dtee
Inquisition (f)	การไต่สวน	gaan dtài sǔan
Inquisitor (m)	ผู้ไต่สวน	phôo dtài sǔan
Folter (f)	การทูรมาน	gaan thor-rá-maan
grausam (-e Folter)	โหดราย	hòht ráai
Häretiker (m)	ผู้นอกรีต	phôo nôrk rêet
Häresie (f)	ความนอกรีต	khwaam nôrk rêet
Seefahrt (f)	การเดินเรือทะเล	gaan dern reua thá-lay
Seeräuber (m)	โจรสลัด	john sà-làt
Seeräuberei (f)	การปลันสะดม	gaan bplôn-sà-dom
	ในนานน้ำทะเล	nai nâan náam thá-lay
Enterung (f)	การบุกขึ้นเรือ	gaan bùk khêun reua
Beute (f)	ของที่ปลน	khǒrng têe bplôn-
	สะดมมา	sà-dom maa
Schätze (pl)	สมบัติ	sǒm-bàt
Entdeckung (f)	การค้นพบ	gaan khón phóp
entdecken (vt)	คนพบ	khón phóp
Expedition (f)	การสำรวจ	gaan sǎm-rùat
Musketier (m)	ทหารถือ	thá-hǎan thěu
	ปืนคาบศิลา	bpeun khâap sì-laa
Kardinal (m)	พระคาร์ดินัล	phrá khaa-di-nan
Heraldik (f)	มุทราศาสตร์	mút-raa sàat
heraldisch	ทางมุทราศาสตร์	thaang mút-raa sàat

159. Führungspersonen. Chef. Behörden

König (m)	ราชา	raa-chaa
Königin (f)	ราชินี	raa-chí-nee
königlich	เกี่ยวกับราชวงศ์	gìeow gàp râat-cha-wong
Königreich (n)	ราชอาณาจักร	râat aa-naa jàk

Prinz (m)	เจ้าชาย	jâo chaai
Prinzessin (f)	เจาหญิง	jâo yĭng

Präsident (m)	ประธานาธิบดี	bprà-thaa-naa-thí-bor-dee
Vizepräsident (m)	รองประธานาธิบดี	rorng bprà-thaa-naa-thí-bor-dee
Senator (m)	สมาชิกวุฒิสภา	sà-maa-chík wút-thí sà-phaa

Monarch (m)	กษัตริย์	gà-sàt
Herrscher (m)	ผู้ปกครอง	phôo bpòk khrorng
Diktator (m)	เผด็จการ	phà-dèt gaan
Tyrann (m)	ทูรราช	thor-rá-râat
Magnat (m)	ผู้มีอิทธิพลสูง	phôo mee ìt-thí phon sŏong

Direktor (m)	ผู้อำนวยการ	phôo am-nuay gaan
Chef (m)	หัวหน้า	hŭa-nâa
Leiter (einer Abteilung)	ผู้จัดฎการ	phôo jàt gaan
Boss (m)	หัวหน้า	hŭa-nâa
Eigentümer (m)	เจาของ	jâo khŏrng

Führer (m)	ผู้นำ	phôo nam
Leiter (Delegations-)	หัวหน้า	hŭa-nâa
Behörden (pl)	เจาหน้าที่	jâo nâa-thêe
Vorgesetzten (pl)	ผู้บังคับบัญชา	phôo bang-kháp ban-chaa

Gouverneur (m)	ผู้ว่าการ	phôo wâa gaan
Konsul (m)	กงสุล	gong-sŭn
Diplomat (m)	นักการทูต	nák gaan thôot
Bürgermeister (m)	นายกเทศมนตรี	naa-yók thâyt-sà-mon-dtree
Sheriff (m)	นายอำเภอ	naai am-pher

Kaiser (m)	จักรพรรดิ	jàk-grà-phát
Zar (m)	ซาร์	saa
Pharao (m)	ฟาโรห์	faa-roh
Khan (m)	ขาน	khàan

160. Gesetzesverstoß Verbrecher. Teil 1

Bandit (m)	โจร	john
Verbrechen (n)	อาชญากรรม	àat-yaa-gam
Verbrecher (m)	อาชญากร	àat-yaa-gon

Dieb (m)	ขโมย	khà-moi
stehlen (vt)	ขโมย	khà-moi
Diebstahl (Aktivität)	การลักขโมย	gaan lák khà-moi
Stehlen (n)	การลักทรัพย์	gaan lák sáp

kidnappen (vt)	ลักพาตัว	lák phaa dtua
Kidnapping (n)	การลักพาตัว	gaan lák phaa dtua
Kidnapper (m)	ผู้ลักพาตัว	phôo lák phaa dtua

| Lösegeld (n) | ค่าไถ่ | khâa thài |
| Lösegeld verlangen | เรียกเงินค่าไถ่ | rîak ngern khâa thài |

rauben (vt)	ปล้น	bplôn
Raub (m)	การปล้น	gaan bplôn
Räuber (m)	ขโมยขโจร	khà-moi khà-john

erpressen (vt)	รีดไถ	rêet thăi
Erpresser (m)	ผู้รีดไถ	phôo rêet thăi
Erpressung (f)	การรีดไถ	gaan rêet thăi

morden (vt)	ฆ่า	khâa
Mord (m)	ฆาตกรรม	khâat-dtà-gaam
Mörder (m)	ฆาตกร	khâat-dtà-gon

Schuss (m)	การยิงปืน	gaan ying bpeun
schießen (vt)	ยิง	ying
erschießen (vt)	ยิงให้ตาย	ying hâi dtaai
feuern (vi)	ยิง	ying
Schießerei (f)	การยิง	gaan ying

Vorfall (m)	เหตุการณ์	hàyt gaan
Schlägerei (f)	การต่อสู้	gaan dtòr sôo
Hilfe!	ขอช่วย	khŏr chûay
Opfer (n)	เหยื่อ	yèua

beschädigen (vt)	ทำความเสียหาย	tham khwaam sĭa hăai
Schaden (m)	ความเสียหาย	khwaam sĭa hăai
Leiche (f)	ศพ	sòp
schwer (-es Verbrechen)	รายแรง	ráai raeng

angreifen (vt)	จู่โจม	jòo johm
schlagen (vt)	ตี	dtee
verprügeln (vt)	ซ้อม	sórm
wegnehmen (vt)	ปล้น	bplôn
erstechen (vt)	แทงให้ตาย	thaeng hâi dtaai
verstümmeln (vt)	ทำให้บาดเจ็บสาหัส	tham hâi bàat jèp săa hàt
verwunden (vt)	บาด	bàat

Erpressung (f)	การกรรโชก	gaan-gan-chôhk
erpressen (vt)	กรรโชก	gan-chôhk
Erpresser (m)	ผู้ขู่กรรโชก	phôo khòo gan-chôhk

Schutzgelderpressung (f)	การคุมครอง ผิดกฎหมาย	gaan khum khrorng phìt gòt măai
Erpresser (Racketeer)	ผู้ที่หาเงิน จากกิจกรรมที่ ผิดกฎหมาย	phôo thêe hăa ngern jàak gìt-jà-gam thêe phìt gòt măai
Gangster (m)	เหล่าร้าย	lào ráai
Mafia (f)	มาเฟีย	maa-fia
Taschendieb (m)	ขโมยล้วงกระเป๋า	khà-moi lúang grà-bpăo
Einbrecher (m)	ขโมยย่องเบา	khà-moi yông bao

| Schmuggel (m) | การลักลอบ | gaan lák-lôrp |
| Schmuggler (m) | ผู้ลักลอบ | phôo lák lôrp |

Fälschung (f)	การปลอมแปลง	gaan bplorm bplaeng
fälschen (vt)	ปลอมแปลง	bplorm bplaeng
gefälscht	ปลอม	bplorm

161. Gesetzesbruch. Verbrecher. Teil 2

Vergewaltigung (f)	การข่มขืน	gaan khòm khěun
vergewaltigen (vt)	ขมขืน	khòm khěun
Gewalttäter (m)	โจรขุมขืน	john khòm khěun
Besessene (m)	คนบา	khon bâa

Prostituierte (f)	โสเภณี	sŏh-phay-nee
Prostitution (f)	การค้าประเวณี	gaan kháa bprà-way-nee
Zuhälter (m)	แมงดา	maeng-daa

| Drogenabhängiger (m) | ผู้ติดยาเสพติด | phôo dtìt yaa-sàyp-dtìt |
| Drogenhändler (m) | พอค้ายาเสพติด | phôr kháa yaa-sàyp-dtìt |

sprengen (vt)	ระเบิด	rá-bèrt
Explosion (f)	การระเบิด	gaan rá-bèrt
in Brand stecken	เผา	phǎo
Brandstifter (m)	ผู้ลอบวางเพลิง	phôo lôp waang phlerng

Terrorismus (m)	การก่อการร้าย	gaan gòr gaan ráai
Terrorist (m)	ผู้ก่อการราย	phôo gòr gaan ráai
Geisel (m, f)	ตัวประกัน	dtua bprà-gan

betrügen (vt)	ลอลวง	lôr luang
Betrug (m)	การลอลวง	gaan lôr luang
Betrüger (m)	นักตมตุน	nák dtôm dtŭn

bestechen (vt)	ติดสินบน	dtìt sĭn-bon
Bestechlichkeit (f)	การติดสินบน	gaan dtìt sĭn-bon
Bestechungsgeld (n)	สินบน	sĭn bon

Gift (n)	ยาพิษ	yaa phít
vergiften (vt)	วางยาพิษ	waang-yaa phít
sich vergiften	กินยาตาย	gin yaa dtaai

| Selbstmord (m) | การฆ่าตัวตาย | gaan khâa dtua dtaai |
| Selbstmörder (m) | ผู้ฆาตัวตาย | phôo khâa dtua dtaai |

drohen (vi)	ขู่	khòo
Drohung (f)	คำขู่	kham khòo
versuchen (vt)	พยายามฆ่า	phá-yaa-yaam khâa
Attentat (n)	การพยายามฆ่า	gaan phá-yaa-yaam khâa

stehlen (Auto ~)	จี้	jêe
entführen (Flugzeug ~)	จี้	jêe
Rache (f)	การแก้แค้น	gaan gâe kháen
sich rächen	แกแคน	gâe kháen

foltern (vt)	ทรมาณ	thon-maan
Folter (f)	การทรมาน	gaan thor-rá-maan
quälen (vt)	ทำทารุณ	tam taa-run

Seeräuber (m)	โจรสลัด	john sà-làt
Rowdy (m)	นักเลง	nák-layng
bewaffnet	มีอาวุธ	mee aa-wút
Gewalt (f)	ความรุนแรง	khwaam run raeng
ungesetzlich	ผิดกฎหมาย	phìt gòt mǎai

Spionage (f)	จารกรรม	jaa-rá-gam
spionieren (vi)	ลวงความลับ	lúang khwaam láp

162. Polizei Recht. Teil 1

Justiz (f)	ยุติธรรม	yút-dtì-tham
Gericht (n)	ศาล	sǎan

Richter (m)	ผู้พิพากษา	phôo phí-phâak-sǎa
Geschworenen (pl)	ลูกขุน	lôok khǔn
Geschworenengericht (n)	การไต่สวนคดี	gaan dtài sǔan khá-dee
	แบบมีลูกขุน	bàep mee lôok khǔn
richten (vt)	พิพากษา	phí-phâak-sǎa

Rechtsanwalt (m)	ทนายความ	thá-naai khwaam
Angeklagte (m)	จำเลย	jam loie
Anklagebank (f)	คอกจำเลย	khôrk jam loie

Anklage (f)	ข้อกล่าวหา	khôr glàao hǎa
Beschuldigte (m)	ถูกกล่าวหา	thòok glàao hǎa

Urteil (n)	การลงโทษ	gaan long thôht
verurteilen (vt)	พิพากษา	phí-phâak-sǎa

Schuldige (m)	ผู้กระทำความผิด	phôo grà-tham khwaam phìt
bestrafen (vt)	ลงโทษ	long thôht
Strafe (f)	การลงโทษ	gaan long thôht

Geldstrafe (f)	ปรับ	bpràp
lebenslange Haft (f)	การจำคุก	gaan jam khúk
	ตลอดชีวิต	dtà-lòt chee-wít
Todesstrafe (f)	โทษประหาร	thôht-bprà-hǎan
elektrischer Stuhl (m)	เก้าอี้ไฟฟ้า	gâo-êe fai-fáa
Galgen (m)	ตะแลงแกง	dtà-laeng-gaeng

hinrichten (vt)	ประหาร	bprà-hǎan
Hinrichtung (f)	การประหาร	gaan bprà-hǎan

Gefängnis (n)	คุก	khúk
Zelle (f)	ห้องขัง	hôrng khǎng

Eskorte (f)	ผู้ควบคุมตัว	phôo khûap khum dtua
Gefängniswärter (m)	ผู้คุม	phôo khum
Gefangene (m)	นักโทษ	nák thôht

| Handschellen (pl) | กุญแจมือ | gun-jae meu |
| Handschellen anlegen | ใส่กุญแจมือ | sài gun-jae meu |

Ausbruch (Flucht)	การแหกคุก	gaan hàek khúk
ausbrechen (vi)	แหก	hàek
verschwinden (vi)	หายตัวไป	hăai dtua bpai
aus ... entlassen	ถูกปล่อยตัว	thòok bplòi dtua
Amnestie (f)	การนิรโทษกรรม	gaan ní-rá-thôht gam

Polizei (f)	ตำรวจ	dtam-rùat
Polizist (m)	เจ้าหน้าที่ตำรวจ	jâo nâa-thêe dtam-rùat
Polizeiwache (f)	สถานีตำรวจ	sà-thăa-nee dtam-rùat
Gummiknüppel (m)	กระบองตำรวจ	grà-bong dtam-rùat
Sprachrohr (n)	โทรโข่ง	toh-ra -khòhng

Streifenwagen (m)	รถลาดตระเวน	rót lâat dtrà-wayn
Sirene (f)	หวอ	wŏr
die Sirene einschalten	เปิดหวอ	bpèrt wŏr
Sirenengeheul (n)	เสียงหวอ	sĭang wŏr

Tatort (m)	ที่เกิดเหตุ	thêe gèrt hàyt
Zeuge (m)	พยาน	phá-yaan
Freiheit (f)	อิสระ	ìt-sà-rà
Komplize (m)	ผู้ร่วมกระทำผิด	phôo rûam grà-tham phìt
verschwinden (vi)	หนี	nĕe
Spur (f)	รองรอย	rông roi

163. Polizei. Recht. Teil 2

Fahndung (f)	การสืบสวน	gaan sèup sŭan
suchen (vt)	หาตัว	hăa dtua
Verdacht (m)	ความสงสัย	khwaam sŏng-săi
verdächtig (Adj)	น่าสงสัย	nâa sŏng-săi
anhalten (Polizei)	เรียกให้หยุด	rîak hâi yùt
verhaften (vt)	กักตัว	gàk dtua

Fall (m), Klage (f)	คดี	khá-dee
Untersuchung (f)	การสืบสวน	gaan sèup sŭan
Detektiv (m)	นักสืบ	nák sèup
Ermittlungsrichter (m)	นักสอบสวน	nák sòrp sŭan
Version (f)	สันนิษฐาน	săn-nít-thăan

Motiv (n)	เหตุจูงใจ	hàyt joong jai
Verhör (n)	การสอบปากคำ	gaan sòp bpàak kham
verhören (vt)	สอบสวน	sòrp sŭan
vernehmen (vt)	ไถ่ถาม	thài thăam
Kontrolle (Personen-)	การตรวจสอบ	gaan dtrùat sòp

Razzia (f)	การรวบตัว	gaan rûap dtua
Durchsuchung (f)	การตรวจค้น	gaan dtrùat khón
Verfolgung (f)	การไล่ล่า	gaan lâi lâa
nachjagen (vi)	ไล่ล่า	lâi lâa
verfolgen (vt)	สืบ	sèup
Verhaftung (f)	การจับกุม	gaan jàp gum

155

verhaften (vt)	จับกุม	jàp gum
fangen (vt)	จับ	jàp
Festnahme (f)	การจับ	gaan jàp

Dokument (n)	เอกสาร	àyk sǎan
Beweis (m)	หลักฐาน	làk thǎan
beweisen (vt)	พิสูจน์	phí-sòot
Fußspur (f)	รอยเท้า	roi tháo
Fingerabdrücke (pl)	รอยนิ้วมือ	roi níw meu
Beweisstück (n)	หลักฐาน	làk thǎan

Alibi (n)	ข้อแก้ตัว	khôr gâe dtua
unschuldig	พนผิด	phón phìt
Ungerechtigkeit (f)	ความอยุติธรรม	khwaam a-yút-dtì-tam
ungerecht	ไมเป็นธรรม	mâi bpen-tham

Kriminal-	อาชญากร	àat-yaa-gon
beschlagnahmen (vt)	ยึด	yéut
Droge (f)	ยาเสพติด	yaa sàyp dtìt
Waffe (f)	อาวุธ	aa-wút
entwaffnen (vt)	ปลดอาวุธ	bplòt aa-wút
befehlen (vt)	ออกคำสั่ง	òrk kham sàng
verschwinden (vi)	หายตัวไป	hǎai dtua bpai

Gesetz (n)	กฎหมาย	gòt mǎai
gesetzlich	ตามกฎหมาย	dtaam gòt mǎai
ungesetzlich	ผิดกฎหมาย	phìt gòt mǎai

| Verantwortlichkeit (f) | ความรับผิดชอบ | khwaam ráp phìt chôp |
| verantwortlich | รับผิดชอบ | ráp phìt chôp |

NATUR

Die Erde. Teil 1

164. Weltall

Kosmos (m)	อวกาศ	a-wá-gàat
kosmisch, Raum-	ทางอวกาศ	thang a-wá-gàat
Weltraum (m)	อวกาศ	a-wá-gàat
All (n)	โลก	lôhk
Universum (n)	จักรวาล	jàk-grà-waan
Galaxie (f)	ดาราจักร	daa-raa jàk
Stern (m)	ดาว	daao
Gestirn (n)	กลุ่มดาว	glùm daao
Planet (m)	ดาวเคราะห์	daao khrór
Satellit (m)	ดาวเทียม	daao thiam
Meteorit (m)	ดาวตก	daao dtòk
Komet (m)	ดาวหาง	daao hǎang
Asteroid (m)	ดาวเคราะห์น้อย	daao khrór nói
Umlaufbahn (f)	วงโคจร	wong khoh-jon
sich drehen	เวียน	wian
Atmosphäre (f)	บรรยากาศ	ban-yaa-gàat
Sonne (f)	ดวงอาทิตย์	duang aa-thít
Sonnensystem (n)	ระบบสุริยะ	rá-bòp sù-rí-yá
Sonnenfinsternis (f)	สุริยุปราคา	sù-rí-yú-bpà-raa-kaa
Erde (f)	โลก	lôhk
Mond (m)	ดวงจันทร์	duang jan
Mars (m)	ดาวอังคาร	daao ang-khaan
Venus (f)	ดาวศุกร์	daao sùk
Jupiter (m)	ดาวพฤหัส	daao phá-réu-hàt
Saturn (m)	ดาวเสาร์	daao sǎo
Merkur (m)	ดาวพุธ	daao phút
Uran (m)	ดาวยูเรนัส	daao-yoo-ray-nát
Neptun (m)	ดาวเนปจูน	daao-nâyp-joon
Pluto (m)	ดาวพลูโต	daao phloo-dtoh
Milchstraße (f)	ทางช้างเผือก	thaang cháang phèuak
Der Große Bär	กลุ่มดาวหมีใหญ่	glùm daao měe yài
Polarstern (m)	ดาวเหนือ	daao něua
Marsbewohner (m)	ชาวดาวอังคาร	chaao daao ang-khaan
Außerirdischer (m)	มนุษย์ต่างดาว	má-nút dtàang daao

| außerirdisches Wesen (n) | มนุษย์ต่างดาว | má-nút dtàang daao |
| fliegende Untertasse (f) | จานบิน | jaan bin |

Raumschiff (n)	ยานอวกาศ	yaan a-wá-gàat
Raumstation (f)	สถานีอวกาศ	sà-thǎa-nee a-wá-gàat
Raketenstart (m)	การปล่อยจรวด	gaan bplòi jà-rùat

Triebwerk (n)	เครื่องยนต์	khrêuang yon
Düse (f)	ท่อไอพ่น	thôr ai phôn
Treibstoff (m)	เชื้อเพลิง	chéua phlerng

Kabine (f)	ที่นั่งคนขับ	thêe nâng khon khàp
Antenne (f)	เสาอากาศ	sǎo aa-gàat
Bullauge (n)	ช่อง	chôrng
Sonnenbatterie (f)	อุปกรณ์พลังงานแสงอาทิตย์	ù-bpà-gon phá-lang ngaan sǎeng aa-thít
Raumanzug (m)	ชุดอวกาศ	chút a-wá-gàat

| Schwerelosigkeit (f) | สภาพไร้น้ำหนัก | sà-phâap rái nám nàk |
| Sauerstoff (m) | อ็อกซิเจน | ók sí jayn |

| Ankopplung (f) | การเทียบท่า | gaan thîap thâa |
| koppeln (vi) | เทียบท่า | thîap thâa |

Observatorium (n)	หอดูดาว	hǒr doo daao
Teleskop (n)	กล้องโทรทรรศน์	glôrng thoh-rá-thát
beobachten (vt)	เฝ้าสังเกต	fâo sǎng-gàyt
erforschen (vt)	สำรวจ	sǎm-rùat

165. Die Erde

Erde (f)	โลก	lôhk
Erdkugel (f)	ลูกโลก	lôok lôhk
Planet (m)	ดาวเคราะห์	daao khrór

Atmosphäre (f)	บรรยากาศ	ban-yaa-gàat
Geographie (f)	ภูมิศาสตร์	phoo-mí-sàat
Natur (f)	ธรรมชาติ	tham-má-châat

Globus (m)	ลูกโลก	lôok lôhk
Landkarte (f)	แผนที่	phǎen thêe
Atlas (m)	หนังสือแผนที่โลก	nǎng-sěu phǎen thêe lôhk

Europa (n)	ยุโรป	yú-ròhp
Asien (n)	เอเชีย	ay-chia
Afrika (n)	แอฟริกา	àef-rí-gaa
Australien (n)	ออสเตรเลีย	òrt-dtray-lia

Amerika (n)	อเมริกา	a-may-rí-gaa
Nordamerika (n)	อเมริกาเหนือ	a-may-rí-gaa něua
Südamerika (n)	อเมริกาใต้	a-may-rí-gaa dtâi

| Antarktis (f) | แอนตาร์กติกา | aen-dtàak-dtì-gaa |
| Arktis (f) | อารกติค | àak-dtìk |

166. Himmelsrichtungen

Norden (m)	เหนือ	něua
nach Norden	ทิศเหนือ	thít něua
im Norden	ที่ภาคเหนือ	thêe phâak něua
nördlich	ทางเหนือ	thaang něua
Süden (m)	ใต้	dtâi
nach Süden	ทิศใต้	thít dtâi
im Süden	ที่ภาคใต้	thêe phâak dtâi
südlich	ทางใต้	thaang dtâi
Westen (m)	ตะวันตก	dtà-wan dtòk
nach Westen	ทิศตะวันตก	thít dtà-wan dtòk
im Westen	ที่ภาคตะวันตก	thêe phâak dtà-wan dtòk
westlich, West-	ทางตะวันตก	thaang dtà-wan dtòk
Osten (m)	ตะวันออก	dtà-wan òrk
nach Osten	ทิศตะวันออก	thít dtà-wan òrk
im Osten	ที่ภาคตะวันออก	thêe phâak dtà-wan òrk
östlich	ทางตะวันออก	thaang dtà-wan òrk

167. Meer. Ozean

Meer (n), See (f)	ทะเล	thá-lay
Ozean (m)	มุหาสมุทร	má-hǎa sà-mùt
Golf (m)	อ่าว	àao
Meerenge (f)	ช่องแคบ	chôrng khâep
Festland (n)	พื้นดิน	phéun din
Kontinent (m)	ทวีป	thá-wêep
Insel (f)	เกาะ	gòr
Halbinsel (f)	คาบสมุทร	khâap sà-mùt
Archipel (m)	หมู่เกาะ	mòo gòr
Bucht (f)	อ่าว	àao
Hafen (m)	ท่าเรือ	thâa reua
Lagune (f)	ลากูน	laa-goon
Kap (n)	แหลม	lǎem
Atoll (n)	อะทอลล์	à-thorn
Riff (n)	แนวปะการัง	naew bpà-gaa-rang
Koralle (f)	ปะการัง	bpà gaa-rang
Korallenriff (n)	แนวปะการัง	naew bpà-gaa-rang
tief (Adj)	ลึก	léuk
Tiefe (f)	ความลึก	khwaam léuk
Abgrund (m)	หุบเหวลึก	hùp wǎy léuk
Graben (m)	ร่องลึกก้นสมุทร	rông léuk gôn sà-mùt
Strom (m)	กระแสน้ำ	grà-sǎe náam
umspülen (vt)	ล้อมรอบ	lórm rôrp

| Ufer (n) | ชายฝั่ง | chaai fàng |
| Küste (f) | ชายฝัง | chaai fàng |

Flut (f)	น้ำขึ้น	náam khêun
Ebbe (f)	น้ำลง	náam long
Sandbank (f)	หาดตื้น	hàat dtêun
Boden (m)	กนทะเล	gôn thá-lay

Welle (f)	คลื่น	khlêun
Wellenkamm (m)	มวนคลื่น	múan khlêun
Schaum (m)	ฟองคลื่น	forng khlêun

Sturm (m)	พายุ	phaa-yú
Orkan (m)	พายุเฮอร์ริเคน	phaa-yú her-rí-khayn
Tsunami (m)	คลื่นยักษ์	khlêun yák
Windstille (f)	ภาวะไร้ลมพัด	phaa-wá rái lom phát
ruhig	สงบ	sà-ngòp

| Pol (m) | ขั้วโลก | khûa lôhk |
| Polar- | ขั้วโลก | khûa lôhk |

Breite (f)	เส้นรุ้ง	sên rúng
Länge (f)	เส้นแวง	sên waeng
Breitenkreis (m)	เส้นขนาน	sên khà-nǎan
Äquator (m)	เสนศูนย์สูตร	sên sǒon sòot

Himmel (m)	ท้องฟ้า	thórng fáa
Horizont (m)	ขอบฟ้า	khòrp fáa
Luft (f)	อากาศ	aa-gàat

Leuchtturm (m)	ประภาคาร	bprà-phaa-khaan
tauchen (vi)	ดำ	dam
versinken (vi)	จม	jom
Schätze (pl)	สมบัติ	sǒm-bàt

168. Berge

Berg (m)	ภูเขา	phoo khǎo
Gebirgskette (f)	ทิวเขา	thiw khǎo
Bergrücken (m)	สันเขา	sǎn khǎo

Gipfel (m)	ยอดเขา	yôrt khǎo
Spitze (f)	ยอด	yôrt
Bergfuß (m)	ตีนเขา	dteun khǎo
Abhang (m)	ไหล่เขา	lài khǎo

Vulkan (m)	ภูเขาไฟ	phoo khǎo fai
tätiger Vulkan (m)	ภูเขาไฟมีพลัง	phoo khǎo fai mee phá-lang
schlafender Vulkan (m)	ภูเขาไฟที่ดับแล้ว	phoo khǎo fai thêe dàp láew

Ausbruch (m)	ภูเขาไฟระเบิด	phoo khǎo fai rá-bèrt
Krater (m)	ปล่องภูเขาไฟ	bplòng phoo khǎo fai
Magma (n)	หินหนืด	hǐn nèut
Lava (f)	ลาวา	laa-waa

glühend heiß (-e Lava)	หลอมเหลว	lǒrm lěo
Cañon (m)	หุบเขาลึก	hùp khǎo léuk
Schlucht (f)	ช่องเขา	chôrng khǎo
Spalte (f)	รอยแตกภูเขา	roi dtàek phoo khǎo
Abgrund (m) (steiler ~)	หุบเหวลึก	hùp wǎy léuk

Gebirgspass (m)	ทางผ่าน	thaang phàan
Plateau (n)	ที่ราบสูง	thêe râap sǒong
Fels (m)	หน้าผา	nâa phǎa
Hügel (m)	เนินเขา	nern khǎo

Gletscher (m)	ธารน้ำแข็ง	thaan náam khǎeng
Wasserfall (m)	น้ำตก	nám dtòk
Geiser (m)	น้ำพุร้อน	nám phú rórn
See (m)	ทะเลสาบ	thá-lay sàap

Ebene (f)	ที่ราบ	thêe râap
Landschaft (f)	ภูมิทัศน์	phoom thát
Echo (n)	เสียงสะท้อน	sǐang sà-thón

Bergsteiger (m)	นักปีนเขา	nák bpeen khǎo
Kletterer (m)	นักไต่เขา	nák dtài khǎo
bezwingen (vt)	ไต่เขาถึงยอด	dtài khǎo thěung yôt
Aufstieg (m)	การปีนเขา	gaan bpeen khǎo

169. Flüsse

Fluss (m)	แม่น้ำ	mâe náam
Quelle (f)	แหล่งน้ำแร่	làeng náam râe
Flussbett (n)	เส้นทางแม่น้ำ	sên thaang mâe náam
Stromgebiet (n)	ลุ่มน้ำ	lûm náam
einmünden in …	ไหลไปสู่...	lǎi bpai sòo...

| Nebenfluss (m) | สาขา | sǎa-khǎa |
| Ufer (n) | ฝั่งแม่น้ำ | fàng mâe náam |

Strom (m)	กระแสน้ำ	grà-sǎe náam
stromabwärts	ตามกระแสน้ำ	dtaam grà-sǎe náam
stromaufwärts	ทวนน้ำ	thuan náam

Überschwemmung (f)	น้ำท่วม	nám thûam
Hochwasser (n)	น้ำท่วม	nám thûam
aus den Ufern treten	เอ่อล้น	èr lón
überfluten (vt)	ท่วม	thûam

| Sandbank (f) | บริเวณน้ำตื้น | bor-rí-wayn náam dtêun |
| Stromschnelle (f) | กระแสน้ำเชี่ยว | grà-sǎe nám-chîeow |

Damm (m)	เขื่อน	khèuan
Kanal (m)	คลอง	khlorng
Stausee (m)	ที่เก็บกักน้ำ	thêe gèp gàk náam
Schleuse (f)	ประตูระบายน้ำ	bprà-dtoo rá-baai náam
Gewässer (n)	พื้นน้ำ	phéun náam
Sumpf (m), Moor (n)	บึง	beung

Marsch (f)	ห้วย	hûay
Strudel (m)	น้ำวน	nám won
Bach (m)	ลำธาร	lam thaan
Trink- (z.B. Trinkwasser)	น้ำดื่มได้	nám dèum dâai
Süß- (Wasser)	น้ำจืด	nám jèut
Eis (n)	น้ำแข็ง	nám khǎeng
zufrieren (vi)	แช่แข็ง	châe khǎeng

170. Wald

Wald (m)	ป่าไม้	bpàa máai
Wald-	ป่า	bpàa
Dickicht (n)	ป่าทึบ	bpàa théup
Gehölz (n)	ป่าละเมาะ	bpàa lá-mór
Lichtung (f)	ทุงโล่ง	thûng lôhng
Dickicht (n)	ป่าละเมาะ	bpàa lá-mór
Gebüsch (n)	ป่าละเมาะ	bpàa lá-mór
Fußweg (m)	ทางเดิน	thaang dern
Erosionsrinne (f)	ร่องธาร	rông thaan
Baum (m)	ต้นไม้	dtôn máai
Blatt (n)	ใบไม้	bai máai
Laub (n)	ใบไม้	bai máai
Laubfall (m)	ใบไม้ร่วง	bai máai rûang
fallen (Blätter)	ร่วง	rûang
Wipfel (m)	ยอด	yôrt
Zweig (m)	กิ่ง	gìng
Ast (m)	กานไม้	gâan mái
Knospe (f)	ยอดอ่อน	yôrt òrn
Nadel (f)	เข็ม	khěm
Zapfen (m)	ลูกสน	lôok sǒn
Höhlung (f)	โพรงไม้	phrohng máai
Nest (n)	รัง	rang
Höhle (f)	โพรง	phrohng
Stamm (m)	ลำต้น	lam dtôn
Wurzel (f)	ราก	râak
Rinde (f)	เปลือกไม้	bplèuak máai
Moos (n)	มอส	môt
entwurzeln (vt)	ถอนราก	thǒrn râak
fällen (vt)	โค่น	khôhn
abholzen (vt)	ตัดไม้ทำลายป่า	dtàt mái tham laai bpàa
Baumstumpf (m)	ตอไม้	dtor máai
Lagerfeuer (n)	กองไฟ	gorng fai
Waldbrand (m)	ไฟป่า	fai bpàa

löschen (vt)	ดับไฟ	dàp fai
Förster (m)	เจ้าหน้าที่ดูแลป่า	jâo nâa-thêe doo lae bpàa
Schutz (m)	การปกป้อง	gaan bpòk bpôrng
beschützen (vt)	ปกป้อง	bpòk bpôrng
Wilddieb (m)	นักลอบล่าสัตว์	nák lôrp lâa sàt
Falle (f)	กับดักเหล็ก	gàp dàk lèk
sammeln, pflücken (vt)	เก็บ	gèp
sich verirren	หลงทาง	lŏng thaang

171. natürliche Lebensgrundlagen

Naturressourcen (pl)	ทรัพยากร ธรรมชาติ	sáp-pá-yaa-gon tham-má-châat
Bodenschätze (pl)	แร่	râe
Vorkommen (n)	ตะกอน	dtà-gorn
Feld (Ölfeld usw.)	บ่อ	bòr
gewinnen (vt)	ขุดแร่	khùt râe
Gewinnung (f)	การขุดแร่	gaan khùt râe
Erz (n)	แร่	râe
Bergwerk (n)	เหมืองแร่	měuang râe
Schacht (m)	ช่องเหมือง	chôrng měuang
Bergarbeiter (m)	คนงานเหมือง	khon ngaan měuang
Erdgas (n)	แก๊ส	gáet
Gasleitung (f)	ท่อแก๊ส	thôr gáet
Erdöl (n)	น้ำมัน	nám man
Erdölleitung (f)	ท่อน้ำมัน	thôr náam man
Ölquelle (f)	บ่อน้ำมัน	bòr náam man
Bohrturm (m)	ปั่นจั่นขนาดใหญ่	bpân jàn khà-nàat yài
Tanker (m)	เรือบรรทุกน้ำมัน	reua ban-thúk nám man
Sand (m)	ทราย	saai
Kalkstein (m)	หินปูน	hĭn bpoon
Kies (m)	กรวด	grùat
Torf (m)	พีต	phêet
Ton (m)	ดินเหนียว	din nĭeow
Kohle (f)	ถ่านหิน	thàan hĭn
Eisen (n)	เหล็ก	lèk
Gold (n)	ทอง	thorng
Silber (n)	เงิน	ngern
Nickel (n)	นิเกิล	ní-gêrn
Kupfer (n)	ทองแดง	thorng daeng
Zink (n)	สังกะสี	săng-gà-sĕe
Mangan (n)	แมงกานีส	maeng-gaa-nêet
Quecksilber (n)	ปรอท	bpa -ròrt
Blei (n)	ตะกั่ว	dtà-gùa
Mineral (n)	แร่	râe
Kristall (m)	ผลึก	phà-lèuk

| Marmor (m) | หินอ่อน | hĭn òrn |
| Uran (n) | ยูเรเนียม | yoo-ray-niam |

Die Erde. Teil 2

172. Wetter

Wetter (n)	สภาพอากาศ	sà-phâap aa-gàat
Wetterbericht (m)	พยากรณ์ สภาพอากาศ	phá-yaa-gon sà-phâap aa-gàat
Temperatur (f)	อุณหภูมิ	un-hà-phoom
Thermometer (n)	ปรอทวัดอุณหภูมิ	bpà-ròrt wát un-hà-phoom
Barometer (n)	เครื่องวัดความดัน บรรยากาศ	khrêuang wát khwaam dan ban-yaa-gàat
feucht	ชื้น	chéun
Feuchtigkeit (f)	ความชื้น	khwaam chéun
Hitze (f)	ความร้อน	khwaam rórn
glutheiß	ร้อน	rórn
ist heiß	มันร้อน	man rórn
ist warm	มันอุ่น	man ùn
warm (Adj)	อุ่น	ùn
ist kalt	อากาศเย็น	aa-gàat yen
kalt (Adj)	เย็น	yen
Sonne (f)	ดวงอาทิตย์	duang aa-thít
scheinen (vi)	สองแสง	sòrng săeng
sonnig (Adj)	มีแสงแดด	mee săeng dàet
aufgehen (vi)	ขึ้น	khêun
untergehen (vi)	ตก	dtòk
Wolke (f)	เมฆ	mâyk
bewölkt, wolkig	มีเมฆมาก	mee mâyk mâak
Regenwolke (f)	เมฆฝน	mâyk fŏn
trüb (-er Tag)	มืดครึ้ม	mêut khréum
Regen (m)	ฝน	fŏn
Es regnet	ฝนตก	fŏn dtòk
regnerisch (-er Tag)	ฝนตก	fŏn dtòk
nieseln (vi)	ฝนปรอย	fòn bproi
strömender Regen (m)	ฝนตกหนัก	fŏn dtòk nàk
Regenschauer (m)	ฝนห่าใหญ่	fŏn hàa yài
stark (-er Regen)	หนัก	nàk
Pfütze (f)	หลมน้ำ	lòm nám
nass werden (vi)	เปียก	bpìak
Nebel (m)	หมอก	mòrk
neblig (-er Tag)	หมอกจัด	mòrk jàt
Schnee (m)	หิมะ	hì-má
Es schneit	หิมะตก	hì-má dtòk

173. Unwetter Naturkatastrophen

Gewitter (n)	พายุฟ้าคะนอง	phaa-yú fáa khá-nong
Blitz (m)	ฟ้าผ่า	fáa phàa
blitzen (vi)	แลบ	lâep
Donner (m)	ฟ้าคะนอง	fáa khá-norng
donnern (vi)	มีฟ้าคะนอง	mee fáa khá-norng
Es donnert	มีฟ้าร้อง	mee fáa rórng
Hagel (m)	ลูกเห็บ	lôok hèp
Es hagelt	มีลูกเห็บตก	mee lôok hèp dtòk
überfluten (vt)	ท่วม	thûam
Überschwemmung (f)	น้ำท่วม	nám thûam
Erdbeben (n)	แผ่นดินไหว	phàen din wǎi
Erschütterung (f)	ไหว	wǎi
Epizentrum (n)	จุดเหนือศูนย์แผ่นดินไหว	jùt nĕua sǒon phàen din wǎi
Ausbruch (m)	ภูเขาไฟระเบิด	phoo khǎo fai rá-bèrt
Lava (f)	ลาวา	laa-waa
Wirbelsturm (m)	พายุหมุน	phaa-yú mǔn
Tornado (m)	พายุทอร์นาโด	phaa-yú thor-nay-doh
Taifun (m)	พายุไต้ฝุ่น	phaa-yú dtâi fùn
Orkan (m)	พายุเฮอร์ริเคน	phaa-yú her-rí-khayn
Sturm (m)	พายุ	phaa-yú
Tsunami (m)	คลื่นสึนามิ	khlêun sèu-naa-mí
Zyklon (m)	พายุไซโคลน	phaa-yú sai-khlohn
Unwetter (n)	อากาศไม่ดี	aa-gàat mâi dee
Brand (m)	ไฟไหม้	fai mâi
Katastrophe (f)	ความหายนะ	khwaam hǎa-yá-ná
Meteorit (m)	อุกกาบาต	ùk-gaa-bàat
Lawine (f)	หิมะถล่ม	hì-má thà-lòm
Schneelawine (f)	หิมะถล่ม	hì-má thà-lòm
Schneegestöber (n)	พายุหิมะ	phaa-yú hì-má
Schneesturm (m)	พายุหิมะ	phaa-yú hì-má

Fauna

174. Säugetiere. Raubtiere

Raubtier (n)	สัตว์กินเนื้อ	sàt gin néua
Tiger (m)	เสือ	sěua
Löwe (m)	สิงโต	sǐng dtoh
Wolf (m)	หมาป่า	mǎa bpàa
Fuchs (m)	หมาจิ้งจอก	mǎa jîng-jòk
Jaguar (m)	เสือจากัวร์	sěua jaa-gua
Leopard (m)	เสือดาว	sěua daao
Gepard (m)	เสือชีตาห์	sěua chee-dtaa
Panther (m)	เสือดำ	sěua dam
Puma (m)	สิงโตภูเขา	sǐng-dtoh phoo khǎo
Schneeleopard (m)	เสือดาวหิมะ	sěua daao hì-má
Luchs (m)	แมวป่า	maew bpàa
Kojote (m)	โคโยตี้	khoh-yoh-dtêe
Schakal (m)	หมาจิ้งจอกทอง	mǎa jîng-jòk thorng
Hyäne (f)	ไฮยีนา	hai-yee-naa

175. Tiere in freier Wildbahn

Tier (n)	สัตว์	sàt
Bestie (f)	สัตว์	sàt
Eichhörnchen (n)	กระรอก	grà rôk
Igel (m)	เมน	mâyn
Hase (m)	กระต่ายป่า	grà-dtàai bpàa
Kaninchen (n)	กระต่าย	grà-dtàai
Dachs (m)	แบดเจอร์	baet-jer
Waschbär (m)	แร็คคูน	ráek khoon
Hamster (m)	หนูแฮมสเตอร์	nǒo haem-sà-dtêr
Murmeltier (n)	มารมอต	maa-môt
Maulwurf (m)	ตุ่น	dtùn
Maus (f)	หนู	nǒo
Ratte (f)	หนู	nǒo
Fledermaus (f)	ค้างคาว	kháang khaao
Hermelin (n)	เออร์มิน	er-min
Zobel (m)	เซเบิ้ล	say bern
Marder (m)	มารเทิน	maa thern
Wiesel (n)	เพียงพอนสีน้ำตาล	phiang phon sěe nám dtaan
Nerz (m)	เพียงพอน	phiang phorn

| Biber (m) | บีเวอร์ | bee-wer |
| Fischotter (m) | นาก | nâak |

Pferd (n)	ม้า	máa
Elch (m)	กวางมูส	gwaang môot
Hirsch (m)	กวาง	gwaang
Kamel (n)	อูฐ	òot

Bison (m)	วัวป่า	wua bpàa
Wisent (m)	วัวป่าออรอช	wua bpàa or rôt
Büffel (m)	ควาย	khwaai

Zebra (n)	ม้าลาย	máa laai
Antilope (f)	แอนทีโลป	aen-thi-lòp
Reh (n)	กวางโรเดียร์	gwaang roh-dia
Damhirsch (m)	กวางแฟลโลว์	gwaang flae-loh
Gämse (f)	เลียงผา	liang-phǎa
Wildschwein (n)	หมูป่า	mǒo bpàa

Wal (m)	วาฬ	waan
Seehund (m)	แมวน้ำ	maew náam
Walroß (n)	ช้างน้ำ	cháang náam
Seebär (m)	แมวน้ำมีขน	maew náam mee khǒn
Delfin (m)	โลมา	loh-maa

Bär (m)	หมี	měe
Eisbär (m)	หมีขั้วโลก	měe khûa lôhk
Panda (m)	หมีแพนด้า	měe phaen-dâa

Affe (m)	ลิง	ling
Schimpanse (m)	ลิงชิมแปนซี	ling chim-bpaen-see
Orang-Utan (m)	ลิงอุรังอุตัง	ling u-rang-u-dtang
Gorilla (m)	ลิงกอริลลา	ling gor-rin-lâa
Makak (m)	ลิงแม็กแคก	ling mâk-khâk
Gibbon (m)	ชะนี	chá-nee

Elefant (m)	ช้าง	cháang
Nashorn (n)	แรด	râet
Giraffe (f)	ยีราฟ	yee-râaf
Flusspferd (n)	ฮิปโปโปเตมัส	híp-bpoh-bpoh-dtay-mát

| Känguru (n) | จิงโจ้ | jing-jôh |
| Koala (m) | หมีโคอาล่า | měe khoh aa lâa |

Manguste (f)	พังพอน	phang phon
Chinchilla (n)	ชินชิลลา	khin-khin laa
Stinktier (n)	สกั๊งก์	sà-gang
Stachelschwein (n)	เม่น	mâyn

176. Haustiere

Katze (f)	แมวตัวเมีย	maew dtua mia
Kater (m)	แมวตัวผู้	maew dtua phôo
Hund (m)	สุนัข	sù-nák

Pferd (n)	ม้า	máa
Hengst (m)	ม้าตัวผู้	máa dtua phôo
Stute (f)	ม้าตัวเมีย	máa dtua mia

Kuh (f)	วัว	wua
Stier (m)	กระทิง	grà-thing
Ochse (m)	วัว	wua

Schaf (n)	แกะตัวเมีย	gàe dtua mia
Widder (m)	แกะตัวผู้	gàe dtua phôo
Ziege (f)	แพะตัวเมีย	pháe dtua mia
Ziegenbock (m)	แพะตัวผู้	pháe dtua phôo

| Esel (m) | ลา | laa |
| Maultier (n) | ลอ | lôr |

Schwein (n)	หมู	mǒo
Ferkel (n)	ลูกหมู	lôok mǒo
Kaninchen (n)	กระตาย	grà-dtàai

| Huhn (n) | ไก่ตัวเมีย | gài dtua mia |
| Hahn (m) | ไกตัวผู้ | gài dtua phôo |

Ente (f)	เป็ดตัวเมีย	bpèt dtua mia
Enterich (m)	เป็ดตัวผู้	bpèt dtua phôo
Gans (f)	หาน	hàan

| Puter (m) | ไก่งวงตัวผู้ | gài nguang dtua phôo |
| Pute (f) | ไกงวงตัวเมีย | gài nguang dtua mia |

Haustiere (pl)	สัตว์เลี้ยง	sàt líang
zahm	เลี้ยง	líang
zähmen (vt)	เชื่อง	chêuang
züchten (vt)	ขยายพันธุ์	khà-yǎai phan

Farm (f)	ฟาร์ม	faam
Geflügel (n)	สัตว์ปีก	sàt bpèek
Vieh (n)	วัวควาย	wua khwaai
Herde (f)	ฝูง	fǒong

Pferdestall (m)	คอกม้า	khôrk máa
Schweinestall (m)	คอกหมู	khôrk mǒo
Kuhstall (m)	คอกวัว	khôrk wua
Kaninchenstall (m)	คอกกระตาย	khôrk grà-dtàai
Hühnerstall (m)	เลาไก	láo gài

177. Hunde. Hunderassen

Hund (m)	สุนัข	sù-nák
Schäferhund (m)	สุนัขเลี้ยงแกะ	sù-nák líang gàe
Deutsche Schäferhund (m)	เยอรมันเชฟเฟิร์ด	yer-rá-man chayf-fêrt
Pudel (m)	พูเดิล	phoo dêrn
Dachshund (m)	ดัชชุน	dàt chun
Bulldogge (f)	บูลด็อก	boon dòrk

Boxer (m)	บ็อกเซอร์	bòk-sêr
Mastiff (m)	มัสตีฟ	mát-dtèef
Rottweiler (m)	ร็อตไวเลอร์	rót-wai-ler
Dobermann (m)	โดเบอรแมน	doh-ber-maen

Basset (m)	บาสเซ็ต	bàat-sét
Bobtail (m)	บ็อบเทล	bòp-thayn
Dalmatiner (m)	ดัลเมเชียน	dan-may-chian
Cocker-Spaniel (m)	ค็อกเกอรสเปเนียล	khórk-gêr sà-bpay-nian

| Neufundländer (m) | นิวฟาวน์ดฮาวน์ดแลนด์ | niw-faao-dà-haao-dà-lǎen |
| Bernhardiner (m) | เซนตเบอรนารด | sayn ber nâat |

Eskimohund (m)	ฮัสกี้	hát-gêe
Chow-Chow (m)	เชาเชา	chao chao
Spitz (m)	สุปิตซ	sà-bpìt
Mops (m)	ปัก	bpák

178. Tierlaute

Gebell (n)	เสี่ยงเห่า	sìang hào
bellen (vi)	เห่า	hào
miauen (vi)	รองเหมียว	rórng mǐeow
schnurren (Katze)	ทำเสี่ยงคราง	tham sìang khraang

muhen (vi)	ร้องมอๆ	rórng mor mor
brüllen (Stier)	สงเสียงคำราม	sòng sǐang kham-raam
knurren (Hund usw.)	โฮก	hôhk

Heulen (n)	เสียงหอน	sǐang hǒn
heulen (vi)	หอน	hǒrn
winseln (vi)	ครางหงิงๆ	khraang ngǐng ngǐng

meckern (Ziege)	ร้องแบะๆ	rórng bàe bàe
grunzen (vi)	ร้องอูดๆ	rórng ùut ùut
kreischen (vi)	รองเสียงแหลม	rórng sǐang lǎem

quaken (vi)	ร้องอ๊บๆ	rórng ôp ôp
summen (Insekt)	หึ่ง	hèung
zirpen (vi)	ทำเสียงจ๊อกแจ๊ก	tham sǐang jòrk jáek

179. Vögel

Vogel (m)	นก	nók
Taube (f)	นกพิราบ	nók phí-râap
Spatz (m)	นกกระจิบ	nók grà-jìp
Meise (f)	นกติด	nók dtít
Elster (f)	นกสาลิกา	nók sǎa-lí gaa

Rabe (m)	นกอีกา	nók ee-gaa
Krähe (f)	นกกา	nók gaa
Dohle (f)	นกจำพวกกา	nók jam phûak gaa

Saatkrähe (f)	นกการูค	nók gaa róok
Ente (f)	เป็ด	bpèt
Gans (f)	ห่าน	hàan
Fasan (m)	ไก่ฟ้า	gài fáa
Adler (m)	นกอินทรี	nók in-see
Habicht (m)	นกเหยี่ยว	nók yìeow
Falke (m)	นกเหยี่ยว	nók yìeow
Greif (m)	นกแร้ง	nók ráeng
Kondor (m)	นกแร้งขนาดใหญ่	nók ráeng kà-nàat yài
Schwan (m)	นกหงส์	nók hŏng
Kranich (m)	นกกระเรียน	nók grà rian
Storch (m)	นกกระสา	nók grà-sǎa
Papagei (m)	นกแก้ว	nók gâew
Kolibri (m)	นกฮัมมิ่งเบิร์ด	nók ham-mîng-bèrt
Pfau (m)	นกยูง	nók yoong
Strauß (m)	นกกระจอกเทศ	nók grà-jòrk-thâyt
Reiher (m)	นกยาง	nók yaang
Flamingo (m)	นกฟลามิงโก	nók flaa-ming-goh
Pelikan (m)	นกกระทุง	nók-grà-thung
Nachtigall (f)	นกไนติงเกล	nók-nai-dting-gayn
Schwalbe (f)	นกนางแอน	nók naang-àen
Drossel (f)	นกเดินดง	nók dern dong
Singdrossel (f)	นกเดินดงร้องเพลง	nók dern dong rórng phlayng
Amsel (f)	นกเดินดงสีดำ	nók-dern-dong sĕe dam
Segler (m)	นกแอ่น	nók àen
Lerche (f)	นกลาร์ค	nók lâak
Wachtel (f)	นกคุ่ม	nók khûm
Specht (m)	นกหัวขวาน	nók hǔa khwǎan
Kuckuck (m)	นกดุเหว่า	nók dù hǎy wâa
Eule (f)	นกฮูก	nók hôok
Uhu (m)	นกเค้าใหญ่	nók kháo yài
Auerhahn (m)	ไก่ป่า	gài bpàa
Birkhahn (m)	ไก่ดำ	gài dam
Rebhuhn (n)	นกกระทา	nók-grà-thaa
Star (m)	นกกิ้งโครง	nók-gîng-khrohng
Kanarienvogel (m)	นกขุนมิ่น	nók khà-mîn
Haselhuhn (n)	ไก่น้ำตาล	gài nám dtaan
Buchfink (m)	นกจาบ	nók-jàap
Gimpel (m)	นกบูลฟินช์	nók boon-fin
Möwe (f)	นกนางนวล	nók naang-nuan
Albatros (m)	นกอัลบาทรอส	nók an-baa-thrôt
Pinguin (m)	นกเพนกวิน	nók phayn-gwin

180. Vögel. Gesang und Laute

singen (vt)	ร้องเพลง	rórng phlayng
schreien (vi)	ร้อง	rórng
kikeriki schreien	ร้องขัน	rórng khăn
kikeriki	เสียงขัน	sĭang khăn

gackern (vi)	ร้องกุ๊กๆ	rórng gúk gúk
krächzen (vi)	ร้องเสียงกาๆ	rórng sĭang gaa gaa
schnattern (Ente)	ร้องกาบๆ	rórng gâap gâap
piepsen (vi)	ร้องเสียงจิ๊บ ๆ	rórng sĭang jíp jíp
zwitschern (vi)	ร้องจอกแจก	rórng jòk jáek

181. Fische. Meerestiere

Brachse (f)	ปลาบรีม	bplaa bpreem
Karpfen (m)	ปลาคาร์ป	bplaa khâap
Barsch (m)	ปลาเพิร์ช	bplaa phêrt
Wels (m)	ปลาดุก	bplaa-dùk
Hecht (m)	ปลาไพค์	bplaa phai

| Lachs (m) | ปลาแซลมอน | bplaa saen-morn |
| Stör (m) | ปลาสเตอร์เจียน | bpláa sà-dtêr jian |

Hering (m)	ปลาเฮอร์ริง	bplaa her-ring
atlantische Lachs (m)	ปลาแซลมอนแอตแลนติก	bplaa saen-mon àet-laen-dtìk
Makrele (f)	ปลาซาบะ	bplaa saa-bà
Scholle (f)	ปลาลิ้นหมา	bplaa lín-mǎa

Zander (m)	ปลาไพค์เพิร์ช	bplaa phái phert
Dorsch (m)	ปลาค็อด	bplaa khót
Tunfisch (m)	ปลาทูน่า	bplaa thoo-nâa
Forelle (f)	ปลาเทราท์	bplaa thrau

Aal (m)	ปลาไหล	bplaa lăi
Zitterrochen (m)	ปลากระเบนไฟฟ้า	bplaa grà-bayn-fai-fáa
Muräne (f)	ปลาไหลมอเรย	bplaa lăi mor-ray
Piranha (m)	ปลาปิรันยา	bplaa bpì-ran-yâa

Hai (m)	ปลาฉลาม	bplaa chà-lăam
Delfin (m)	โลมา	loh-maa
Wal (m)	วาฬ	waan

Krabbe (f)	ปู	bpoo
Meduse (f)	แมงกะพรุน	maeng gà-phrun
Krake (m)	ปลาหมึก	bplaa mèuk

Seestern (m)	ปลาดาว	bplaa daao
Seeigel (m)	หอยูเมน	hŏi mâyn
Seepferdchen (n)	ม้าน้ำ	máa nám

| Auster (f) | หอยนางรม | hŏi naang rom |
| Garnele (f) | กุ้ง | gûng |

| Hummer (m) | กุ้งมังกร | gûng mang-gon |
| Languste (f) | กุ้งมังกร | gûng mang-gon |

182. Amphibien Reptilien

| Schlange (f) | งู | ngoo |
| Gift-, giftig | พิษ | phít |

Viper (f)	งูแมวเซา	ngoo maew sao
Kobra (f)	งูเห่า	ngoo hào
Python (m)	งูเหลือม	ngoo lĕuam
Boa (f)	งูโบอา	ngoo boh-aa

Ringelnatter (f)	งูเล็กที่ไม่เป็น	ngoo lék thêe mâi bpen
	อันตราย	an-dtà-raai
Klapperschlange (f)	งูหางกระดิ่ง	ngoo hăang grà-dìng
Anakonda (f)	งูอนาคอนดา	ngoo a -naa-khon-daa

Eidechse (f)	กิ้งก่า	gîng-gàa
Leguan (m)	อีกัวนา	ee gua naa
Waran (m)	กิ้งกามอนิเตอร์	gîng-gàa mor-ní-dtêr
Salamander (m)	ซาลาแมนเดอร์	saa-laa-maen-dêr
Chamäleon (n)	กิ้งกาคามิเลียน	gîng-gàa khaa-mí-lian
Skorpion (m)	แมงป่อง	maeng bpòrng

Schildkröte (f)	เต่า	dtào
Frosch (m)	กบ	gòp
Kröte (f)	คางคก	khaang-kók
Krokodil (n)	จระเข้	jor-rá-khây

183. Insekten

Insekt (n)	แมลง	má-laeng
Schmetterling (m)	ผีเสื้อ	phĕe sêua
Ameise (f)	มด	mót
Fliege (f)	แมลงวัน	má-laeng wan
Mücke (f)	ยุง	yung
Käfer (m)	แมลงปีกแข็ง	má-laeng bpèek khăeng

Wespe (f)	ต่อ	dtòr
Biene (f)	ผึ้ง	phêung
Hummel (f)	ผึ้งบัมเบิลบี	phêung bam-bern bee
Bremse (f)	เหลือบ	lèuap

| Spinne (f) | แมงมุม | maeng mum |
| Spinnennetz (n) | ใยแมงมุม | yai maeng mum |

Libelle (f)	แมลงปอ	má-laeng bpor
Grashüpfer (m)	ตั๊กแตน	dták-gà-dtaen
Schmetterling (m)	ผีเสื้อกลางคืน	phĕe sêua glaang kheun
Schabe (f)	แมลงสาบ	má-laeng sàap
Zecke (f)	เห็บ	hèp

Floh (m)	หมัด	màt
Kriebelmücke (f)	ริน	rín

Heuschrecke (f)	ตั๊กแตน	dták-gà-dtaen
Schnecke (f)	หอยทาก	hǒi thâak
Heimchen (n)	จิ้งหรีด	jîng-rèet
Leuchtkäfer (m)	หิ่งห้อย	hìng-hôi
Marienkäfer (m)	แมลงเต่าทอง	má-laeng dtào thorng
Maikäfer (m)	แมงอีนูน	maeng ee noon

Blutegel (m)	ปลิง	bpling
Raupe (f)	บุ้ง	bûng
Wurm (m)	ไส้เดือน	sâi deuan
Larve (f)	ตัวอ่อน	dtua òrn

184. Tiere. Körperteile

Schnabel (m)	จงอยปาก	ja-ngoi bpàak
Flügel (pl)	ปีก	bpèek
Fuß (m)	เท้า	tháo
Gefieder (n)	ขนนก	khǒn nók
Feder (f)	ขนนก	khǒn nók
Haube (f)	ขนหัว	khǒn hǔa

Kiemen (pl)	เหงือก	ngèuak
Laich (m)	ไข่ปลา	khài-bplaa
Larve (f)	ตัวอ่อน	dtua òrn
Flosse (f)	ครีบ	khrêep
Schuppe (f)	เกล็ด	glèt

Stoßzahn (m)	เขี้ยว	khîeow
Pfote (f)	เท้า	tháo
Schnauze (f)	จมูกและปาก	jà-mòok láe bpàak
Rachen (m)	ปาก	bpàak
Schwanz (m)	หาง	hǎang
Barthaar (n)	หนวด	nùat

Huf (m)	กีบ	gèep
Horn (n)	เขา	khǎo

Panzer (m)	กระดอง	grà dorng
Muschel (f)	เปลือก	bplèuak
Schale (f)	เปลือกไข่	bplèuak khài

Fell (n)	ขน	khǒn
Haut (f)	หนัง	nǎng

185. Tiere. Lebensräume

Lebensraum (f)	ที่อยู่อาศัย	thêe yòo aa-sǎi
Wanderung (f)	การอพยพ	gaan òp-phá-yóp
Berg (m)	ภูเขา	phoo khǎo

| Riff (n) | แนวปะการัง | naew bpà-gaa-rang |
| Fels (m) | หนาผา | nâa phǎa |

Wald (m)	ป่า	bpàa
Dschungel (m, n)	ป่าดิบชื้น	bpàa dìp chéun
Savanne (f)	สะวันนา	sà wan naa
Tundra (f)	ทันดรา	than-draa

Steppe (f)	ทุ่งหญ้าสเตปป์	thûng yâa sà-dtàyp
Wüste (f)	ทะเลทราย	thá-lay saai
Oase (f)	โอเอซิส	oh-ay-sít

Meer (n), See (f)	ทะเล	thá-lay
See (m)	ทะเลสาบ	thá-lay sàap
Ozean (m)	มหาสมุทร	má-hǎa sà-mùt

Sumpf (m)	บึง	beung
Süßwasser-	น้ำจืด	nám jèut
Teich (m)	บออุน้ำ	bòr náam
Fluss (m)	แมน้ำ	mâe náam

Höhle (f), Bau (m)	ถ้ำสัตว์	thâm sàt
Nest (n)	รัง	rang
Höhlung (f)	โพรงไม้	phrohng máai
Loch (z.B. Wurmloch)	โพรง	phrohng
Ameisenhaufen (m)	รังมด	rang mót

Flora

186. Bäume

Baum (m)	ต้นไม้	dtôn máai
Laub-	ผลัดใบ	phlàt bai
Nadel-	สน	săn
immergrün	ซึ่งเขียวชอุ่ม ตลอดปี	sêung khǎeow chá-ùm dtà-lòrt bpee
Apfelbaum (m)	ต้นแอปเปิ้ล	dtôn àep-bpêrn
Birnbaum (m)	ต้นแพร์	dtôn phae
Süßkirschbaum (m)	ต้นเชอร์รี่ป่า	dtôn cher-rêe bpàa
Sauerkirschbaum (m)	ต้นเชอร์รี่	dtôn cher-rêe
Pflaumenbaum (m)	ตนพลัม	dtôn phlam
Birke (f)	ต้นเบิร์ช	dtôn bèrt
Eiche (f)	ต้นโอ๊ค	dtôn óhk
Linde (f)	ตนไมดอกเหลือง	dtôn máai dòrk lûuang
Espe (f)	ต้นแอสเพน	dtôn ae sà-phayn
Ahorn (m)	ตนเมเปิ้ล	dtôn may bpêrn
Fichte (f)	ต้นเฟอร์	dtôn fer
Kiefer (f)	ต้นเกี๊ยะ	dtôn gía
Lärche (f)	ตนลารช	dtôn lâat
Tanne (f)	ต้นเฟอร์	dtôn fer
Zeder (f)	ตนซีดาร	dtôn-see-daa
Pappel (f)	ต้นปอปลาร์	dtôn bpor-bplaa
Vogelbeerbaum (m)	ตนโรแวน	dtôn-roh-waen
Weide (f)	ต้นวิลโลว์	dtôn win-loh
Erle (f)	ตนอัลเดอร	dtôn an-dêr
Buche (f)	ต้นบีช	dtôn bèet
Ulme (f)	ตนเอล์ม	dtôn elm
Esche (f)	ต้นแอช	dtôn aesh
Kastanie (f)	ตนเกาลัด	dtôn gao lát
Magnolie (f)	ต้นแมกโนเลีย	dtôn mâek-noh-lia
Palme (f)	ต้นปาล์ม	dtôn bpaam
Zypresse (f)	ตนไซเปรส	dtôn-sai-bpràyt
Mangrovenbaum (m)	ต้นโกงกาง	dtôn gohng gaang
Baobab (m)	ต้นเบาบับ	dtôn bao-bàp
Eukalyptus (m)	ต้นยูคาลิปตัส	dtôn yoo-khaa-líp-dtàt
Mammutbaum (m)	ตนสนซีควยา	dtôn săn see kua yaa

187. Büsche

Strauch (m)	พุ่มไม้	phúm máai
Gebüsch (n)	ต้นไม้พุ่ม	dtôn máai phúm
Weinstock (m)	ต้นองุ่น	dtôn a-ngùn
Weinberg (m)	ไร่องุ่น	râi a-ngùn
Himbeerstrauch (m)	พุ่มราสเบอร์รี่	phúm râat-ber-rêe
schwarze Johannisbeere (f)	พุ่มแบล็คเคอร์แรนท์	phúm blàek-khêr-raen
rote Johannisbeere (f)	พุ่มเรดเคอร์แรนท์	phúm râyt-khêr-raen
Stachelbeerstrauch (m)	พุ่มกูสเบอร์รี่	phúm gòot-ber-rêe
Akazie (f)	ต้นอาเคเชีย	dtôn aa-khay-chia
Berberitze (f)	ต้นบาร์เบอร์รี่	dtôn baa-ber-rêe
Jasmin (m)	มะลิ	má-lí
Wacholder (m)	ต้นจูนิเปอร์	dtôn joo-ní-bper
Rosenstrauch (m)	พุ่มกุหลาบ	phúm gù làap
Heckenrose (f)	พุ่มดอกโรส	phúm dòrk-rôht

188. Pilze

Pilz (m)	เห็ด	hèt
essbarer Pilz (m)	เห็ดกินได้	hèt gin dâai
Giftpilz (m)	เห็ดมีพิษ	hèt mee pít
Hut (m)	ดอกเห็ด	dòrk hèt
Stiel (m)	ต้นเห็ด	dtôn hèt
Steinpilz (m)	เห็ดพอร์ชินี	hèt phor chí nee
Rotkappe (f)	เห็ดพอร์ชินีดอกเหลือง	hèt phor chí nee dòrk lûuang
Birkenpilz (m)	เห็ดตับเต่าที่ขึ้นบนต้นเบิร์ช	hèt dtàp dtào thêe khêun bon dtôn-bèrt
Pfifferling (m)	เห็ดก่อเหลือง	hèt gòr lûuang
Täubling (m)	เห็ดตะไค	hèt dtà khai
Morchel (f)	เห็ดมอเรล	hèt mor rayn
Fliegenpilz (m)	เห็ดพิษหมวกแดง	hèt phít mùak daeng
Grüner Knollenblätterpilz	เห็ดระโงกหิน	hèt rá ngôhk hǐn

189. Obst. Beeren

Frucht (f)	ผลไม้	phǎn-lá-máai
Früchte (pl)	ผลไม้	phǎn-lá-máai
Apfel (m)	แอปเปิ้ล	àep-bpêrn
Birne (f)	ลูกแพร	lôok phae
Pflaume (f)	พลัม	phlam
Erdbeere (f)	สตรอว์เบอร์รี่	sà-dtror-ber-rêe
Sauerkirsche (f)	เชอร์รี่	cher-rêe

Süßkirsche (f)	เชอร์รี่ป่า	cher-rêe bpàa
Weintrauben (pl)	องุ่น	a-ngùn

Himbeere (f)	ราสเบอร์รี่	râat-ber-rêe
schwarze Johannisbeere (f)	แบล็คเคอร์แรนท์	blàek khêr-raen
rote Johannisbeere (f)	เรดเคอร์แรนท	râyt-khêr-raen
Stachelbeere (f)	กูสเบอร์รี่	gòot-ber-rêe
Moosbeere (f)	แครนเบอร์รี่	khraen-ber-rêe

Apfelsine (f)	ส้ม	sôm
Mandarine (f)	ส้มแมนดาริน	sôm maen daa rin
Ananas (f)	สับปะรด	sàp-bpà-rót
Banane (f)	กล้วย	glúay
Dattel (f)	อินทผลัม	in-thá-phâ-lam

Zitrone (f)	เลมอน	lay-mon
Aprikose (f)	แอปริคอท	ae-bprì-khôrt
Pfirsich (m)	ลูกทอ	lôok thór
Kiwi (f)	กีวี	gee wee
Grapefruit (f)	สมโอ	sôm oh

Beere (f)	เบอร์รี่	ber-rêe
Beeren (pl)	เบอร์รี่	ber-rêe
Preiselbeere (f)	คาวเบอร์รี่	khaao-ber-rêe
Walderdbeere (f)	สตรอว์เบอร์รี่ป่า	sá-dtrorw ber-rêe bpàa
Heidelbeere (f)	บิลเบอร์รี่	bil-ber-rêe

190. Blumen. Pflanzen

Blume (f)	ดอกไม้	dòrk máai
Blumenstrauß (m)	ช่อดอกไม้	chôr dòrk máai

Rose (f)	ดอกกุหลาบ	dòrk gù làap
Tulpe (f)	ดอกทิวลิป	dòrk thiw-líp
Nelke (f)	ดอกคาร์เนชั่น	dòrk khaa-nay-chân
Gladiole (f)	ดอกแกลดิโอลัส	dòrk gaen-dì-oh-lát

Kornblume (f)	ดอกคอร์นฟลาวเวอร์	dòrk khon-flaao-wer
Glockenblume (f)	ดอกระฆัง	dòrk rá-khang
Löwenzahn (m)	ดอกแดนดิไลออน	dòrk daen-dì-lai-on
Kamille (f)	ดอกคาโมมายล์	dòrk khaa-moh maai

Aloe (f)	ว่านหางจระเข้	wâan-hǐ ang-jor-rá-khây
Kaktus (m)	ตะบองเพชร	dtà-bong-phét
Gummibaum (m)	ต้นเลียบ	dtôn lîap

Lilie (f)	ดอกลิลี่	dòrk lí-lêe
Geranie (f)	ดอกเจอราเนียม	dòrk jer-raa-niam
Hyazinthe (f)	ดอกไฮอะซินท์	dòrk hai-a-sin

Mimose (f)	ดอกไมยราบ	dòrk mai râap
Narzisse (f)	ดอกนาร์ซิสซัส	dòrk naa-sít-sát
Kapuzinerkresse (f)	ดอกแนสเตอร์ชัม	dòrk nâet-dtêr-cham
Orchidee (f)	ดอกกล้วยไม้	dòrk glúay máai

Pfingstrose (f)	ดอกโบตั๋น	dòrk boh-dtǐ n
Veilchen (n)	ดอกไวโอเล็ต	dòrk wai-oh-lét
Stiefmütterchen (n)	ดอกแพนซี	dòrk phaen-see
Vergissmeinnicht (n)	ดอกฟอร์เก็ตมีน็อต	dòrk for-gèt-mee-nót
Gänseblümchen (n)	ดอกเดซี	dòrk day see
Mohn (m)	ดอกป๊อปปี้	dòrk bpóp-bpêe
Hanf (m)	กัญชา	gan chaa
Minze (f)	สะระแหน่	sà-rá-nàe
Maiglöckchen (n)	ดอกลิลลี่แห่งหุบเขา	dòrk lí-lá-lêe hàeng hùp khǐ o
Schneeglöckchen (n)	ดอกหยาดหิมะ	dòrk yàat hì-má
Brennnessel (f)	ตำแย	dtam-yae
Sauerampfer (m)	ซอรเรล	sor-rayn
Seerose (f)	บัว	bua
Farn (m)	เฟิร์น	fern
Flechte (f)	ไลเคน	lai-khayn
Gewächshaus (n)	เรือนกระจก	reuan grà-jòk
Rasen (m)	สนามหญ้า	sà-nǐ am yâa
Blumenbeet (n)	สนามดอกไม้	sà-nǐ am-dòrk-máai
Pflanze (f)	พืช	phêut
Gras (n)	หญ้า	yâa
Grashalm (m)	ใบหญ้า	bai yâa
Blatt (n)	ใบไม้	bai máai
Blütenblatt (n)	กลีบดอก	glèep dòrk
Stiel (m)	ลำต้น	lam dtôn
Knolle (f)	หัวใต้ดิน	hǒa dtâi din
Jungpflanze (f)	ต้นอ่อน	dtôn òrn
Dorn (m)	หนาม	nǐ am
blühen (vi)	บาน	baan
welken (vi)	เหี่ยว	hìeow
Geruch (m)	กลิ่น	glìn
abschneiden (vt)	ตัด	dtàt
pflücken (vt)	เด็ด	dèt

191. Getreide, Körner

Getreide (n)	เมล็ด	má-lét
Getreidepflanzen (pl)	ธัญพืช	than-yá-phêut
Ähre (f)	รวงขาว	ruang khâao
Weizen (m)	ข้าวสาลี	khâao sǐ a-lee
Roggen (m)	ข้าวไรย์	khâao rai
Hafer (m)	ข้าวโอต	khâao óht
Hirse (f)	ข้าวฟาง	khâao fâang
Gerste (f)	ข้าวบาร์เลย์	khâao baa-lây
Mais (m)	ขาวโพด	khâao-phôht

Reis (m)	ข้าว	khâao
Buchweizen (m)	บัควีท	bàk-wêet
Erbse (f)	ถั่วลันเตา	thùa-lan-dtao
weiße Bohne (f)	ถั่วรูปไต	thùa rôop dtai
Sojabohne (f)	ถั่วเหลือง	thùa lûuang
Linse (f)	ถั่วเลนทิล	thùa layn thin
Bohnen (pl)	ถั่ว	thùa

REGIONALE GEOGRAPHIE

Länder. Nationalitäten

192. Politik. Regierung. Teil 1

Politik (f)	การเมือง	gaan meuang
politisch	ทางการเมือง	thang gaan meuang
Politiker (m)	นักการเมือง	nák gaan meuang

Staat (m)	รัฐ	rát
Bürger (m)	พลเมือง	phon-lá-meuang
Staatsbürgerschaft (f)	สัญชาติ	săn-châat

Staatswappen (n)	ตราประจำชาติ	dtraa bprà-jam châat
Nationalhymne (f)	เพลงชาติ	phlayng châat

Regierung (f)	รัฐบาล	rát-thà-baan
Staatschef (m)	ผู้นำประเทศ	phôo nam bprà-thâyt
Parlament (n)	รัฐสภา	rát-thà-sà-phaa
Partei (f)	พรรคการเมือง	phák gaan meuang

Kapitalismus (m)	ทุนนิยม	thun ní-yom
kapitalistisch	แบบทุนนิยม	bàep thun ní-yom

Sozialismus (m)	สังคมนิยม	săng-khom ní-yom
sozialistisch	แบบสังคมนิยม	bàep săng-khom ní-yom

Kommunismus (m)	ลัทธิคอมมิวนิสต์	lát-thí khom-miw-nít
kommunistisch	แบบคอมมิวนิสต์	bàep khom-miw-nít
Kommunist (m)	คนคอมมิวนิสต์	khon khom-miw-nít

Demokratie (f)	ประชาธิปไตย	bprà-chaa-thíp-bpà-dtai
Demokrat (m)	ผู้นิยมประชาธิปไตย	phôo ní-yom bprà-chaa-típ-bpà-dtai
demokratisch	แบบประชาธิปไตย	bàep bprà-chaa-thíp-bpà-dtai
demokratische Partei (f)	พรรคประชาธิปัตย์	phák bprà-chaa-tí-bpàt

Liberale (m)	ผู้เอียงเสรีนิยม	phôo iang săy-ree ní-yom
liberal	แบบเสรีนิยม	bàep săy-ree ní-yom

Konservative (m)	ผู้เอียงอนุรักษ์นิยม	phôo iang a-nú rák ní-yom
konservativ	แบบอนุรักษ์นิยม	bàep a-nú rák ní-yom

Republik (f)	สาธารณรัฐ	săa-thaa-rá-ná rát
Republikaner (m)	รีพับลิกัน	ree pháp lí gan
Republikanische Partei (f)	พรรครีพับลิกัน	phák ree-pháp-lí-gan
Wahlen (pl)	การเลือกตั้ง	gaan lêuak dtâng
wählen (vt)	เลือก	lêuak

| Wähler (m) | ผู้ออกเสียงลงคะแนน | phôo òrk sĭang long khá-naen |
| Wahlkampagne (f) | การรณรงค์หาเสียง | gaan ron-ná-rorng hǎa sĭang |

Abstimmung (f)	การออกเสียงลงคะแนน	gaan òrk sĭang long khá-naen
abstimmen (vi)	ลงคะแนน	long khá-naen
Abstimmungsrecht (n)	สิทธิในการเลือกตั้ง	sìt-thí nai gaan lêuak dtâng

Kandidat (m)	ผู้สมัคร	phôo sà-màk
kandidieren (vi)	ลงสมัคร	long sà-màk
Kampagne (f)	การรณรงค์	gaan ron-ná-rorng

| Oppositions- | ฝ่ายค้าน | fàai kháan |
| Opposition (f) | ฝ่ายคาน | fàai kháan |

Besuch (m)	การเยือน	gaan yeuan
Staatsbesuch (m)	การเยือนอย่างเป็นทางการ	gaan yeuan yàang bpen thaang gaan
international	แบบสากล	bàep sǎa-gon

| Verhandlungen (pl) | การเจรจา | gaan jayn-rá-jaa |
| verhandeln (vi) | เจรจา | jayn-rá-jaa |

193. Politik. Regierung. Teil 2

Gesellschaft (f)	สังคม	sǎng-khom
Verfassung (f)	รัฐธรรมนูญ	rát-thà-tham-má-noon
Macht (f)	อำนาจ	am-nâat
Korruption (f)	การทุจริตคอรัปชั่น	gaan thút-jà-rìt khor-ráp-chân

| Gesetz (n) | กฎหมาย | gòt mǎai |
| gesetzlich (Adj) | ทางกฎหมาย | thaang gòt mǎai |

| Gerechtigkeit (f) | ความยุติธรรม | khwaam yút-dtì-tham |
| gerecht | เป็นธรรม | bpen tham |

Komitee (n)	คณะกรรมการ	khá-ná gam-má-gaan
Gesetzentwurf (m)	ราง	râang
Budget (n)	งบประมาณ	ngóp bprà-maan
Politik (f)	นโยบาย	ná-yoh-baai
Reform (f)	ปฏิรูป	bpà-dtì rôop
radikal	รุนแรง	run raeng

Macht (f)	กำลัง	gam-lang
mächtig (Adj)	ทรงพลัง	song phá-lang
Anhänger (m)	ผู้สนับสนุน	phôo sà-nàp-sà-nǔn
Einfluss (m)	อิทธิพล	ìt-thí pon

Regime (n)	ระบอบการปกครอง	rá-bòrp gaan bpòk khrorng
Konflikt (m)	ความขัดแยง	khwaam khàt yáeng
Verschwörung (f)	การคุบคิด	gaan khóp khít
Provokation (f)	การยั่วยุ	gaan yûa yú

| stürzen (vt) | ล้มล้าง | lóm láang |
| Sturz (m) | การลม | gaan lóm |

Revolution (f)	ปฏิวัติ	bpà-dtì-wát
Staatsstreich (m)	รัฐประหาร	rát-thà-bprà-hăan
Militärputsch (m)	การยึดอำนาจ	gaan yéut am-nâat
	ด้วยกำลังทหาร	dûay gam-lang thá-hăan

Krise (f)	วิกฤติ	wí-grìt
Rezession (f)	ภาวะเศรษฐกิจถดถอย	phaa-wá sàyt-thà-gìt thòt thŏi
Demonstrant (m)	ผู้ประท้วง	phôo bprà-thúang
Demonstration (f)	การประท้วง	gaan bprà-thúang
Ausnahmezustand (m)	กฎอัยการศึก	gòt ai-yá-gaan sèuk
Militärbasis (f)	ฐานทัพ	thăan tháp

| Stabilität (f) | ความมั่นคง | khwaam mân-khong |
| stabil | มั่นคง | mân khong |

| Ausbeutung (f) | การขูดรีด | gaan khòot rêet |
| ausbeuten (vt) | ขูดรีด | khòot rêet |

Rassismus (m)	ลัทธินิยมเชื้อชาติ	khá-dtì ní-yom chéua châat
Rassist (m)	ผู้เหยียดผิว	phôo yìat phĭw
Faschismus (m)	ลัทธิฟาสซิสต์	lát-thí fâat-sít
Faschist (m)	ผู้นิยมลัทธิฟาสซิสต์	phôo ní-yom lát-thí fâat-sít

194. Länder. Verschiedenes

Ausländer (m)	คนต่างชาติ	khon dtàang châat
ausländisch	ต่างชาติ	dtàang châat
im Ausland	ต่างประเทศ	dtàang bprà-thâyt

Auswanderer (m)	ผู้อพยพ	phôo òp-phá-yóp
Auswanderung (f)	การอพยพ	gaan òp-phá-yóp
auswandern (vi)	อพยพ	òp-phá-yóp

Westen (m)	ตะวันตก	dtà-wan dtòk
Osten (m)	ตะวันออก	dtà-wan òrk
Ferner Osten (m)	ตะวันออกไกล	dtà-wan òrk glai

Zivilisation (f)	อารยธรรม	aa-rá-yá-tham
Menschheit (f)	มนุษยชาติ	má-nút-sà-yá-châat
Welt (f)	โลก	lôhk
Frieden (m)	ความสงบสุข	khwaam sà-ngòp-sùk
Welt-	ทั่วโลก	thûa lôhk

Heimat (f)	บ้านเกิด	bâan gèrt
Volk (n)	ประชาชน	bprà-chaa chon
Bevölkerung (f)	ประชากร	bprà-chaa gon
Leute (pl)	ประชาชน	bprà-chaa chon
Nation (f)	ชาติ	châat
Generation (f)	รุ่น	rûn

Territorium (n)	อาณาเขต	aa-naa khàyt
Region (f)	ภูมิภาค	phoo-mí-phâak
Staat (z.B. ~ Alaska)	รัฐ	rát
Tradition (f)	ธรรมเนียม	tham-niam

Brauch (m)	ประเพณี	bprà-phay-nee
Ökologie (f)	นิเวศวิทยา	ní-wâyt wít-thá-yaa
Indianer (m)	อินเดียนแดง	in-dian daeng
Zigeuner (m)	คนยิปซี	khon yíp-see
Zigeunerin (f)	คนยิปซี	khon yíp-see
Zigeuner-	ยิปซี	yíp see
Reich (n)	จักรวรรดิ	jàk-grà-wàt
Kolonie (f)	อาณานิคม	aa-naa ní-khom
Sklaverei (f)	การใช้แรงงานทาส	gaan chái raeng ngaan thâat
Einfall (m)	การบุกรุก	gaan bùk rúk
Hunger (m)	ความอดอยาก	khwaam òt yàak

195. Wichtige Religionsgruppen. Konfessionen

Religion (f)	ศาสนา	sàat-sà-nǎa
religiös	ศาสนา	sàat-sà-nǎa
Glaube (m)	ศรัทธา	sàt-thaa
glauben (vt)	นับถือ	náp thěu
Gläubige (m)	ผู้ศรัทธา	phôo sàt-thaa
Atheismus (m)	อเทวนิยม	a-thay-wá ní-yom
Atheist (m)	ผู้เชื่อว่า	phôo chêua wâa
	ไม่มีพระเจ้า	mâi mee phrá jâo
Christentum (n)	ศาสนาคริสต์	sàat-sà-nǎa khrít
Christ (m)	ผู้นับถือ	phôo náp thěu
	ศาสนาคริสต์	sàat-sà-nǎa khrít
christlich	ศาสนาคริสต์	sàat-sà-nǎa khrít
Katholizismus (m)	ศาสนาคาธอลิก	sàat-sà-nǎa khaa-thor-lík
Katholik (m)	ผู้นับถือ	phôo náp thěu
	ศาสนาคาธอลิก	sàat-sà-nǎa khaa-thor-lík
katholisch	คาธอลิก	khaa-thor-lík
Protestantismus (m)	ศาสนา	sàat-sà-nǎa
	โปรแตสแตนท์	bproh-dtàet-dtaen
Protestantische Kirche (f)	โบสถ์นิกาย	bòht ní-gaai
	โปรแตสแตนท์	bproh-dtàet-dtaen
Protestant (m)	ผู้นับถือศาสนา	phôo náp thěu sàat-sà-nǎa
	โปรแตสแตนท์	bproh-dtàet-dtaen
Orthodoxes Christentum (n)	ศาสนาออร์ทอดอกซ์	sàat-sà-nǎa or-thor-dòrk
Orthodoxe Kirche (f)	โบสถ์ศาสนาออร์ทอดอกซ์	bòht sàat-sà-nǎa or-thor-dòrk
orthodoxer Christ (m)	ผู้นับถือ	phôo náp thěu
	ศาสนาออร์ทอดอกซ์	sàat-sà-nǎa or-thor-dòrk
Presbyterianismus (m)	นิกายเพรสไบทีเรียน	ní-gaai phrayt-bai-thee-rian
Presbyterianische Kirche (f)	โบสถ์นิกาย	bòht ní-gaai
	เพรสไบทีเรียน	phrayt-bai-thee-rian
Presbyterianer (m)	ผู้นับถือนิกาย	phôo náp thěu ní-gaai
	เพรสไบทีเรียน	phrayt bai thee rian

Lutherische Kirche (f)	นิกายลูเทอแรน	ní-gaai loo-thay-a-rǎen
Lutheraner (m)	ผู้นับถือนิกาย	phôo náp thěu ní-gaai
	ลูเทอแรน	loo-thay-a-rǎen

Baptismus (m)	นิกายแบ๊บติสท์	ní-gaai báep-dtìt
Baptist (m)	ผู้นับถือนิกาย	phôo náp thěu ní-gaai
	แบ๊บติสท	báep-dtìt

Anglikanische Kirche (f)	โบสถ์นิกายแองกลิกัน	bòht ní-gaai ae-ngók-lí-gan
Anglikaner (m)	ผู้นับถือนิกาย	phôo náp thěu ní-gaai
	แองกลิกัน	ae ngók lí gan

Mormonismus (m)	นิกายมอร์มอน	ní-gaai mor-mon
Mormone (m)	ผู้นับถือนิกาย	phôo náp thěu ní-gaai
	มอรมอน	mor-mon

| Judentum (n) | ศาสนายิว | sàat-sà-nǎa yiw |
| Jude (m) | คนยิว | khon yiw |

Buddhismus (m)	ศาสนาพุธ	sàat-sà-nǎa phút
Buddhist (m)	ผู้นับถือ	phôo náp thěu
	ศาสนาพุธ	sàat-sà-nǎa phút

Hinduismus (m)	ศาสนาฮินดู	sàat-sà-nǎa hin-doo
Hindu (m)	ผู้นับถือ	phôo náp thěu
	ศาสนาฮินดู	sàat-sà-nǎa hin-doo

Islam (m)	ศาสนาอิสลาม	sàat-sà-nǎa ìt-sà-laam
Moslem (m)	ผู้นับถือ	phôo náp thěu
	ศาสนาอิสลาม	sàat-sà-nǎa ìt-sà-laam
moslemisch	มุสลิม	mút-sà-lim

Schiismus (m)	ศาสนา	sàat-sà-nǎa
	อิสลามนิกายชีอะฮ์	ìt-sà-laam ní-gaai shi-à
Schiit (m)	ผู้นับถือนิกายชีอะฮ์	phôo náp thěu ní-gaai shi-à

Sunnismus (m)	ศาสนา	sàat-sà-nǎa
	อิสลามนิกายซุนนี	ìt-sà-laam ní-gaai sun-nee
Sunnit (m)	ผู้นับถือนิกาย	phôo náp thěu ní-gaai
	ซุนนี	sun-nee

196. Religionen. Priester

| Priester (m) | นักบวช | nák bùat |
| Papst (m) | พระสันตะปาปา | phrá sǎn-dtà-bpaa-bpaa |

Mönch (m)	พระ	phrá
Nonne (f)	แมชี	mâe chee
Pfarrer (m)	ศาสนาจารย์	sàat-sà-nǎa-jaan

Abt (m)	เจ้าอาวาส	jâo aa-wâat
Vikar (m)	เจาอาวาส	jâo aa-wâat
Bischof (m)	มุขนายก	múk naa-yók
Kardinal (m)	พระคาร์ดินัล	phrá khaa-dì-nan

Prediger (m)	นักเทศน์	nák thâyt
Predigt (f)	การเทศนา	gaan thâyt-sà-năa
Gemeinde (f)	ลูกวัด	lôok wát
Gläubige (m)	ผู้ศรัทธา	phôo sàt-thaa
Atheist (m)	ผู้เชื่อวา	phôo chêua wâa
	ไมมีพระเจา	mâi mee phrá jâo

197. Glauben. Christentum. Islam

Adam	อาดัม	aa-dam
Eva	เอวา	ay-waa
Gott (m)	พระเจา	phrá jâo
Herr (m)	พระเจา	phrá jâo
Der Allmächtige	พระผูเปนเจา	phrá phôo bpen jâo
Sünde (f)	บาป	bàap
sündigen (vi)	ทำบาป	tham bàap
Sünder (m)	คนบาป	khon bàap
Sünderin (f)	คนบาป	khon bàap
Hölle (f)	นรก	ná-rók
Paradies (n)	สวรรค	sà-wăn
Jesus	พระเยซู	phrá yay-soo
Jesus Christus	พระเยซูคริสต	phrá yay-soo khrít
der Heiliger Geist	พระจิต	phrá jìt
der Erlöser	พระผูไถ	phrá phôo thài
die Jungfrau Maria	พระนางมารีย	phrá naang maa ree
	พรหมจารี	phrom-má-jaa-ree
Teufel (m)	มาร	maan
teuflisch	ของมาร	khŏrng maan
Satan (m)	ซาตาน	saa-dtaan
satanisch	ซาตาน	saa-dtaan
Engel (m)	เทวทูต	thay-wá-thôot
Schutzengel (m)	เทวดาผู	thay-wá-daa phôo
	คุมครอง	khúm khrorng
Engel(s)-	ของเทวดา	khŏrng thay-wá-daa
Apostel (m)	สาวก	săa-wók
Erzengel (m)	หัวหนาทูตสวรรค	hŭa nâa thôot sà-wăn
Antichrist (m)	ศัตรูของพระคริสต	sàt-dtroo khŏrng phrá khrít
Kirche (f)	โบสถ	bòht
Bibel (f)	คัมภีรไบเบิ้ล	kham-phee bai-bêrn
biblisch	ไบเบิล	bai-bêrn
Altes Testament (n)	พันธสัญญาเดิม	phan-thá-săn-yaa derm
Neues Testament (n)	พันธสัญญาใหม	phan-thá-săn-yaa mài
Evangelium (n)	พระวรสาร	phrá won săan

| Heilige Schrift (f) | พระคัมภีร์ไบเบิล | phrá kham-phee bai-bern |
| Himmelreich (n) | สวรรค์ | sà-wǎn |

Gebot (n)	บัญญัติ	ban-yàt
Prophet (m)	ผู้เผยพระวจนะ	phôo phǒie phrá wá-jà-ná
Prophezeiung (f)	คำพยากรณ์	kham phá-yaa-gon

Allah	อัลลอฮ์	an-lor
Mohammed	พระมูฮัมหมัด	phrá moo ham màt
Koran (m)	อัลกุรอาน	an gù-rá-aan

Moschee (f)	สุเหร่า	sù-rào
Mullah (m)	มุลละ	mun lá
Gebet (n)	บทสวดมนต์	bòt sùat mon
beten (vi)	สวด	sùat

Wallfahrt (f)	การจาริกแสวงบุญ	gaan jaa-rík sà-wǎeng bun
Pilger (m)	ผู้แสวงบุญ	phôo sà-wǎeng bun
Mekka (n)	มักกะฮ	mák-gà

Kirche (f)	โบสถ์	bòht
Tempel (m)	วิหาร	wí-hǎan
Kathedrale (f)	มหาวิหาร	má-hǎa wí-hǎan
gotisch	แบบโกธิก	bàep goh-thík
Synagoge (f)	โบสถ์ของศาสนายิว	bòht khǒrng sàat-sà-nǎa yiw
Moschee (f)	สุเหร่า	sù-rào

Kapelle (f)	ห้องสวดมนต์	hôrng sùat mon
Abtei (f)	วัด	wát
Nonnenkloster (n)	สำนักแม่ชี	sǎm-nák mâe chee
Mönchskloster (n)	อาราม	aa raam

Glocke (f)	ระฆัง	rá-khang
Glockenturm (m)	หอระฆัง	hǒr rá-khang
läuten (Glocken)	ตีระฆัง	dtee rá-khang

Kreuz (n)	ไม้กางเขน	mái gaang khǎyn
Kuppel (f)	หลังคาทรงโดม	lǎng kaa song dohm
Ikone (f)	รูปเคารพ	rôop kpao-róp

Seele (f)	วิญญาณ	win-yaan
Schicksal (n)	ชะตากรรม	chá-dtaa gam
das Böse	ความชั่วราย	khwaam chûa ráai
Gute (n)	ความดี	khwaam dee

Vampir (m)	ผีดูดเลือด	phěe dòot lêuat
Hexe (f)	แมมด	mâe mót
Dämon (m)	ปีศาจ	bpee-sàat
Geist (m)	ผี	phěe

| Sühne (f) | การไถ่ถอน | gaan thài thǒrn |
| sühnen (vt) | ไถ่ถอน | thài thǒrn |

Gottesdienst (m)	พิธีมิสซา	phí-tee mít-saa
die Messe lesen	ประกอบพิธี	bprà-gòp phí-thee
	ศีลมหาสนิท	sěen má-hǎa sà-nìt

| Beichte (f) | การสารภาพ | gaan săa-rá-phâap |
| beichten (vi) | สารภาพ | săa-rá-phâap |

Heilige (m)	นักบุญ	nák bun
heilig	ศักดิ์สิทธิ์	sàk-gà-dì sìt
Weihwasser (n)	น้ำมนต์	nám mon

Ritual (n)	พิธีกรรม	phí-thee gam
rituell	แบบพิธีกรรม	bpaep phí-thee gam
Opfer (n)	การบูชายัญ	gaan boo-chaa yan

Aberglaube (m)	ความเชื่องมงาย	khwaam chêua ngom-ngaai
abergläubisch	เชื่องมงาย	chêua ngom-ngaai
Nachleben (n)	ชีวิตหลังความตาย	chee-wít lăng khwaam dtaai
ewiges Leben (n)	ชีวิตอันเป็นนิรันดร์	chee-wít an bpen ní-ran

VERSCHIEDENES

198. Verschiedene nützliche Wörter

Anfang (m)	จุดเริ่มต้น	jùt rêrm-dtôn
Anstrengung (f)	ความพยายาม	khwaam phá-yaa-yaam
Anteil (m)	สวน	sùan
Art (Typ, Sorte)	ประเภท	bprà-phâyt
Auswahl (f)	ตัวเลือก	dtua lêuak
Barriere (f)	สิ่งกีดขวาง	sìng gèet-khwǎang
Basis (f)	ฐาน	thǎan
Beispiel (n)	ตัวอย่าง	dtua yàang
bequem (gemütlich)	สะดวกสบาย	sà-dùak sà-baai
Bilanz (f)	สมดุล	sà-má-dun
Ding (n)	สิ่ง	sìng
dringend (Adj)	เร่งด่วน	râyng dùan
dringend (Adv)	อย่างเร่งด่วน	yàang râyng dùan
Effekt (m)	ผลกระทบ	phǒn grà-thóp
Eigenschaft (Werkstoff~)	คุณสมบัติ	khun-ná-sǒm-bàt
Element (n)	องค์ประกอบ	ong bprà-gòrp
Ende (n)	จบ	jòp
Entwicklung (f)	การพัฒนา	gaan phát-thá-naa
Fachwort (n)	คำ	kham
Fehler (m)	ข้อผิดพลาด	khôr phìt phlâat
Form (z.B. Kugel-)	รูปร่าง	rôop râang
Fortschritt (m)	ความก้าวหน้า	khwaam gâao nâa
Gegenstand (m)	สิ่งของ	sìng khǒrng
Geheimnis (n)	ความลับ	khwaam láp
Grad (Ausmaß)	ระดับ	rá-dàp
Halt (m), Pause (f)	การหยุด	gaan yùt
häufig (Adj)	ถี่	thèe
Hilfe (f)	ความช่วยเหลือ	khwaam chûay lěua
Hindernis (n)	อุปสรรค	u-bpà-sàk
Hintergrund (m)	ฉากหลัง	chàak lǎng
Ideal (n)	อุดมคติ	u-dom khá-dtì
Kategorie (f)	หมวดหมู่	mùat mòo
Kompensation (f)	การชดเชย	gaan chót-choie
Labyrinth (n)	เขาวงกต	khǎo-wong-gòt
Lösung (Problem usw.)	ทางแก	thaang gâe
Moment (m)	ช่วงเวลา	chûang way-laa
Nutzen (m)	ความมีประโยชน์	khwaam mee bprà-yòht
Original (Schriftstück)	ตนฉบับ	dtôn chà-bàp
Pause (kleine ~)	การหยุดพัก	gaan yùt phák

Position (f)	ตำแหน่ง	dtam-nàeng
Prinzip (n)	หลักการ	làk gaan
Problem (n)	ปัญหา	bpan-hăa
Prozess (m)	กระบวนการ	grà-buan gaan
Reaktion (f)	ปฏิกิริยา	bpà-dtì gì-rí-yaa
Reihe (Sie sind an der ~)	ตา	dtaa
Risiko (n)	ความเสี่ยง	khwaam sìang
Serie (f)	ลำดับ	lam-dàp
Situation (f)	สถานการณ์	sà-thăan gaan
Standard-	เป็นมาตรฐาน	bpen mâat-dtrà-thăan
Standard (m)	มาตรฐาน	mâat-dtrà-thăan
Stil (m)	สไตล์	sà-dtai
System (n)	ระบบ	rá-bòp
Tabelle (f)	ตาราง	dtaa-raang
Tatsache (f)	ข้อเท็จจริง	khôr thét jing
Teilchen (n)	อนุภาค	a-nú phâak
Tempo (n)	จังหวะ	jang wà
Typ (m)	ประเภท	bprà-phâyt
Unterschied (m)	ความแตกต่าง	khwaam dtàek dtàang
Ursache (z.B. Todes-)	สาเหตุ	săa-hàyt
Variante (f)	ขอ	khôr
Vergleich (m)	การเปรียบเทียบ	gaan bprìap thîap
Wachstum (n)	การเติบโต	gaan dtèrp dtoh
Wahrheit (f)	ความจริง	khwaam jing
Weise (Weg, Methode)	วิธีทาง	wí-thěe thaang
Zone (f)	โซน	sohn
Zufall (m)	ความบังเอิญ	khwaam bang-ern